天工巧匠

——中国古代造物鉴赏

邹 婧 编著

东南大学出版社
·南京·

内容简介

本书精选具有典型代表性的中国古代艺术品,其中涵盖国内外博物馆馆藏的青铜器、玉器、陶瓷、家具、漆器、金银器及杂项等七大类,旨在普及艺术品鉴赏知识,精选经典、辅以图文,文字简明易懂,内容丰富有趣,兼具知识性与趣味性。读者在领略古人造物智慧艺术之美的同时,也能掌握不同门类艺术品的发展脉络、特点与鉴赏技巧,领略中华文明的博大精深。

图书在版编目(CIP)数据

天工巧匠:中国古代造物鉴赏/邹婧编著.
南京:东南大学出版社,2025.5.—ISBN 978-7-5766-1458-9

Ⅰ.K875.04

中国国家版本馆 CIP 数据核字第 2024FN7442 号

责任编辑:陈 淑　　责任校对:张万莹　　封面设计:张心妍　　责任印制:周荣虎

天工巧匠——中国古代造物鉴赏
Tiangong Qiaojiang——Zhongguo Gudai Zaowu Jianshang

编　　著	邹　婧
出版发行	东南大学出版社
出版人	白云飞
社　　址	南京四牌楼2号　邮编:210096
网　　址	http://www.seupress.com
电子邮件	press@seupress.com
经　　销	全国各地新华书店
印　　刷	江苏凤凰数码印务有限公司
开　　本	787 mm×1092 mm　1/16
印　　张	16.5
字　　数	362 千字
版　　次	2025 年 5 月第 1 版
印　　次	2025 年 5 月第 1 次印刷
书　　号	ISBN 978-7-5766-1458-9
定　　价	57.50 元

本社图书若有印装质量问题,请直接与营销部调换。电话(传真):025-83791830

前　言

中国五千年的悠久文明，孕育出了种类繁多、数量庞大的艺术品。这些珍贵的艺术品不仅是人类文化遗产的重要组成部分，更是历史的见证和文化的传承。每一件艺术品都承载着鲜活的历史和文化记忆，蕴含着深厚的历史背景和社会风貌。它们不仅展现了美的物质形态，还通过多维度的信息传递，立体地呈现了当时的社会缩影，其内在积淀的文明民族的传统与精神，值得我们去欣赏和感悟。

所谓"乱世藏金，盛世藏玉"，随着我国经济的快速发展，物质文明已经不能完全满足人们对生活的需要，文化和精神文明的消费需求正日益高涨，文化艺术产业正成为资本经济时代的一个新的经济增长点。据权威数据披露，我国艺术品市场已汇聚了约7000万的收藏者与投资者，年度交易额逼近200亿元大关，且每年以10%至20%的速度持续增长，艺术品投资已然与房地产、证券并列成为当前三大主流投资渠道，成为经济领域的新热点。在此背景下，艺术品市场的蓬勃发展吸引了更多机构和个人投身其中。然而，对于投资者和收藏家而言，提高艺术品真伪鉴别能力、精选艺术品以及制定有效的增值策略，即提升艺术鉴赏能力和优化资产管理，已成为当前亟待深入探讨与优化的核心议题。

本书系统性地将中国古代艺术品划分为青铜器、玉器、陶瓷、家具、漆器、金银器及杂项七大详尽类别，对各艺术门类的发展历程进行了深入剖析。在每类艺术品的结尾部分，我们精心挑选了典范之作，结合实例进行详细鉴赏，通过文字和高质量的图片，淋漓尽致地展现了每件艺术品的独特风采和精湛工艺。同时，本书是为普及艺术品鉴赏知识而作，写作要求简明易懂，具有知识性、趣味性、可读性强等特点。所编各类艺术品重在其历史发展演变、鉴赏方法、鉴定真伪方法等。

艺术品鉴赏虽是高雅之事，但无论是否具备收藏条件，相信每位读者都能通过本书提升对艺术品的了解和鉴赏能力。若本书能为广大艺术品爱好者提供有益的参考，推动艺术品鉴赏文化的传播，那么我们编纂此书的初衷便得以实现，这也是我们最大的期望。

目 录

第一章 青铜器鉴赏 ··· 001
　1.1 青铜器的产生和发展 ································· 002
　　1.1.1 我国的青铜器 ······································ 002
　　1.1.2 商代的早期青铜器 ······························· 003
　　1.1.3 商代青铜器 ··· 004
　　1.1.4 西周青铜器 ··· 010
　　1.1.5 春秋战国青铜器 ··································· 016
　　1.1.6 秦汉青铜器 ··· 022
　　1.1.7 魏晋南北朝青铜器 ······························· 023
　　1.1.8 隋唐五代青铜器 ··································· 023
　　1.1.9 宋代青铜器 ··· 024
　　1.1.10 明清青铜器 ······································· 024
　1.2 青铜器的一般鉴定方法 ······························ 025
　　1.2.1 依据铸造技术 ······································ 025
　　1.2.2 依据纹饰 ·· 026
　　1.2.3 依据器物造型 ······································ 026
　　1.2.4 依据青铜器的铭文 ······························· 026
　　1.2.5 依据铜质 ·· 027
　　1.2.6 依据声味 ·· 027
　1.3 青铜器的作伪 ·· 028
　　1.3.1 全器伪作 ·· 028
　　1.3.2 局部伪作 ·· 028
　1.4 精品鉴赏 ··· 030

第二章 玉器鉴赏 ··· 047
　2.1 玉器的产生和发展 ······································ 048
　　2.1.1 玉是什么 ·· 048
　　2.1.2 玉器的产生 ··· 048
　　2.1.3 商代至秦汉玉器 ··································· 049
　　2.1.4 三国魏晋南北朝时期的玉器 ················· 055

2.1.5　隋唐玉器 ·· 056
　　2.1.6　宋代玉器 ·· 057
　　2.1.7　元代玉器 ·· 059
　　2.1.8　明清玉器 ·· 060
　2.2　玉器的形制 ·· 061
　　2.2.1　礼器类 ·· 061
　　2.2.2　丧葬类 ·· 068
　　2.2.3　装饰类 ·· 070
　　2.2.4　陈设类 ·· 071
　2.3　玉石的种类 ·· 073
　　2.3.1　硬玉 ·· 073
　　2.3.2　软玉 ·· 074
　2.4　古玉的一般鉴定方法 ·· 079
　　2.4.1　根据器形 ·· 079
　　2.4.2　根据纹饰特点 ·· 080
　　2.4.3　根据做工 ·· 081
　　2.4.4　根据沁色 ·· 082
　2.5　古玉的作伪 ·· 084
　　2.5.1　伪造黄土锈法 ·· 084
　　2.5.2　叩锈法 ·· 084
　　2.5.3　伪造血沁法 ·· 085
　　2.5.4　伪造鸡骨白法 ·· 085
　　2.5.5　伪造陈墨黑法 ·· 086
　　2.5.6　伪造黑斑法 ·· 086
　　2.5.7　伪造牛毛纹法 ·· 086
　　2.5.8　伪造土蚀法 ·· 087
　　2.5.9　油提法 ·· 087
　2.6　精品鉴赏 ·· 087

第三章　陶瓷鉴赏 ·· 113
　3.1　陶瓷的产生和发展 ·· 114
　　3.1.1　什么是陶瓷 ·· 114
　　3.1.2　陶器的烧制（出现） ·· 114
　　3.1.3　夏商周秦汉时期的陶瓷 ·· 114
　　3.1.4　三国两晋南北朝时期的陶瓷 ··· 115
　　3.1.5　隋唐陶瓷 ·· 116
　　3.1.6　五代十国陶瓷 ·· 117

目录

  3.1.7 宋代陶瓷 ··· 118
  3.1.8 元代陶瓷 ··· 120
  3.1.9 明代陶瓷 ··· 121
  3.1.10 清代陶瓷 ··· 122
 3.2 陶瓷的一般鉴定方法 ··· 123
  3.2.1 依据造型 ··· 123
  3.2.2 依据胎釉 ··· 124
  3.2.3 依据工艺 ··· 124
  3.2.4 依据纹饰 ··· 124
  3.2.5 依据彩料 ··· 125
  3.2.6 依据款识 ··· 125
 3.3 陶瓷的作伪 ·· 125
  3.3.1 做旧 ··· 125
  3.3.2 旧胎后挂彩 ·· 126
  3.3.3 真假拼接 ··· 127
  3.3.4 后仿款 ·· 127
 3.4 精品鉴赏 ··· 128

第四章 家具鉴赏 ··· 149
 4.1 中国古典家具的产生和发展 ··· 150
  4.1.1 什么是中国古典家具 ·· 150
  4.1.2 夏、商、周时期的早期家具 ··· 150
  4.1.3 春秋战国时期的家具 ·· 150
  4.1.4 秦汉时期的家具 ·· 151
  4.1.5 魏晋南北朝时期的家具 ··· 151
  4.1.6 隋唐五代的家具 ·· 152
  4.1.7 宋辽金元时期的家具 ·· 152
  4.1.8 明代家具 ··· 153
  4.1.9 清代家具 ··· 153
 4.2 中国古典家具的用材 ··· 154
  4.2.1 黄花梨 ·· 154
  4.2.2 紫檀 ··· 154
  4.2.3 鸡翅木 ·· 155
  4.2.4 铁力木 ·· 155
  4.2.5 榉木 ··· 156
 4.3 中国古典家具的一般鉴定方法 ·· 156
  4.3.1 通过古家具上的题款 ·· 156

- 4.3.2 通过考古资料 ········· 157
- 4.3.3 通过古建筑的年代 ········· 157
- 4.3.4 通过形制 ········· 157
- 4.3.5 通过家具用材 ········· 158
- 4.3.6 通过家具的某些工艺特色 ········· 158
- 4.3.7 通过古家具上的雕刻图案和装饰符号 ········· 159
- 4.3.8 通过古家具上的工具痕迹 ········· 159
- 4.3.9 通过观察古家具外观 ········· 160
- 4.4 中国古典家具的作伪 ········· 160
  - 4.4.1 以劣充好 ········· 160
  - 4.4.2 移花接木 ········· 161
  - 4.4.3 以多充少 ········· 161
  - 4.4.4 拆一组两 ········· 161
  - 4.4.5 改头换面 ········· 161
  - 4.4.6 杂材其中 ········· 161
  - 4.4.7 偷梁换柱 ········· 161
  - 4.4.8 改高为低 ········· 162
  - 4.4.9 刻意做旧 ········· 162
  - 4.4.10 速成催老 ········· 162
  - 4.4.11 伪作包浆 ········· 162
  - 4.4.12 虫蛀家具 ········· 163
  - 4.4.13 老料新作 ········· 163
- 4.5 精品鉴赏 ········· 163

第五章 漆器鉴赏 ········· 181

- 5.1 漆器的产生和发展 ········· 182
  - 5.1.1 什么是漆器 ········· 182
  - 5.1.2 新石器时代的漆器 ········· 182
  - 5.1.3 夏商周时期的漆器 ········· 183
  - 5.1.4 春秋战国时期的漆器 ········· 183
  - 5.1.5 秦汉时期的漆器 ········· 183
  - 5.1.6 三国两晋南北朝时期的漆器 ········· 184
  - 5.1.7 隋唐五代漆器 ········· 185
  - 5.1.8 宋元时期的漆器 ········· 186
  - 5.1.9 明清时期的漆器 ········· 187
- 5.2 漆器的一般鉴定方法 ········· 187
  - 5.2.1 看漆色 ········· 188

5.2.2　闻气味 … 188
　　5.2.3　掂分量 … 188
　　5.2.4　敲动静 … 188
　5.3　漆器的作伪 … 189
　　5.3.1　改款法 … 189
　　5.3.2　修补拼配法 … 191
　　5.3.3　做旧补缀法 … 191
　　5.3.4　仿造断纹 … 191
　5.4　精品鉴赏 … 192

第六章　金银器鉴赏 … 214
　6.1　金银器的产生和发展 … 215
　　6.1.1　什么是金银器 … 215
　　6.1.2　商周时期的金银器 … 215
　　6.1.3　春秋战国时期的金银器 … 216
　　6.1.4　秦汉时期的金银器 … 216
　　6.1.5　魏晋南北朝时期的金银器 … 217
　　6.1.6　隋唐金银器 … 217
　　6.1.7　宋元金银器 … 218
　　6.1.8　明清金银器 … 219
　6.2　金银器的一般鉴定方法 … 220
　　6.2.1　根据铭文 … 220
　　6.2.2　根据造型 … 220
　　6.2.3　根据纹饰 … 221
　　6.2.4　根据工艺 … 221
　6.3　金银器的作伪 … 221
　6.4　精品鉴赏 … 222

第七章　杂项鉴赏 … 234

参考文献 … 249
后记 … 250

第一章

青铜器鉴赏

青铜，是指由红铜与其他化学元素混合制成的合金，其中铜与锡、铜与铅的合金最为普遍。青铜这一名称是现代人所赋予的，古时青铜是黄色偏红，而埋在土里后颜色因氧化而呈青灰，称为青铜。相较于纯铜（红铜），青铜具备显著的优势。首先，其熔点较低，便于铸造加工；其次，青铜的硬度较高，可以通过调整锡（铜）的含量来满足不同的硬度需求；再者，青铜溶液流动性好且气泡少，这使得铸造出的器具能够拥有锐利的锋刃和精致的花纹。因此，青铜的发明堪称一种划时代的创新。在我国古代文献中，商周时期的青铜常被称作金或吉金，这里的吉金即指质地优良、精美的青铜。

我国古代青铜文化艺术独具魅力和深厚传统，商周时期的青铜器更是其中的佼佼者，其以雄伟的造型、古朴的纹饰、丰富的铭文著称于世。

1.1 青铜器的产生和发展

1.1.1 我国的青铜器

青铜器主要是指距今4000多年前,由铜和锡合金制成的各类器物,通常简称为"铜器"。这些青铜器的种类繁多,涵盖了炊具、餐具、酒具、水具、乐器、车马装饰、铜镜、带钩、武器、工具以及度量衡具等。青铜器自4000年前开始兴起并广泛流行,一直延续到秦汉时期,而在商周时期,青铜器的制作工艺达到了巅峰。

甘肃马家窑文化遗址中出土的单刃青铜刀,经过碳-14鉴定,距今已有约5000年的历史。这把青铜刀不仅是我国目前已知最早的青铜器,同时也是世界上最古老的青铜刀。

夏朝,青铜器进入了快速发展时期。从其使用的工具材料来看,这一时期的青铜器呈现出从铜石并用时代向青铜时代铜器制作的更成熟阶段过渡的特点。

约从公元前18世纪到公元前221年秦始皇统一天下为止,历经商、西周、春秋、战国,是中国青铜发展史上波澜壮阔的时期。

相较于二里头文化的青铜器,商代前期的青铜器在造型设计、花纹雕刻以及铸造技术等方面都有显著的发展和提升。礼器的种类增多,且爵、觚(读作gū)、斝(读作jiǎ)组合的一套酒器已普遍出现。

商代晚期是我国古代青铜器发展史的第一个巅峰。这一时期,青铜器在质量和数量上都实现了空前的提升,这得益于二里头文化和商代前期青铜器的深厚底蕴。商代晚期的青铜器制作技艺精湛,胎壁通常较为厚实,整体给人一种凝重而庄严的视觉与心灵感受,如后母戊方鼎。商代晚期青铜器的纹饰极为丰富多样,展现了鼎盛时期的繁华与富丽。其纹饰风格复杂精细,彰显出雍容华贵的气派。这些纹饰大致可分为三类:首先是几何纹样,它们以点、线、圆形、方形和三角形等基本图形组合而成,包括弦纹、云雷纹、涡纹等;其次是象生动物纹,这类纹饰富有浓厚的生活气息,虽然有时经过高度抽象、概括或变形,但仍能辨识出其原始形态,如牛、羊、马、蛇等动物形象;最后是怪异动物纹样,以饕餮纹和夔纹为典型代表。此外,这一时期青铜器上开始刻有铭文,虽然内容相对简单,但通常记录了制作器物的工匠名、族氏以及祭祀的对象等信息。

西周青铜器的数量与商代相比有了明显增长。西周早期青铜器的形制大体继承了商制,没有多少变化,装饰风格仍然比较繁缛,纹样也仍以饕餮纹为主。真正展现西周青铜器特色的时期,大约始于昭王之后。自那时起,先前复杂壮丽的青铜器造型和蕴含古代神秘韵味的纹饰逐渐消失，取而代之的是器物造型和纹饰的定型化、程式化趋势日益明显。同时，这一时期的铭文得到了显著的发展。不过从整体上看，西周时期的青铜器在艺术创新方面相对保守，并未出现重大的突破。

随着西周王朝的覆灭和王室东迁，春秋战国时期到来，王室力量衰微，名存实亡，而诸侯之间争霸不断。这一时期的青铜器在器形和纹饰上大胆革新，打破了商周以来的宗教神秘色彩，展现出强烈的地域特色和清新气息，标志着中国古代青铜器发展进入了第二个高峰。北方各国的青铜器多显得雄浑凝重，继承了古老的工艺传统；而南方各国的青铜器则更加秀丽清新，多种艺术风格并存，各显风采。同时，铜器上的铭文内容变得极为简洁，日常生活用品上的铭文和记录婚姻的铭文非常普遍。此时，最突出的工艺成就是错金银、错红铜、包金银、鎏金和细线刻镂等新技术的发明与应用。青铜器上的花纹设计也开始反映社会生活的新题材，如宴饮、舞乐、采桑等场景。

秦始皇统一中国后，青铜器仍然是秦代重要的工艺部门。其中，秦始皇陵出土的铜马车代表了秦代的最高工艺水平。

进入两汉时期，铜器更加注重实用性，设计风格趋向朴素轻巧。华贵的铜器则采用镏金或金银错的工艺。这一时期的设计取材与现实生活紧密相连，形象上既写实又富有想象力。铜奔马和长信宫灯是这一时期的典型代表作。

汉代以后，青铜器的制作主要转向小型生活用具，如铜镜、带钩等，大型铜器基本消失，并逐渐被新兴的瓷器所取代。

1.1.2 商代的早期青铜器

据文献记载，早在距今 4500 至 4000 年的龙山文化时代（与尧舜禹传说时代相当），人们便已开始掌握并实践青铜器的冶铸技术。通过考古发掘，我们在黄河和长江中下游的龙山文化遗址中确实发现了青铜器制品，这一发现为上述历史记载提供了实物证据。

夏朝时期，我国青铜器迎来了快速发展的阶段。偃师二里头遗址青铜铸造作坊面积超过 1 万平方米。从二期至四期，该遗址内均有青铜器冶炼遗物的出土，甚至在早期的一期青铜铸造遗迹中也发现了冶炼的痕迹。目前，考古人员已经清理出了二至四期的铸造工场遗址，周围遗留有大量陶范、坩埚、炉壁、铜渣、木炭等物品，以及一些小件铜器和少量大件铜器。这些出土遗物表明，当时人们不仅熟练掌握了青铜铸造技术，而且青铜器在生产生活中扮演了重要角色。在二里头遗址出土的主要遗物中，青铜器占有重要地位，其中包括礼器、工具、兵器等多种类型，展现了夏朝青铜文化的丰富多样性。

1.1.3 商代青铜器

商代是青铜器发展历程中的重要阶段,标志着铜器从幼年阶段逐渐走向成熟。自商代中期起,铜器的发展势头迅猛,几乎涵盖了以后所有铜器的种类。商代铜器在造型上展现出雄伟与奇丽的特点,而其纹饰则多取材于想象中的神秘怪兽,这种设计赋予铜器一种超越现实、自然的威严与神秘感。这些特征共同塑造了商代青铜器独特的美学风格:雄奇、威严、神秘且带有一种狞厉之美。

(一)早期(公元前16世纪—前15世纪中叶)

河南郑州二里岗文化的青铜器是商代早期的典型代表。随后,在河北藁城、江西吴城、湖北盘龙城、山东大辛庄以及河南偃师等地也陆续发现了同一时期的青铜器。与"二里头文化"的青铜器相比,这一阶段的青铜器已经发展到了一个崭新的高度。无论是在造型设计、花纹镂刻方面,还是在工艺技术层面,都取得了飞跃性的提升和进步。

1. 造型特征

在商代早期,青铜礼器不仅占据了主导地位,更成为青铜时代的核心象征。这些礼器通常是成套出现的,反映了当时礼制的发展和国家统治的加强。商代早期的青铜工艺已相当成熟,显示出高水平的铸造技艺,但传世的作品并不多。

从各地出土的青铜器来看,其种类繁多,主要涵盖了饪食器、酒器和水器等多个门类。早期青铜器的形态相对简洁,然而酒器如爵、觚、斝等已经普遍被组合使用。在制作技术层面,可以观察到显著的变化。二里岗下层的青铜器壁普遍较为薄弱,而发展至商代晚期至二里岗上层,部分青铜器的器壁明显增厚,器物的尺寸也有所增大。

商代早期的青铜器,不仅种类丰富,而且造型别致。例如,炊具中的鼎和鬲,其设计颇具匠心,通常三足中有一足与一耳相对,营造出一种独特的不对称美学。同时,鼎和斝的锥形柱状足与器身是相通的,这反映了当时铸造技术还存在一定的局限性,尚未掌握范芯全封闭浇铸技术。此外,这一时期的方鼎体积庞大,其容器部分被设计成正方形深斗状,这与殷墟时期的长方形槽形方鼎形成了鲜明的对比。在酒器中,爵的形状延续了二里头文化的风格,都是扁体平底,流部狭长。除平底型青铜斝外,还出现了新款的袋足斝。在觚、尊、瓿、罍等圈足器上,常见"十"字形大方孔,有的圈足边缘还设有数道缺口,这种独特的设计在郑州和黄陂盘龙城的出土文物中都有所体现。至于壶提梁类,其形态主要有两种:长颈小口鼓腹形和小口悬瓠形。另外,还存在一种小口、短颈且未设提梁的款式,展示了当时青铜器设计的多样性和创新性。

2. 花纹与装饰

商代早期的青铜器一般胎质较薄,其上的纹饰简洁而质朴。这些纹饰大多由宽线和细线组成,形成了变形的兽面纹,这一特点鲜明地体现了二里岗时期的青铜文化风格。此外,这个时期的纹饰还有一个显著特色,即多采用平雕技法,而在某些主纹上则出现了浮雕装饰，例如，在二里岗上层的尊、罍等器物的肩部，可以见到高浮雕的牺首装饰。

商代早期，几何纹饰较为简洁，包含粗糙的雷纹和连珠纹等。此时，也开始出现乳钉纹，但青铜器的主要纹饰还是兽面纹。这些兽面纹由粗犷的勾曲回旋线条组成，均为变形纹样，其中兽目被突出绘制，而其他条纹并不具体描绘物象部位。这些兽面纹常以上下圆圈纹为框，方鼎的左、右和下方则常用乳钉纹装饰。这些设计使得商代早期青铜器风格独特。

3. 铭文特征

商代早期青铜器上的铭文开始萌芽。郑州白家庄出土的一件铜罍上，肩部装饰了三个龟形图案，有学者解读这些图案可能为族徽文字，这显示了早期铭文与图腾或族徽的结合。同时，中国国家博物馆收藏的一件铜鬲上刻有"亘"字，这是这一时期铜器上相对罕见的铭文之一，可能为制作者、所有者或使用者的标记。这些铭文的出现，不仅体现了当时人们对记录和信息传递的需求增长，也为后世了解这一时期的历史文化提供了宝贵的线索。

（二）中期（公元前15世纪中叶—前13世纪）

考古学观察显示，商朝早期与晚期的文化分布中心分别位于郑州和安阳。然而，商朝中期的考古文化中心显得较为分散，这体现了当时政治的动荡。据《史记·殷本纪》记载：正中丁以后，商朝废除了嫡长子继承制，改为由诸弟子继承，导致弟子们争相代替，连续九世混乱，使得诸侯不再朝拜。

1. 造型特征

商代中期，青铜器的种类相较于早期有所增加，除了生产工具和兵器，还涌现出诸多新的容器类型，如鼎、鬲、斝、爵、觚、尊、盉、壶、瓿、卣、罍、盘、簋、豆等，极大地丰富了青铜器的使用场景。

在器型上，商代中期的青铜器也呈现出新的特点。例如，爵的尾部设计虽然与早期相似，但其流部已经放宽，还出现了前所未见的圆体爵。斝的变化也较为明显，除了空椎状足，还新增了"丁"字形足，底部多向下鼓出，平底设计已较少见。

商代中期，大口尊等青铜器有了显著发展，如阜南的龙虎尊和兽面纹尊，展现了商代中期造型艺术的创新和工匠的技艺。同时，罍也从早期的高大演变为低矮宽阔，故宫的巨型兽面纹罍为其代表。这些变化显示了青铜器造型的多样化和审美观念的进步，体现了商代文化的精髓和对美的追求。

此外，商代中期青铜器的纹饰和工艺也有所改进。圈足器上的"十"字形和方形孔相较于早期有所缩小，细节处理更为精致。在鼎、鬲类器物中，一个显著的变化是一耳不再与一足对立，而是三足与两耳对立，这种设计成为以后所有鼎的固定格式。尽管此时浇铸范芯悬封的方法还未完全实现，中空的鼎足仍有与器腹相通的情况，但这并不影响其整体的美感和实用性。

值得一提的是,在商代早期从未出现的瓿这类器型,也在这一时期发展起来。例如,藁城的兽面纹瓿就是其典型代表,展示了商代中期青铜器在器型创新上的成果。这些新的器型和纹饰不仅丰富了青铜器的种类和样式,也反映了当时社会文化的发展和审美观念的变化。

2. 花纹与装饰

在这一时期,出现了以云雷纹为底的复杂纹饰,其精细程度远超早期作品。同时,浮雕式的兽面纹也开始崭露头角,但它们通常更为圆润,缺乏商晚期那种硬朗与锐利。部分器物还采用了扉棱作为装饰,增添了庄重与雄浑之感。

此时的纹饰可归为两类:一是对二里岗时期的变形动物纹进行了改进,原本粗放的线条现在变得更为细腻且紧密。以平谷的兽面纹鼎、肥西的斝和爵为例,其兽面纹已相当精细,尽管圈足部分的兽面纹还保留着早先的设计风格和结构。二是新出现了由繁复的雷纹和整齐的羽状纹共同组成的兽面纹,这类纹饰中的兽眼特别显眼。若非浮雕,则其头部与身体的界线并不明显。

3. 铭文特征

在商代中期,铭文的发展仍处于萌芽阶段。大多数器物并未刻有铭文,但在少数器物上,可以发现有铸造作器者本人族氏徽记的情况。然而,这一时期并未发现铭文中提及被祭祖考的日干之称。

(三) 晚期(公元前 14 世纪—前 11 世纪)

河南殷墟遗址与墓葬中发掘的青铜器,是商代晚期青铜文化的重要代表。此时,虽然王都是青铜器制造的中心,但各地贵族统治的都邑也设有规模不等的铸造作坊。殷商晚期,我国奴隶社会已步入鼎盛时期,青铜铸造业也随之迎来了显著发展。基于二里头文化的青铜器基础,殷墟的青铜器不仅种类丰富、形态各异,更在设计和工艺上实现了重大突破。

1. 造型特征

商代晚期从武丁后期至帝辛接近 200 年的时期内,又可分为前、后两个阶段。

(1) 殷墟时期前段

殷墟时期前段的青铜器,以小屯 238 号墓、殷墟 5 号墓等出土的为代表,同时,山西石楼二郎坡、桃花庄等地的发现也颇具代表性。

新出的青铜器形包括方彝、高颈宽口的椭扁体壶、敞口束颈的椭扁扇体觯以及觥等。其中,方彝在小屯 238 号墓中被发现。殷墟 5 号墓还出土了独特的"偶方彝",其外形就像是两个方彝合并,内部则形成一个长方形槽。同样在殷墟 5 号墓中,还发现了高颈宽口的椭扁体壶,这种壶口部宽阔且呈椭圆形,颈部较高,腹部明显膨胀。壶颈两侧配备有贯耳,底部有圈足,部分还带有盖子。此外,石楼桃花庄的扁壶在商代晚期前段非常流行,但到了晚期后段便很快消失。殷墟 5 号墓中还出土了一种敞口束颈的椭扁体觯,部分无盖,颈部收缩适中,存在宽窄不同的设计。这种觯多为小型,但也有中型的。同时,还出现了另一种敞口束颈、圆体似杯的觯。上述的两种觯在传世品中都很常见。此外,觥有鸟兽形和圈足两类,全见于殷墟 5 号墓。鸟兽合体造型的觥设计独特,前后足形态各异,如妇好觥就是前虎后枭的设计,而司母辛觥则是前怪兽后怪鸟的组合。值得一提的是,美国弗利尔美术馆还收藏了一个前虎头后鸭形、平喙的兽禽合体觥。

此外,新出现的青铜器形还包括鸟兽形尊,例如妇好鸟尊、湖南湘潭出土的猪尊以及醴陵的象尊,这些都是前所未有的创新形式。同时,还有一种独特的设计,将容器与动物形象巧妙地结合在一起,如双羊尊。这种尊的中间部分保持传统的尊形,而两侧则装饰有羊头,整体形状别具一格。

值得注意的是,这一时期方器得到了显著发展。在殷墟 5 号墓中,出土了众多方器,包括方爵、方斝、方尊、方罍、方壶和方缶等。此外,在传世的青铜器中也存在方觚和方觯,这意味着几乎所有的主要酒器都有了方形版本。尽管从整体数量上看,方器只占据了一小部分,但它们无疑是最具特色的青铜器类型之一。

中期的器类在晚期也有或多或少的变化,并且出现了一些新的式样。在食器中,鼎的形制变化尤为显著。除了常见的样式外,还新出现了自器腰以上逐渐收缩、口唇外翻的鼎,这类鼎主要为中小型。此外,还有一种新型鼎,其容器部分相对较浅,底部设有柱足或扁足。特别值得一提的是,袋腹似鬲的柱足鼎,通常被称为分档鼎,成为这一时期流行的新款式,其早期特点为袋腹较深。到了晚期前段,方鼎主要采用槽形的长方状设计,柱足粗壮且偏短,同时也存在扁足方鼎的设计。殷墟 5 号墓中就出土了这两种方鼎的典型样式。

甗这种青铜器在商代早期的黄陂盘龙城墓中曾有一例出土,但之后再无发现,但是在商代晚期前段,甗又频繁出现,且其设计均为甑与鬲连铸的形态,甑体部分体积大且深。关于其口部设计,存在两种风格:一种是口至腹部均为直壁,口沿部分配有宽阔且加厚的边条,例如在小屯 188 号墓中就发现了这种直壁设计的甗;另一种口部设计则更为侈大,殷墟 5 号墓中就有此类甗的出土。据初步推断,直壁设计的甗主要在晚期前段流行,而侈大口设计的甗则逐渐成为主流样式。特别值得一提的是,妇好三联甗采用了左、中、右三部分置于一个箱形釜上的特殊设计,这种款式独特且罕见,目前仅在此处发现。

鬲这种青铜器并不是特别常见。现存的鬲中,有从殷墟出土的,它们多数具有深袋足的特征。另外,在安徽阜南月牙河也出土了鬲,这些鬲的器颈部分直立且逐渐收缩,口部外翻,同样具有深袋足的设计。

簋这种青铜器,在早期的黄陂盘龙城墓中就有一例被发掘出来,其特点是圈足且带有双耳。然而,在商代晚期前段,出现了一种新的设计——无耳簋。这种簋的形体相对较宽,圈足部分直立并且通常带有小方孔,其口部微微收敛并呈现出翻唇的特点。在殷墟 5 号墓以及武官村大墓中,都发现了这种无耳簋。值得注意的是,武官村大墓中出土的无耳簋,其上口翻唇的曲度比殷墟5号墓中的还要大。这种无耳簋在晚期前段相当流行,而此时期并未发现有双耳簋的出土。

在此时期,爵、觚、斝依然是酒器的经典组合。扁体爵的数量已大幅减少,而圆体爵则开始广泛流行。觚的造型有了新变化,其颈部逐渐向细长发展。斝的喇叭口部分有所扩大,同时在鋬上出现了更多的兽头装饰,成为一大特色。此外,斝的三足有明显增高的趋势。这个时期还出现了新的斝的设计,包括圆体和椭方体不分段的斝,例如殷墟武官北地1号墓出土的圆体斝,以及小屯238号墓中的椭方体斝。值得注意的是,曾在殷墟早期出现过的袋足斝,在晚期前段又重新兴起。此外,虽然角这种酒器在这个时期也有出现,但数量极少。例如,在殷墟5号墓中出土了近50件爵,却未见一角的踪迹。

大型酒器如大口有肩尊和罍(瓿)的形体在此时期也经历了一些变化。大口有肩尊的体型在这一时期有显著增高的趋势,尤其是那些原本比例偏低的尊。有些尊的圈足特别高,例如殷墟5号墓出土的有司束母尊和湖南宁乡出土的四羊方尊。然而,这种尊仅在晚期前段流行,随后逐渐减少。罍(瓿)这种器物可分为两类:短颈和无颈合口,后者主要在这一时期出现,部分还配备有盖子。山西石楼后兰家沟的云雷地乳丁纹瓿、殷墟5号墓的妇好瓿,以及湖南宁乡出土的兽面纹瓿,都是此时期的典型器物。和大口有肩尊一样,罍(瓿)在商代晚期后段也基本不再铸造。此外,袋足斜流半封口的盉仍有发现。安阳侯家庄大墓出土的铸有左、中、右铭文的三盉,均为袋足方形盉,显示出其作为庄重祭器的地位。然而,袋足盉这类酒器也逐渐减少。

在水器类别中,盂是一种新出现的器形。例如,在小屯西北冈墓中出土的附耳盂,上面刻有铭文"寝小室盂"。这个盂的器壁倾斜,是用于盥洗的器具。另外,殷墟5号墓中也出土了盂,其特征是直口、翻唇,并配有附耳,还有对称的两个系,这样的设计既实用又具有装饰性。

(2) 殷墟时期后段

这一时期由于青铜器上的铭文有所发展,根据内容记载可确定一批标准器或非标准器。这些器有十五祀小臣俞尊、戍嗣子鼎、小子𧧊卣等,它们都属于帝乙、帝辛时期。

在此时期,新出现了两种典型器物:体型类似觚的无肩尊和椭扁体形状的卣。在安阳大司空村的51号墓中,就发现了成组合的卣;而在时代最晚的殷墟西区43号墓(属于第四期),也出土了两件觚形尊;小屯的圆形葬坑中也有卣作为随葬品。从时间线索来看,早期流行的宽肩大口尊逐渐被后期的觚形尊所取代,同时,早期的高颈宽口椭扁壶也逐步让位于后期的提梁壶卣,这似乎揭示了一种器物兴衰更替的历史脉络。

在这个时期,双耳簋变得非常流行。尽管其容器部分与之前的设计相似,但其形体主要呈现为两种类型:敛口翻唇形和敞口似碗形。其双耳位于口沿稍下方,并配有垂珥作为装饰。此外,还出现了一种特殊类型的簋,其特点是双耳粗大并向上发展,有的甚至接近或超过口部,同时配有长长的垂珥。这种类型的簋出土时间相对较晚。值得注意的是，无耳且敞口的簋仍然在被使用，并且此时簋的圈足部分呈现出增高的趋势。为了增加高度，有些圈足的下缘还特别加宽，形成一道显著的边条。另外，圈足上开孔的设计已基本被淘汰。

2. 花纹与装饰

商代晚期，青铜器纹饰达到了前所未有的艺术高度，其样式和种类远超中期，与青铜礼器的蓬勃发展相得益彰。

这一时期的器物纹饰繁复多彩，主要以兽面纹和夔纹为特色，同时融合了鸟纹、象纹、蚕纹、蝉纹等多种元素。兽面纹饰并非单一图案，而是展现了多样化的物象。装饰风格以集群式为主，各种物象或作为主纹，或作为附饰，遍布器物全身，甚至视线难以触及的器物底部也精心装饰，有时一件器物上汇聚了十余种动物纹样。在商代晚期的前段时间，兽面纹中的鼻准线有的并未触及下阑底线，使得兽吻常呈现为整体而未分隔。然而到了晚期后段，由于兽鼻尖延伸至下阑底线，兽面纹往往被分割成两部分。

商代中期，青铜器纹饰展现了一定程度的象征性，除炯炯有神的双目外，其余细节虽精细，但主干与底纹界限模糊，轮廓不甚清晰。至商代晚期，纹饰风格显著变化，动物形象更为具象，甚至透露出写实意味。此时，纹饰的主干清晰可辨，与繁密细腻的底纹（多为细雷纹）形成强烈对比，提升了纹饰的立体感和层次感。这一变化反映了商代晚期在纹饰表现手法上的精进与创新。

此外，商代晚期青铜器的纹饰主体广泛采用浮雕技术，并巧妙地结合了平雕和圆雕手法，使得纹饰层次更为丰富细腻。一些浮雕作品甚至展现出多个层次，且每一层次都呈现出高低错落的坡形设计，这种别具一格的层叠式浮雕被誉为"三层花"，充分体现了当时工匠们的精湛技艺和无限创意。

3. 铭文特征

这一时期的铭文展现了独特的时代风貌，主要体现在以下两点：首先，描绘人体、动物、植物、器物的文字，在字形上保留了较强的象形特征。其次，这一时期的铭文在笔画上表现出浑厚有力、首尾尖锐的特点，且在笔画转折处常见波折设计。此外，铭文中的字形大小并不统一，整体布局也显得错落有致。

这些铭文不仅是艺术的体现，更反映了当时的社会风貌，如家族形态、家族制度以及宗教观念等深层内容。虽然对此已经有很多人做过研究，但其中一些深刻的内涵仍是人们无法确知的，在今后的金文研究中仍然是非常重要的课题。殷代青铜器中也有少数较长的铭文。这些较长的铭文内容多涉及商朝晚期的重要事情、王室祭祀活动、王室与贵族的关系等，其中铭文中一些字词的含义，以及所反映的一些当时制度的状况，迄今仍是研究的薄弱之处。

1.1.4　西周青铜器

殷人崇尚鬼神,这种信仰在青铜器上得到了深刻的体现。青铜器的造型雄奇,风格独特且略显诡异,其上的纹饰则显得狞厉,透露出一种威严与神秘的气息,仿佛蕴含着超自然的力量。随着近百年的发展,青铜器艺术在西周中期迎来了全新的阶段。在这一时期,早期青铜器上所保留的商代特点逐渐被全新的艺术风格所取代。这种变化在青铜器的造型设计、纹饰构图等方面表现得尤为明显。

总而言之,商至西周时期,青铜器发展显著。技术精进使数量增多,但纹饰逐渐简化。早期青铜器种类繁多,包括鼎、鬲等食器,觚、爵等酒器,盘、禁等水器,及钟类乐器,各具特色。中期开始,造型、纹饰及铸造技术略显单一,部分器型减少或消失。西周晚期,种类与中期相似,技艺和风格仍有所保持。特别是西周青铜器上出现长篇铭文,如大盂鼎、大克鼎,成为研究古史的珍贵资料。西周青铜器以长篇铭文、精湛工艺和华美风格,铸就华夏文明丰碑,展现古代工匠的技艺与深厚文化底蕴。

(一) 早期

西周早期,即武、成、康、昭四王在位的约 70 年时间里,青铜器的发展在继承商代晚期风格的基础上,有了一些新的变化。在器类和造型设计上,既保留了商代的经典元素,又进行了适当的增损和改进。在铸造铭文方面,西周早期形成了自己独特的风格。这些铭文不仅工艺精湛,更蕴含着丰富的政治内容,揭示了周初文化的政治秩序、道德规范和家族责任等价值观念。

1. 造型特征

食器类型包括鼎、簋、鬲、豆;酒器有尊、卣、爵、觚、觯、觥、斝、方彝、壶、斗、禁;水器有盘、盉、壶、盂;乐器中旧的铙消失,新的甬钟出现;兵器中,除了戈、矛、镞、胄,还有一些新出土的勾戟和短剑。总而言之,西周早期的重要青铜器种类繁多,如武王时代的天亡簋、利簋等;成王时代的小臣单觯、何尊、保卣、保尊、德方鼎、献侯鼎、康侯鼎等;康王时代的盂鼎、小盂鼎、鲁侯狱鬲、旅鼎、厚趠方鼎等;昭王时代的旂尊、旂觥、旂方彝、令簋、令方彝、召尊、召卣、小臣宅簋等。

西周早期,虽然几乎没有新的器形出现,但在已有的器物中,我们依然可以观察到一些显著且值得关注的变化。

在这个时期,圆鼎的设计均采用了柱足形式,但与商代相比,这些柱足显得更为纤细。部分鼎的足根部位还巧妙地装饰了浮雕兽面,增添了艺术感。这种设计在商朝末年初见端倪,而到了西周早期,其形态更为成熟。特别是像大盂鼎这样的大型鼎,就是其发展的典型代表。在此时期的后段,圆鼎的下腹部开始向外倾斜,这种风格也影响了同期的尊、卣、觯、簋等多种器物。与此同时,方鼎的腹部变得更浅,双耳略微外侈,柱足也变得更细,从而失去了商代晚期那种厚重的感觉。此外,这个时期还创新地出现了附耳鼎。分裆鼎在这一时期更为流行，但其分裆部分变得较浅，袋足的设计也趋于简化。

鬲的主要形制为立耳束颈式。在早期，鬲的腹部趋向于外鼓，柱足较矮，分裆也较低或变得不明显。周初的鬲腹部较深，分裆明显，但随后腹部变浅，柱足也变得更细。此外，还存在一些特殊的设计，如附耳袋足鬲、斜沿立耳鬲以及无耳平沿鬲。这些鬲的口沿通常等于或大于其腹径。

甗在这一时期以连体式为主，与商代相比，其甑部变得更浅，而鬲部则有所加高。甑与鬲的宽度相近，整体设计更为稳重。此外，早期还出现了椭方形的复合式设计，这种设计由上下两部分组成：上部是一个侈口附耳或带有兽首耳的椭方形甑，而下部则是一个附耳的方鼎。这两部分通过子母口巧妙地套合在一起。

簋在这一时期经历了较大的变化，不仅数量增多，样式也有所创新。商代晚期的侈口鼓腹双耳簋仍然流行，但兽耳的设计呈现出多样化。最具特色的是高足簋、四耳簋以及方座簋。其中，方座簋是将簋体与方禁连铸在一起的创新设计，武王时期的天亡簋和利簋就是这种形制的典型代表。自成康之后，乳钉纹无耳簋便逐渐消失。

尊在这一时期流行的是筒状、三段式的觚形设计。其腹部与圈足的比例相当，口径略大于腹径，且圈足下通常装饰有宽边条。制作精美的尊还通体铸有四条扉棱，并配以华丽的纹饰。值得注意的是，商代晚期流行的宽肩大口尊在此时已经消失。到了早期的后段，尊的腹部开始下移，而圈足也相应变矮。

卣的造型仍然保留了商代晚期的风格，但其盖钮已经全部变为花苞形。部分卣的提梁被设计成扭索状，且梁的两端并没有装饰兽头。然而从成王时期开始，提梁两端铸有兽头的扁体卣开始大量流行起来，其中制作精美的卣也通体铸有四条扉棱。到了此期的后段，盖钮大多演变成了圈状，同时兽的两端还出现了类似"犄角"的装饰物，使得整个器体逐渐变得低矮。值得一提的是，在这一时期提梁卣往往是成对出现的，一大一小且形制、花纹以及铭文都完全相同。这种大小相配的设计形式在商代是未曾出现过的。

爵都是卵形腹部设计且流部窄而长，前端明显高于后端并配备有一侧的鋬。同时流与口之间还设置有柱状物。到了此期的后段，爵的鋬由原本的扁平形状演变为更为圆润的设计，并且平底浅腹式的爵已经完全消失。

而觯则主要以圆体型为主，在此期的前段时间里觯的颈部相对较短，并呈现出圆鼓的腹部；但到了后段，其颈部变得修长，腹部变小，并出现下垂的趋势，同时圈足也开始外侈。

至于觚则存在两种主要的样式：一种基本上延续了商代晚期的风格，但其腰部被明显拉长，并且通常没有棱脊；另一种则是全新出现的设计，其腰部非常细，且形状类似于喇叭状，纹饰仅仅施加在圈足部分。

平底斝和罐式斝都已经消失，而仅存的斝为高领分裆式一种。觥是方体的，折方彝腹壁变得较曲。

2. 花纹与装饰

西周早期的青铜器纹饰,大部分延续了商晚期的风格。兽面纹基本保持原样,角型中常见内卷角、牛角,同时也存在其他类型的角。特别值得一提的是,出现了一种长垂角的兽面纹,这种式样在晚商时期是未曾见过的。周初,一种具有鲜明时代特色的纹饰是带有触角的蜗体或卷体兽纹,这种奇特的纹饰在武王时代的天亡簋以及泾阳高家堡周初墓出土的青铜礼器上都有所体现。然而,考虑到天亡簋上这类纹饰已经相当成熟,不排除这种纹饰在先周或商晚期就已经存在的可能性。

凤鸟纹在这一时期也有所演进。例如,望方鼎和仲子觥等青铜器上就装饰有西周早期典型的凤鸟纹饰。尽管商代晚期已经有不少以大鸷鸟或凤纹为装饰的青铜器,但西周早期的凤纹不仅更为精美,数量也更为丰富。同样,其他类型的鸟纹相较于商代也有所增多。

3. 铭文特征

西周早期青铜器的发展特色显著,主要体现为大量长篇铭文的出现。这一时期,铸有数十字铭文的青铜器屡见不鲜,其数量远超商代晚期。在商代,由于强烈的宗教意识,青铜器主要被视作祭祀或礼仪之器,直至商代末期才稍有变化。然而,周人对此有着不同的理解。他们同样珍视青铜器为庙堂之宝,但更重要的是,他们通过青铜器上的铭文来宣扬制器者及其家族的荣耀与地位。这种荣耀和地位往往与政治事件紧密相连。

西周早期青铜铭文的内容多围绕重大政治事件,如灭商建邦、平定叛乱、分封诸侯、征伐方国以及巩固统治等。这些铭文不仅记录了当时的历史背景,还为我们提供了宝贵的历史资料。据考古发现,周人在推翻商朝之前,就已拥有高度发达的文化。例如,1976年在陕西临潼出土的利簋,便是一件极具历史价值的青铜器。此簋形如盆,双耳附珥,深腹,下设方座,整体高度28厘米,口径22厘米。其上的铭文显示,此簋是在牧野之战后的第八天铸造的,由武王的右史利为纪念受王赏赐而制作。这些铭文为研究西周初年历史提供了珍贵的史料,成为西周考古的重大发现。

(二) 中期

西周中期,即从穆王至夷王的阶段,青铜艺术迎来了革命性的转变。穆王时期,青铜器在造型设计和纹饰结构上均展现出显著的新特点,与西周早期形成鲜明对比。此阶段的青铜器在纹样设计上有了重大突破,传统的对称构图规律被基本放弃,取而代之的是更为自由、连续的构图方法;形象图案逐渐演变为抽象的纹样,装饰图案因此显得更加活泼生动。这种变革不仅反映了当时意识形态的变化,更为后来的春秋战国时期青铜艺术的蓬勃发展奠定了坚实基础。

1. 造型特征

在西周中期,青铜器的形制与纹饰展现出了新的风貌,同时也保留了部分传统元素。穆王、共王时期,这种新旧交融的特点尤为显著。尽管懿王、孝王之后,传统元素逐渐淡化，但仍可窥见一些旧时的影子。此时期有许多具有代表性的青铜器，如穆王时期的长由盉、通簋等，共王、懿王时期的三年卫盉、墙盘等，以及孝王、夷王时期的师晨簋、大克鼎等。尽管具体器物的归属王世存在争议，但它们的中期特征是不容置疑的。

鼎的形态在这一时期变得复杂多样，新旧形制并存。例如，共王时代的两具趞曹鼎就体现了这一点。七年趞曹鼎保留了西周前期常见的柱足鼎形式，而十五年趞曹鼎则展现了新的宽浅垂腹附耳形态。此时期的鼎，无论大小，相较于西周早期，器体更宽而腹部较浅，这种变化大约始于昭穆时期，并逐渐流行。此外，还出现了一种新式的盂鼎，其特点是大敞口、圜底、兽蹄足，形如锅状。

在簋类器中，通簋展现了新式样，其弇口扁圆体、环耳和圈足下的三柱状足，以及平行横条状的纹饰，都是新颖的设计。这种新式簋在此后非常流行，许多簋的器形都是由通簋发展而来的。西周中期簋的演变，显示了新式样逐渐取代传统式样的过程。

酒器中，懿王、孝王时期出现了筒形长颈、兽头环耳的大腹壶，这种设计也应用到了方壶上，并在很长一段时间内保持流行。同时，还发现了宽颈、垂腹的圆角方壶。

尊类器主要保留了传统形式，但也有一些具有时代特征的新设计，如日己尊和盠尊等方尊的出现。

在饮酒器中，虽然爵的遗存较少，但出现了三种新式饮酒器：一种形似小卣，一种类似小杯的觯形器，还有一种是深垂腹的小尊形器。这些都被铭记为饮壶。罍的形制没有大的变化，但形体略显偏低。

水器中，盘盉组合仍是西周早期盥器的主流。共王时期开始出现了匜这种新水器，但部分盉的功能与匜相同。此外，曲阜鲁故城西周中期墓中还发现了梨形大壶，铭曰"戎壶"，实际上是一种汲水用的大壶。

此时期的乐器也有了显著的发展。扶风竹园沟西周早期墓葬中出土的三枚成编的甬钟，是迄今发现的最早的编钟。经过实际测验，这些西周钟的音律特点是没有商音。

2. 花纹与装饰

西周中期青铜器的纹饰相较于早期有显著变化，并显露出与晚期纹饰的相似之处。这一时期的纹饰带有过渡性特征，既体现了传统纹饰的变迁与消亡，也见证了新纹饰的兴起。这些变化主要体现在以下三个方面：首先，许多西周早期的复杂纹饰被逐步简化或淘汰。其次，保留下来的传统纹饰如兽面纹、兽体变形纹等，在此时期经历了剧烈的形变。最后，新兴纹饰如波曲纹等开始涌现。

兽面纹逐渐走向衰落。尽管班簋上的主纹兽面纹已开始简化，但基本上仍保留着西周早期的风格。而在卫簋、日己方彝、蔡姬尊等器物上，可以看到较为粗糙、稀疏且有所变形的大卷角兽面纹，这些纹饰多数不再使用雷纹作为底纹。兽面纹进一步简化为更简洁的对称构图，此时的目纹已经退化，变得不再那么必要。这些变形在同一时期内出现，而最后一种变形的兽面纹在后来成为最流行的样式。

凤纹是西周中期的一个标志性纹饰。尽管西周早期已有一定数量的凤纹，但在穆王、共王时代达到了鼎盛。许多重要的青铜器，如效卣、丰卣、静簋、孟簋等，都装饰有当时非常流行的大凤纹。这些凤纹通常呈对称回顾形排列，拥有长而华美的冠饰或分冠，喙部多呈蜷曲状。然而，此类大凤纹在懿王、孝王时期的青铜器上已不多见。

长尾鸟纹也是西周中期常用的鸟纹之一。其鸟尾长度常为鸟体的2至3倍，且延长的部分往往与鸟体分离。一些簋类器皿常以此类分尾的长尾鸟纹为主题，线条粗犷而简洁。

此外，长冠或花冠的回顾龙纹也是这一时期的主要纹饰之一。具体形象可见于西周早期的匽侯盂上，其兽头饰有长花冠，分尾，体形似鸟而非鸟。

在西周中期的纹饰发展中，错位变形成为一个显著特点。这主要体现在波曲纹、横行的"S"和"C"形结构的动物纹以及鳞带纹上。

3. 铭文特征

西周中期的青铜器铭文，除了穆王晚期记录的一些作战铭文外，大部分内容都是关于册命的记录。这些铭文逐渐形成了固定的格式和程序，主要记录了封官、世袭等事务。同时，这些铭文也反映了当时贵族社会的一些现象，例如换田的批准、诉讼的结果，以及对祖先的追孝等。

此外，"子子孙孙万年永宝用"这类祈愿文辞也开始在这一时期流行，体现了贵族们希望家族昌盛、财富和地位能够世代传承。值得注意的是，这个时期的铭文中，只有极少数在文后附有族氏名号。

（三）晚期

西周晚期指厉王、共和、宣王、幽王等100多年的时间，青铜器的风格和制作技术进入了一个新的阶段。这一时期，青铜器的种类和形式相较于之前有所减少，显示出一种简化和标准化的趋势。在造型和纹饰方面，西周晚期的青铜器更加注重实用性和朴素美学，摒弃了过多的装饰，逐渐定型化和程式化。经过西周中期新旧风格的交替与转变，西周晚期的青铜器在形制和纹饰上都呈现出中期风格的延续，但已不再有中期那种错综复杂、多样化的特点。尽管此时出现了少量新的器形，但整体上，青铜器的变化并不大，显示出一种稳定和成熟的发展态势。这种变化不仅反映了当时社会审美和工艺技术的发展，也体现了西周晚期社会文化的稳重与沉淀。

1. 造型特征

总体来看，西周晚期的青铜礼器在形制上并未出现显著变化，品种也相对稀少，整体呈现一种停滞状态，但仍存在细微的变化。

在西周晚期，鼎的流行样式主要有两种：一种是延续中期的垂腹鼎设计，例如禹鼎和史颂鼎，它们的形状与大、小克鼎相似；另一种则是盂鼎。这两种鼎都采用了兽蹄形的鼎足。值得注意的是，盂鼎在这一时期得到了较快的发展，成了具有代表性的器型。此外，根据鼎腹的深度，还可以将其分为深腹、中腹和浅腹三类。

同时期的甗也分为圆体和方体两种类型。圆体甗的甑部设计得较低且宽大，而方体甗则逐渐受到欢迎,例如伯硕父甗和叔硕父甗等都是方体形态。

在酒器方面,壶的样式仍然延续了中期的长颈垂腹壶和方壶。其中,方壶似乎经历了一定的发展,例如颂壶和梁其壶的壶盖都采用了新颖的莲瓣形设计,这种新式样在西周晚期开始出现,并在春秋时代变得非常流行。此外,还有一类款足盉,其特点在于足部肥短、小口带盖、宽肩设计,并配有可执握的錾,有时也被称为盩。

2. 花纹与装饰

西周晚期的青铜器纹饰,其构图显得简洁而疏朗,纹饰的线条刻画得粗壮有力。相较于中期,纹饰的种类有所减少,但从艺术欣赏的角度来看,其价值已经远超商末周初的时期。

在这一时期,最为常见的纹饰有波曲纹、横行的"S"和"C"形结构的变形兽纹,以及鳞纹。有些重要的器物表面甚至不加任何纹饰,保持素面,但在器物的突出部分,如簋耳、匜鋬等,仍然保留着具体的装饰形象。这主要是因为这些主体部分的形象难以进行变形或抽象化处理。

值得注意的是,这一时期的雷纹逐渐蜕化,鸟纹几乎消失不见,而立体动物附饰也不再流行。除此之外,还可以看到弦纹、双头夔纹和蟠蛇纹等纹饰。至于龙体交叠的纹饰,它仅出现在极少数器物上,如颂鼎上的交龙纹。

3. 铭文特征

在西周晚期,青铜器上出现了大量的长篇铭文,内容多为格式化的廷礼册命,同时涉及战争、土地和狱讼等方面的记述也颇为常见。这一时期,宣王时的毛公鼎铭文创下了西周金文的最长纪录,其约500字的铭文详细记录了宣王对毛公的诰命,具有重要的历史价值。

此外,西周晚期的铭文末尾常附有套辞,"万年无疆"等祝愿词句在这一时期尤为流行,体现了人们对于永恒和繁荣的期盼。同时,许多器铭还采用了韵文形式,别具一格,显示出当时铭文的艺术特色。

在铭文布局方面,西周晚期的青铜器也展现出了极高的规范性。铭文排列工整,横成行,竖成列,甚至在少数器铭拓本上还能清晰看到长方格的痕迹,这表明制范时先画格再按格作字的工艺方法在当时已被广泛采用。

西周晚期的字形特征也较为明显。一方面,字形普遍呈长方形,大小相近,显得整齐划一;另一方面,笔道多为细劲均匀的线条,仅在个别字中有所变化,如"天"字的一横或"旦"字的一横有时会呈现为圆点状,"丁"字则常被写作圆点,这种字体被称为"玉箸体"。这些典雅的字形和整齐的行列布局,共同赋予了西周晚期铭文庄重、肃穆的整体风格。

值得注意的是,"玉箸体"实际上起源于西周中期末叶,但直到西周晚期才真正盛行起来。例如,夷王时期的史颂鼎铭文以及夷王或厉王时期的大克鼎铭文等,都是"玉箸体"书法的杰出代表。

1.1.5 春秋战国青铜器

随着平王东迁，中国步入了春秋战国时期。在这一时期，青铜器不再是宗庙祭祀的专用，开始进入社会上层的日常生活，由此出现了一系列全新的青铜器类别，如印玺符节、货币、度量衡器、灯具、带钩等，这些都是为了满足社会上层人士日常生活的需求。同时，青铜器的纹饰风格也发生了巨大的变化。一方面，原先的复杂动物花纹变得更加简化和细密化，形成了所谓的蟠龙纹，这种纹饰成为春秋战国时期青铜器的主体花纹。到了战国晚期，更是出现了以几何纹饰带取代原先通体满饰的纹饰传统。另一方面，写实图案纹饰也开始出现，这些纹饰表现了当时的社会生活，为青铜器增添了更多的生活气息。此外，青铜器的铭文也发生了改变。过去，铭文多刻在器内，而现在则更多地被转移到器表。有些铭文甚至采用了金银错工艺，这种风格一直影响到了汉代。

（一）春秋早期（公元前770年—前7世纪上半叶）

在春秋早期，青铜器的形制仍然延续了西周的体系，但同时也呈现出不少新的变化。王室和王臣所使用的青铜器数量急剧下降，而诸侯国所制造的青铜器则开始占据主导地位。在陕西宝鸡太公庙村出土的秦武公甬钟和钮钟（制造于公元前697年至前678年间），便成为这一时期青铜器的标准器型。此外，河南、山东等地也陆续发掘出大量春秋早期的青铜器。

1. 造型特征

在春秋早期，青铜器的形制虽然大体上承袭了西周晚期的体系，但也涌现出几种新颖的器形。首先是盆的出现，如传世的曾大保盆，以及考古发掘的鲁故城201墓的一式盆、郏县太仆乡的日夭盆等，而在西周晚期的墓葬资料中，却并未发现这类青铜盆的明确出土记录。其次，椭杯也开始崭露头角，这是一种两侧带有耳朵的长圆形杯，独特而富有特色。再次，被称作舟的器皿（即尊彝的底座），其实际是一种饮器，山东曲阜鲁国故城春秋早期墓中有多件出土，为此提供了实证。从次，还有一种颇为常见的扁壶，其特点为狭颈、宽肩、深腹且平底，这种壶形大约也在这个时期开始流行，大仆乡器群中就有此类壶的出土。最后，春秋早期的罍，与西周晚期的款式有所不同，其特点为颈短、肩宽且器体较低，这与西周晚期器体偏高的风格形成了鲜明对比。

2. 装饰与花纹

春秋早期的青铜器纹饰与西周晚期相比，虽有相似之处，但也存在一些细微的变化。其中，最显著的特点就是出现了龙类相交缠的纹饰。这种纹饰在之前的颂壶上已经有所体现，同时在上村岭虢国墓地出土的青铜器中也能看到此类纹饰的影子。然而，在春秋早期，这些交龙纹与其他纹饰相比，都显得较为粗糙且稀疏，这可能是春秋早期较晚阶段出现的新式样所带来的特点。

3. 铭文特征

春秋早期与西周接近,因此各国金文均在不同程度上保留了西周晚期金文的特征,在文字结构和书体上均有所反映。如一些重要的诸侯国金文,与西周晚期金文极为相似,其文字形态呈长方形,风格端庄凝重,整体布局也显得整齐规范。例如,晋姜鼎、齐侯匜、鲁伯厚父盘以及曾侯簠等文物上的金文均体现了这些特点。此外,春秋早期秦国的金文,在字形和风格上与西周晚期的虢季子白盘铭文高度相似。通过比较 1978 年在宝鸡太公庙出土的春秋早期偏晚的秦公镈铭文与虢季子白盘铭文,可以明显看出秦国文字继承了西周晚期王畿地区西部区域的文字特色。与此同时,这一时期的列国金文也展现出了与西周晚期金文的一些差异。

(二) 春秋中期(公元前 7 世纪上半叶—前 6 世纪上半叶)

青铜艺术在春秋中期呈现出新的面貌,铸造技术更加精湛,纹饰更加华丽。

1. 造型特征

传世的秦公簋上,铭记了其先世的十二公,此十二公是自秦仲起算,直至十三世时的秦康公(公元前 620 至前 609 年在位)。值得注意的是,尽管秦公簋的形制仍保持着春秋早期的风格,但其纹饰已经演变为更为繁复且重叠的卷龙纹或交龙纹。

在春秋中期,青铜器的特点与西周中期有些相似,均展现出从早期到晚期的过渡性特征。当盂鼎类器物盛行时,除了常见的圆底兽蹄足或垂腹兽蹄足样式外,还涌现出浅腹平盖的盂鼎新款式。同时,双耳衔口的盖簠依然流行,但某些器体上的横列沟条纹已被舍弃。尽管簋已退出历史舞台,簠却持续流行,并在器形上有所创新,如在口部增设一道宽阔的边。在食器中,敦的频繁出现成为一大变革,此时的敦具备三小足和圈耳,尚未发展成上下对称的形态,这种器物在过去是较为罕见的。此外,这一时期的壶类出现了宽口短颈的新款式,如沂水刘家店子春秋墓的公铸壶和信阳平桥春秋墓的樊夫人壶,均为此类器形的代表。另外,也偶有形盉的发现。

2. 花纹与装饰

在春秋中期,青铜器的纹饰体现了新旧风格的交替。"∽"形与"∪"形的变形动物纹、波曲纹等仍然流行,但逐渐摒弃了原先的粗犷风貌,变得更加规整而精美。在这些传统纹饰的基础上,进一步演变出了重叠或相交的环形交龙纹结构,同时,早期抽象的甚至难以辨认首尾的动物纹也重新回归到了具有明确龙或其他兽形象的纹饰。这些新纹饰中的首、角、目等部分被刻画得越来越清晰,但变形的动物纹并未完全消失。此外,本时期还新兴了复杂且繁密的四方连续动物纹,例如秦公簋、黄君孟等众多器物上都装饰有这种错综复杂的纹饰。虽然春秋中期的纹饰在结构上展现出了新的样式,但从技艺层面来看,尚未达到精工细作的水平,因此仍然保留了一定的粗犷风格。

3. 铭文特征

此时期处于春秋早期与晚期的交替阶段,铭文与春秋早期的铭文差别不大,细节也可以参考春秋早期的铭文。

(三) 春秋晚期（公元前 6 世纪下半叶—前 476 年）

春秋晚期，随着铁器时代的来临，新兴地主阶级逐渐崛起并取代奴隶主阶级，其代表人物在政治上逐步占据优势，并推动了社会改革。这些变革适应了生产力的发展，从而极大地促进了社会生产的繁荣。从当时遗留下来的各种工艺品如精美的玉雕、华丽的漆器、原始的青瓷以及细致的纺织品等可以看出，制造工艺水平有了显著提升。然而青铜铸造业并未因青铜时代的结束而衰落；相反，它为社会生产的发展注入了新的活力。在春秋晚期，青铜铸造业在生产技术、艺术水准以及器物多样性方面都展现出全新的风貌，标志着青铜器发展史上的第二个高峰。

这一时期，各地都有代表性的青铜器出土。在山东地区，有齐洹子孟姜壶和邾公华钟这样的标准器物；江汉地区则以楚王领钟为代表；中原地区有句敔夫人簋；安徽、江苏和浙江地区则出土了蔡侯申器群、蔡侯产剑、吴王光鉴、吴王光戈、吴王夫差御鉴、吴王夫差剑以及著名的越王勾践剑；而在山西地区，浑源李峪村器群和赵孟介壶等青铜器也颇具代表性。

1. 造型特征

在春秋晚期，青铜铸造业展现出新的风貌，无论是在生产技术、艺术造诣还是器物多样性上，都标志着青铜器发展史的第二个鼎盛时期。此时，鼎开始以组合形态亮相，其造型和器腹比例也有所调整。

在食器中，传统的簋已经变得稀有，尽管在某些诸侯的礼器中仍可见到旧式方座簋的影子，但其造型风格已为适应新的组合而有所演变，与旧式不尽相同，蔡侯申方座簋即为一例。总体来看，簋的数量显著减少，有些地区在中期就已停用。

敦在这一时期开始广受青睐。在南方，它已演变为"西瓜敦"，形似剖开的圆形瓜，下承三足，上盖饰以三环形的兽钮，也有上下一致、均具三足的款式。寿县蔡侯墓中就出土了这两种形态的敦。

簠依然在使用中，其口沿周边往往较宽，圈足凹陷处常设计成无花果叶子的边缘形状。蔡侯墓出土的簠与传世的许子妆簠形制相同，此后，簠的形制鲜有变化。

酒器壶以高颈为特点，腹部或方或椭圆，配有兽耳衔环，有的圈足下还附有怪兽或龙形装饰，如新郑莲鹤方壶和蔡侯墓莲瓣方壶等，这类壶多见于大型墓葬。另一类壶为低体鼓腹圈足，器体较高，中部最粗，多配有兽耳和莲瓣盖，肩部或瘦或丰，赵孟介壶和浑源的鸟兽龙纹壶为其代表。

此时，酒器中出现了新式样的尊缶和提梁盉。缶的形状类似酒瓮，直颈带盖，两侧有系或链耳，如蔡侯申墓出土的尊缶。

尊这一酒器在西周晚期至春秋早、中期消失后，于春秋晚期的蔡侯墓中重现，出土的数件觚形圆腹尊，其高圈足和圆弧形鼓腹均模仿了西周的觚形尊。

盥器也发展出鉴、盥缶、盘、匜、盥鼎等多种类型。此时还出现了大型水器——盥缶，它无颈、口有复盖、肩宽器大，过去被称为罍，但根据蔡侯墓中此类器物的铭文，可以得知它实为盥器。

在青铜乐器方面,编钟主要包括甬钟、钮钟、铃钟等。此外,钩、钲、于等青铜乐器在长江中下游地区特别流行。

2. 花纹与装饰

春秋晚期是青铜器纹饰发展的又一个巅峰期,此时期纹饰种类异常丰富,整体风格趋向于精致细腻,以繁复为美,展现出极高的艺术和审美价值。当时流行的青铜器纹饰主要包括蟠螭纹、蟠虺纹、羽纹(波浪纹)、贝纹以及垂叶纹等。虽然之前盛行的饕餮纹仍被保留,但其狰狞之感已大为减弱,更多地呈现出装饰性的美感。特别是蟠螭纹和蟠虺纹,它们通常由两条或多条螭龙缠绕而成,设计巧妙,富有动感。

春秋晚期,装饰技法的革新与新纹饰的涌现与铸造技术的进步紧密相连。例如,精细的蟠虺纹和羽纹的广泛运用,就直接得益于印模法的推广。在制范过程中,通过这些纹饰的单元图案进行上下左右的连接,打印出连续图案,从而形成了异常精细且复杂的大面积装饰纹样。

此外,错金银技术和嵌异色金属工艺的流行,不仅为青铜器带来了多彩的装饰效果,还推动了新纹饰如狩猎纹的出现。狩猎纹是一种新兴的写实风格纹饰,主要描绘了当时贵族生活的各种场景,如宴饮、射箭练习、采桑、弋射以及水陆战争等。这些纹饰还融入了简单的环境描绘,进一步强化了其写实风格,使得青铜器不仅是一件实用器皿,更是一件富有生活气息和艺术魅力的装饰品。

3. 铭文特征

春秋晚期青铜器上的铭文,主要来自山东和长江中下游地区的诸侯国,而中原和三晋地区的则较为稀少。此时铭文的主要内容多为彰显器主的家世背景、社会地位和个人身份,同时不乏自夸品德之辞。这些铭文长短不一,但大体遵循一定的书写格式。此外,记录婚嫁陪嫁品的铭文也相当常见。值得注意的是,尽管铭文中提到的诸侯或重要卿大夫的名字可以与历史记载相互印证,部分铭文也涉及一些历史事件,但总体来看,涉及重要史料的内容并不丰富。这一现象反映了青铜器社会功能随着时代变迁而发生的改变。

(四)战国早期(公元前476年—前4世纪上半叶)

在战国早期,青铜器在器形与纹饰方面与春秋晚期存在诸多共通之处,亦展现出一些自然演变的特点以及鲜明的时代烙印。这些特征不仅体现了青铜器工艺的持续发展,也反映了该时期独特的审美追求和文化内涵。

1. 造型特征

鼎类的形制与春秋晚期的同类鼎相似。在洛阳中州路西工段第2717号墓中出土的五具列鼎里,其中三具特色鲜明:体形扁圆,口部内敛,配备有盖子和附耳,蹄足短小。这种形状的鼎在春秋晚期的墓葬中相当罕见。在山彪镇1号墓中也发现了五具列鼎,这些鼎的体形扁圆且上下匀称,三足非常短,使得鼎腹底部离地面很近;同墓中还出土了贝纹鼎，其形制与这些列鼎相同。此外，还有一种被称为联裆鼎或短鬲足鼎的新型设计，其特点是通过软接触方式将过短的足与器腹相连，这种设计很可能是从短足鬲的形体中汲取的灵感。

到了战国前期，出现了一种新颖的设计样式。虽然这种鼎仍然是分体式设计，但鬲口增设了一圈上斜的圆盘，这个圆盘的作用是承接甑内蒸气冷凝后的水，使其回流到鬲中，从而避免水溢出。例如，在原平峙峪出土的瓶和在凤翔高王寺战国窖藏中发现的瓯，就采用了这种独特的设计。

在战国早期的大型墓葬中，酒器常常展现出一些特殊的造型。例如，在曾侯乙墓中出土的一对大尊缶和联襟大壶，它们都配备了华丽的套口和盖子。此外，还有可以悬挂在冰鉴内的大口方形尊缶等，这些都是非常罕见且珍贵的器物。相较之下，山彪镇1号墓中出土的青铜酒器在形制上更具代表性。其中的莲瓣盖壶，其形体与赵孟介壶相似但稍低矮。在洛阳中州路2717号墓中也发现了类似形制的壶，这些壶的盖子上有时还立有展翅的凤鸟。这种壶被认为是战国早期的典型样式。在较大的墓葬中，还出土了莲壶。例如，在洛阳中州路2717号墓中就发现了一件，其形体与莲瓣壶相近但腹部稍大且深，颈盖上还配备有小环钮，两肩之间则设置了一个可活动的链式提梁。此外，在北方地区还发现了瓢形壶，这种壶配备有可执握的錾，有时錾还通过链子与壶盖相连。春秋晚期流行的普通壶样式，在这一时期仍然常见。

在水器方面，盘匜是最为常见的器具。此外，还发现了中小型且配备有圈足的鉴。

2. 花纹与装饰

在战国早期，纹饰主题依旧聚焦于龙的形象，包括交龙、卷龙、蟠龙等多种形态，在山彪镇1号墓的龙钮钟与随州擂鼓墩曾侯墓编钟上，均可目睹到这些新颖且复杂的龙纹设计，而擂鼓墩2号墓的编钟则独树一帜，展现了神人骑龙的独特构图。

这一时期，纹饰艺术迎来了新的变革。一方面，图像变形现象更为普遍，如山彪镇1号墓上的纹饰，其主纹由圈点与小翅形构成，实为交龙纹的抽象演变；同墓所见的提梁壶与鉴上，腹部密布的圈纹亦源自传统蟠龙、兽目纹。在曾侯乙墓的六棱形甬编钟上，交龙纹已蜕变为棘刺密布的装饰，这种变化或可追溯至春秋晚期，至战国早期更为显著。另一方面，纯粹的几何纹饰崭露头角，成为又一亮点。如曾侯乙墓中的几何云纹、琉璃阁1号墓鉴下腹的繁复三角云纹，以及涪陵小田溪编钟上璀璨的错金云纹，均标志着几何纹饰从春秋晚期的稀缺与简单，向战国早期的多样与精致转变。

此外，战国早期还见证了生活场景纹饰的繁荣，水陆攻战、宴乐、采桑等生动画面跃然于青铜器上。山彪镇1号墓的水陆攻战纹鉴、狩猎纹钫，成都百花潭的宴乐纹镶嵌壶，以及陕西凤翔高王寺窖藏中的射宴纹镶嵌壶，均是这一时期社会生活题材纹饰的杰出代表，展现了当时社会的风貌与人们的精神追求。

3. 铭文特征

战国早期青铜器铭文相较于春秋晚期，虽然在风格和内容上有所延续，但也有一些新的变化。其中,作器纪事类铭文数量有所减少,而钟上的纪功铭文及曾侯乙墓编钟的乐律铭文虽然独特,但并不具备普遍性。这一时期,青铜器铭文的整体风格和内容依然保持着一定的延续性,同时也有一些新的变化和特点出现。

(五)战国中晚期(约公元前 4 世纪中叶—前 221 年)

在封建社会初期,青铜器的发展经历了由春秋晚期至战国早期的鼎盛阶段,此后至战国中期逐渐呈现出衰退的趋势。尽管如此,仍有少数精美的青铜器群存在。战国中期和晚期青铜器的发展差异并不十分显著,因此可以将这两个时期合并讨论。

1. 造型特征

山西长治分水岭 12 号、25 号墓,辉县赵固 1 号墓,以及河北平山中山王墓,都是考古发掘中的重要发现。同时,20 世纪 20 年代在安徽寿县朱家集发掘的楚王陵铜器群,以及洛阳金村古墓中的战国中晚期青铜器,也是此时期的重要考古成果。

中山王墓出土的器物极具代表性,可视为战国中期器群的典范。而安徽寿县李三孤堆被盗掘的楚王楚杆墓内出土的器物,其形制和纹饰风格高度一致,展现了楚国末期的标准工艺。

在鼎类青铜器中,南北地区的风格存在显著差异。中山王墓出土的九鼎,均为附耳低短的盖鼎,这种鼎型原是三晋地区的传统式样。然而,其中的平底细孔流鼎却相当罕见。另一方面,河南信阳长台关 1 号墓和江陵藤店 1 号墓出土的附耳扁圆体平底高足鼎,则展现出与三晋时期完全不同的风格。晚期的鼎多为带盖或无盖的高足鼎,其高足设计愈发多样且雄壮,整体形制也偏大。

此时期的甗较为稀少,而敦仍保持着圆形和扁圆形的上下对称设计。方座簋这一器型,仅在寿县楚王陵出土器群中有所发现,它呈现出战国五连盏灯器座较低、体形收缩的蜕化特征。豆类器中,长柄豆在燕晋地区均有发现。寿县楚王陵出土的长柄豆特色鲜明,其柄部有节,盖上有三钮,甚至可以倒置。同时,方豆也仍有出土,如江陵藤店 1 号墓就发掘了带有长柄的方豆。

在酒器类中,壶的形态演变显得尤为显著,呈现出多样化的新型样式,如方壶、扁壶、环耳圆壶等,展现了工艺与设计的不断创新。特别是中山王墓出土的镶嵌方壶,其精湛的工艺令人叹为观止,充分展现了当时的工艺水平。此外,方壶与钫已成为那个时代的标志性器物,生动地反映出该时期的文化特色。壶的新型式样也层出不穷,细长颈多钮壶、小口短颈大圆腹壶及蛋形壶等均有其独特的艺术风格和工艺创新。

罍器方面,出现了方形设计,可被称为方罍。三门峡上村岭 5 号墓出土的镶嵌方罍就是其中的佼佼者,其形体低矮且肩宽,附耳设计便于抱酒。同时期还有小型同类器物流传于世。

至于水器,基本器型依然是盘、匜和鉴。不过值得注意的是,巨型鉴在这一时期内数量大幅减少。三门峡上村岭 5 号墓出土的四龙耳镶嵌方鉴则代表了新的式样。此外,在楚地新出土的器物中,出现了斜唇或平唇、中腰收缩、平底双耳的设计特点,其耳部带有环饰,器壁极薄,部分器物还刻有花纹并施以髹漆装饰。

2. 花纹与装饰

战国中晚期的青铜器纹饰经历了显著的变化。除了继续沿用战国早期的一些纹饰外,还涌现出大量嵌有金、银、铜、绿松石等物质的几何变形图案,如云纹、菱纹、勾连纹和三角纹等。这些变形的几何纹饰不仅编排有序,更展现出绚丽多彩的视觉效果。

在战国中期,典型的几何变形纹饰作品包括中山王墓出土的虎噬鹿器座、龙凤方案座、嵌金银翼龙以及嵌金银绿松石钫,还有记载伐燕功绩的陈璋壶等。同时,在楚墓中发掘的许多环耳壶也广泛采用了几何纹饰,其中一些壶的装饰更是将变形几何纹、狩猎纹以及神话题材的画像巧妙地结合在一起,例如琉璃阁56号墓中21号、22号钫上的图案就是这种综合装饰的典范。

此外,这一时期出现了新型的刻纹画像纹饰,其制作方式独特,以锋利的刀刃进行精细刻画,而非传统的范铸后镶嵌工艺。典型的青铜器包括琉璃阁1号墓的刻纹"奁"、辉县赵固的"楼室燕乐"刻纹盘等,这些青铜器上的纹饰均体现了精湛的刻纹技艺。值得一提的是,这种技艺的兴起与发展,是以高品质铜材的成功冶炼为基础的,同时也标志着青铜器制作技艺的一大进步。

另一方面,素面青铜器在这一时期也大量涌现。例如大梁司寇鼎、梁十九年鼎、平安君鼎、楚王后六室鼎以及集脰太子鼎等,都是典型的无纹饰素面青铜器。同时,中山王鼎和方壶等器物则利用素面进行铭文刻写。在中国青铜器历史上,素面器的流行被视为纹饰衰退的一个标志,同时也深刻反映了那个时代的独特审美和工艺特点。

3. 铭文特征

在铭文内容上,春秋时期常见的颂扬先祖、祝愿家族团结和昌盛的套语,到了战国时期已经显著减少。这类铭文在田齐铜器中持续了较长时间,但在其他国家的器物上并不常见。通常铜器上的铭文只是简洁地记录了铸造的原因和器物的所有者。

随着战国中期以后集权政治的逐步加强,政府对与兵器、度量衡以及错金银流鼎等相关的手工业加强了管理,这导致铭文的载体大幅度增加。此时,铭文中开始出现"物勒工名"的记述,详细记录了负责监督青铜器制作的官职名称、工长姓名以及直接参与铸造的工匠姓名。此外,一些酒器和食器还会记录其使用地点和管理者的官职,而量器则会标明容量、重量以及使用地点。这些变化反映了当时社会对青铜器制造和管理的精细化和规范化趋势。

1.1.6 秦汉青铜器

随着秦汉时期的到来,铜器的地位已不如商周时期那般显赫,其特色也逐渐淡化。这主要归因于铁器的广泛普及,使得铁制工具和武器开始逐步取代铜制品。同时,随着礼制的式微以及漆器与瓷器的兴起,青铜器也慢慢被这两类器物所取代。然而,青铜制品在秦汉时期依然有所生产,但其用途已完全转向日常生活器皿。

1. 造型特征

秦汉时期的青铜器以轻便、精巧和实用为特点。部分器物制作得相当美观且精致,但也有许多铜器保持素面厚胎的设计。此时的铜制品主要包括鼎、壶、洗、铜镜、带钩、玺印、符节、货币、斗、熨斗、博山炉以及灯等。值得一提的是,此时的圆形壶被称作钟,而方形壶则被称为钫。

2. 花纹与装饰

这一时期的青铜器纹饰以动物纹为主。受到秦汉时期多神崇拜的影响,其中以龙、凤为主题的纹样显得尤为突出。此外,青铜器上还常以天上人间、神人世界等题材作为装饰。

3. 铭文特征

青铜器上的铭文内容相对简单,主要记录器物的制造年份、容量、重量、使用地点以及铸造铜器的作坊名称等信息。

秦汉时期的青铜器艺术不仅是该时期艺术的重要组成部分,更是中国古代青铜器艺术发展史上最后的辉煌。这一时期涌现出大量杰出的青铜艺术品,其中不少作品在中国雕塑史和工艺史上都占有举足轻重的地位。与前代相比,秦汉时期的青铜雕塑有着显著的突破,大型独立性圆雕作品层出不穷。这些雕塑作品语言简练流畅,风格质朴且大气,形象生动传神。各类青铜器具,如器皿、兵器、车马器、镜、灯、熏炉等,在战国的基础上均取得了显著的进步。

1.1.7 魏晋南北朝青铜器

在三国、两晋、南北朝至隋统一前的这 300 多年间,尽管战乱频繁,但也存在相对的和平稳定时期。在这一阶段,青铜冶铸业在南方相较于北方更为繁荣。从整体趋势来看,这一时期的青铜冶铸业相较于两汉时代已经呈现出衰退的态势。这种衰退可能源于多种因素,包括但不限于战乱导致的社会动荡、经济衰退以及技术进步的缓慢等。尽管如此,我们仍然可以在一些历史文献和考古发现中找到这一时期青铜文化的痕迹。

1.1.8 隋唐五代青铜器

在隋朝时期,各类手工业部门主要在政府的掌控下开展生产活动。国家特设少府监来管理,其下统辖左尚、右尚、司织、司染、铠甲等各个署。唐朝中央政府也设立了专门机构来管理各类手工业,其中矿冶业仍由少府监下的掌冶署负责,主要负责熔铸铜铁器物等相关事务。据历史文献记载,唐朝的采矿和铸造业相当发达,冶铜的场所多达 96 处。

唐代涌现出许多技艺高超的工匠,如著名的李淳风、僧一行等。在唐玄宗时期,曾采纳僧一行的建议,利用铜铁铸造了天文仪器,如黄道游仪,用于精确测量,唐玄宗还亲自为此题写铭文,并将其安置在灵台。之后,唐玄宗又命令僧一行等人制造了浑天仪,以"铜铸为圆天之象"。

从这一时期的青铜器实物来看,铜镜的铸造工艺得到了显著提升。隋唐时期的统治者对铜镜的铸造给予了高度重视,例如唐中宗就曾命令扬州制造大型的方丈镜,镜背铸有铜制的桂树,树上装饰有金花银叶,皇帝骑马时可以用来自我观照,人马都能清晰地映照在镜中。历史文献还记载,扬州需要向中央政府进贡的物品包括金、银、铜器以及青铜镜。考古人员在扬州市西的扫垢山发现了一处包含多种手工业作坊的遗址,其中就包括冶铸作坊。

1.1.9　宋代青铜器

在宋代,金石学开始盛行,无论是官方还是私人,都以收藏商周时期的青铜器为乐。为了满足宫廷祭祀的需要,宫廷甚至根据内府所藏的商周青铜礼乐器进行了大量的仿制。在宣和年间(1119—1125年),王黼受宋徽宗之命,编纂了备受赞誉的《宣和博古图》。该书收录了从商代到唐代的青铜器珍品,全部为宋代皇室所藏。书中图文结合,共分为18类,每类都附有总述,总计收录了839件青铜器。在政和年间,宋徽宗对古物十分热爱,他常常命令工匠仿制新获得的古青铜器,因此这一时期的仿制品数量特别多。

南宋以后,由于铜器经常被熔化以铸造钱币,所以宋代仿制的古青铜器流传至今的数量相对较少。尽管如此,宋代开启的仿古风气一直延续到了元明清三代。在元代,为了供奉春秋两季的祭祀活动,政府下令修建了各地的庙宇。成宗时期,还特别设立了出蜡局,专门负责仿制古代器物。

1.1.10　明清青铜器

在明代,仿造青铜器的规模相当大,流传至今的仿古铜器也较多。明宣德年间,由于宣宗朱瞻基注意到郊坛宗庙以及内廷中陈列的鼎彝并不符合古制,因此他产生了复古的想法。在宣德三年(1482年),他命令工部根据宋代的《考古图》和《宣和博古图》等书籍所记载的商周青铜器形状,进行仿古铜器的铸造,仿制的古铜器数量达到了3300多件。这些仿制的青铜器除了部分留在宫廷使用外,还根据皇帝的命令分发给各个王府,因此这些仿古铜器得以流传到各地。

清朝时期,满族在文化、社会制度、价值观念等各个方面都深受汉族文化的影响。在乾隆年间,宫廷仿照《宣和博古图》编纂了收录1436件宫廷收藏古器的《西清古鉴》四十卷,并后续出版了《西清续鉴》二卷和《宁寿鉴古》十六卷。这三部书籍对于推动宫廷和权贵们收藏青铜器产生了深远的影响。

这些仿制的青铜器与商周时期的青铜器在用途和性质上存在显著差异。在商周时期，青铜器是贵族身份的象征，贵族们为了弘扬家族的荣耀和记录功绩，会铸造青铜器并在上面刻写铭文，礼器的使用数量更是体现了贵族等级和尊卑秩序。但到了宋元明清时期，铜器已经失去了这些深层的象征意义，它们更多地被看作是生活中的一种实用器皿或是人们欣赏把玩的艺术品。

1.2 青铜器的一般鉴定方法

1.2.1 依据铸造技术

在商周时期，青铜器主要采用陶范法进行铸造。这种方法会在青铜器表面留下由数块陶范拼接浇铸后形成的范痕，即范线，这是商周青铜器的一个重要特征。随着技术的进步，合范的方式也在不断变化，范痕的特征也随之演变。然而，想要在合范处做到完全无痕，即便是技艺最精湛的工匠也难以实现。在一些铸器表面纹饰较少、合铸面较大的区域，合范痕迹可能不那么明显，但在隐蔽部位，如鼎的耳内和腹部下方，依然会留下可辨识的痕迹。

后世的伪造者由于不了解古代铸造的原理和方法，往往只注重器物的外形，采用蜡模（失蜡法）进行铸造。这种方法制作的器物表面较为精细，减少了后续加工的需求。然而，使用这种方法制作的器物却常常与原作的时代特征大相径庭。新铸的器物一般比原作重，这是因为伪造品或仿制品通常埋藏时间较短，而真品经过长达 2000 多年的矿化锈蚀，表面会略有膨胀，比重降低。伪造品由于没有经历这一过程，因此相对较重。通过蜡模翻制的伪造品也会略重于原作，伪造者会连同锈迹、砂眼等特征一同浇铸出来，这使得伪造品的特征更加明显。

采用古代块范法铸造的青铜器，表面光洁度高，纹饰清晰可见，且表面气孔稀少，也不会出现因铜液灌注不到而产生的缩孔现象。相比之下，采用失蜡法和翻砂法铸造的伪造品，其表面常常会出现砂眼等铸造缺陷，有时甚至会产生缩孔。若不了解这些特征，可能会误将砂眼和缩孔视为古老铸造方式的特点。

此外，在使用陶范法铸造铜器时，为了控制器壁的厚度，工匠通常会在内外范之间放置垫片。由于垫片材质与铜液不同，因此其锈迹也会有所差异。而采用失蜡法铸造的器物则无需使用垫片，其锈迹自然呈现出一致性。这一特点也为鉴别青铜器真伪提供了重要依据。

1.2.2 依据纹饰

不同时代的青铜器纹饰均呈现出独特的时代特征。在夏代和商代前期,青铜器通常保持素面或仅饰有一二道简单的凸起纹饰。商代中期,兽面纹成为主导,且多为单层设计。商后期至西周中期,青铜器的纹饰变得更为复杂,主要包括兽面纹、凤纹、涡纹、龙纹、鳞纹、鱼纹以及蝉纹等,这些花纹常常以二至三层的形式出现。到了西周晚期至春秋前期,环带纹、窃曲纹、瓦纹和鳞纹等成为主流。而在春秋后期至战国中期,蟠螭纹和鸟兽纹则更为常见。到了战国晚期至汉代,青铜器又趋向于素面设计。

先秦时期的纹饰大多是铸造而成的。这一时期的工匠在制作陶范时,就会将花纹精心雕刻在范模上,因此,铸成的花纹呈现出下宽上窄的特点,纹路的地子锈色与器物本身保持一致。此外,由于铸造过程中的自然现象,铸痕处常常会出现错位和不连贯的现象,这也是鉴别真伪的一个重要依据。若青铜器上的纹饰与此不符,则很可能是伪品。

1.2.3 依据器物造型

随着时代的演变,青铜器的形制与尺寸都会产生规律性变化,熟悉各时代青铜器特征是鉴别的基础。

伪器主要分为直接铸造与拼凑改造两类。直接铸造或依据真器,或凭空创造,其器形、铭文、纹饰等都有来历和参照,有的是器型或铭文只有部分做参照,部分有意改样,但都有一定工艺水平。拼凑改造则是为求新奇,以稀为贵。对于不熟悉青铜器特征的人来说,这类伪器颇具挑战性,需仔细观察以免上当。鉴别时,应结合形制、铭文、历史背景和艺术风格综合判断。

1.2.4 依据青铜器的铭文

青铜器的铭文不仅记录了历史,还是金石书法发展的重要证据,同时,也展现了铸工工艺的精湛技术。宋、清两代是青铜器铭文作伪的主要时期,因为自宋代以来,金石文字备受研究者的关注,带有历史文献铭文的青铜器因此具有极高的经济价值,成为收藏家们的重点搜集对象。

铭文的发展过程极富变化。起初,它们是从单字族徽演变而来,形状奇特且古老,难以识别。但随着时间的推移,铭文逐渐变得简洁而精练,为历史的分期提供了有力的线索,如"利簋"上的铭文。同时,铭文的书写方式也经历了从简单的刻画到规范的书写锲刻的转变,笔画、结构和字形都随着时代的变迁而发生改变。

在商周时期,铭文是通过在青铜器主体内范中嵌入专门制作的铭文范来完成的。这种技艺有时能使铭文与周围表面平齐无痕,有时也会略显粗糙,甚至突出于器表。在刻写长篇铭文时,工匠们会先画线条或打格子以确保文字的整齐。这一时期的铭文都显得非常规整且流畅,充分展现了工匠们的超凡技艺。

随着时代的进步和新的锲刻工具的出现,青铜器铭文上的铸工技艺得到了进一步的提升。由于范土上的铭文是凸起的阳文,因此需要在铭文刻好后,趁湿嵌入主体范中,并仔细修正边缘,避免与外范接触。这种工艺使得完成的铭文呈现出上小下大的视觉效果,需要细心观察才能发现。同时,字口内还有磨砂玻璃般的均匀质感和自然的笔画转折。这些特征多见于商代和西周早期的青铜器。相比之下,后来的铭文往往显得更为生硬,并可能留有刀刻的痕迹,而采用翻砂法铸造的青铜器,其铭文质感与细腻的范土铸造有所不同。

1.2.5 依据铜质

战国以前的铜器,均为铜锡铅合金制品,即青铜器。合金中锡的含量会直接影响铜器的色泽:锡成分越高,铜器的灰色就越浅淡。从商代至战国期间,铜器铜质纯净,杂质极少。

到了宋代,仿制技术有所发展,除了传统的铜、锡、铅外,还加入了锌,使铜器色泽黄中泛红。而到了明清时期,伪造技术又有所变化,锡含量降低,铅和锌的比例增加,铜色普遍偏黄,明代伪器铜色泛白,清代则更深黄。

鉴定铜器真伪时,应细心观察器物的口部、足部及底部露出的铜质和色泽,这些都是关键的鉴定点,能帮助我们辨别铜器的真伪及其所属时代。色泽、质地与合金成分的变化,都是历史的痕迹,也是我们了解古代工艺与文化的重要线索。

1.2.6 依据声味

青铜器长时间埋于土中,带有独特的土气味。新出土者气味更浓,而腐蚀较深的青铜器发音多浑浊。干燥土中埋藏的则可能声音清脆。宋代后的伪器多为黄铜制,声音细长清脆,无土香而有汗腥味,因造假者常用化学药品制造假锈。石膏制作的伪器则质地轻,色白,声音嘶哑。但需注意,声音特性受合金成分、埋藏条件等多种因素影响,非绝对标准,需综合考量。

1.3 青铜器的作伪

1.3.1 全器伪作

全器伪作的方式大致可归为两种：

1. 不依据真实器物，独立设计其形状和图案。在设计过程中，可能会参考如《考古图》《宣和博古图》等古籍中的图像及铭文记录。然而，这些书籍中的摹绘本往往失真，加之伪造者常常对器物的形状和图案进行局部调整，铭文也多为杜撰。因此，这类伪品常常出现形状、图案不符合历史规范，形状与图案不匹配，以及铭文字体、句式不符合古代法规等瑕疵。《西清古鉴》中就有此类器物的记载。例如，该书中的"商父庚鼎"，虽然形状大致无误，但其口部下方的涡纹带间夹杂的兽面图案，在商代鼎的图案中并无此例，显然为伪造；又如"周仲尊"，其双耳为半环式，实际上是西周时期的壶形，但耳间的图案却是饕餮与曲身夔龙，器形时代较晚而图案时代较早，圈足上的图案也不属于西周时期，铭文亦不通顺。在此类伪造品中，现藏于英国维多利亚与阿尔伯特博物馆的晋侯盘十分著名（又称"晋侯平戎盘"）。盘内底部有铭文五百五十字，并配有错金银图案，其铭文为刻制，书法拙劣，文辞杂糅了散氏盘、石鼓文以及《尚书》《左传》的内容，双耳制作粗糙，圈足为焊接而成，内底呈圆形凹陷。此盘大约伪造于乾隆时期，曾收藏于清怡王府，同治九年（1870年）流入英国。

2. 以真品为模板，采用翻砂法或失蜡法（贴蜡法）铸造。这种方式在乾隆、嘉庆时期之后较为常见。通过此种方式制作的伪品，由于形状符合规范，且通常会在其上制作假锈，因此较难辨别，尤其是出自伪造高手的作品，几乎可以达到以假乱真的程度。

1.3.2 局部伪作

局部伪作大约也有两种方式：

1. 真器作伪铭

这种方式主要是在原本无铭文的真器上添加伪造铭文，常选择如鼎、簋、盘、匜等大口器物进行操作，因为这些器物的形状便于后制铭文。这种做法在乾隆时期之后尤为盛行。伪铭的制作可进一步细分为以下几种情况：

一是，伪刻的铭文虽有所本，但字体和内容与真器的时代特征不符，或铭文自称与器类不匹配。这类错误往往源于作伪者对商周青铜器和铭文断代知识的缺乏。例如，

《善斋吉金录》中的"诸女匜",其器形属于西周晚期至春秋早期,但铭文却呈现出殷代晚期的风格,显然是后刻的。此类伪铭现在相对容易识别。

二是,真器与伪铭的时代虽大致相符,伪铭也有所依据,但字体显得松散、呆板,缺乏真铭的生动神态。如将此类伪铭与其所仿照的真器铭文相比,伪刻的痕迹便一目了然。例如,《善斋吉金录》中的"白色彝",其器形为西周早期偏晚的簋,而其上的六字铭文为后刻,明显转摹自《簠斋吉金录》中的鼎铭文。

三是,在真器上随意加刻伪铭,无任何依据,纯属杜撰,字体往往拙劣,文字也多不通顺。例如,台北故宫博物院所藏的西周弦纹鼎上的伪铭,字体几乎不成字形,是伪刻中的下乘之作。另外,如戈铭这种在战国戈上加刻的伪铭,其字体死板并含有错误,且铭文内容与兵器的性质和用途不符,显然为伪作。

除了上述在原本无铭的真器上刻假铭外,还有的作伪者在真器原铭的前后增刻伪铭。这部分增刻的笔法、气韵均与原铭不符,且伪铭为刻制而成,与原铸的字口和锈色也不一致。一个典型的例子是《敬吾心室彝器款识》中收录的遂启祺鼎,原铭仅有九字,但在道光年间被作伪者增刻到了一百二十四个字。

对于伪刻铭文的辨识,除了从内容、字体等方面入手外,还需要仔细观察笔刻和字口。铸成的真铭文若为阴文,其字口与笔画的交接处通常较圆润,且字口内的锈色与周围区域相一致。而伪刻的铭文则往往字口方正,留有錾刻痕迹,并会损伤原器的氧化皮色,使得伪铭的锈色与原器不协调。

由于刻铭存在上述的明显缺陷,进入民国后,作伪者开始尝试采用腐蚀法制作假铭文。这种方法涉及在器表涂蜡、刻字和使用腐蚀剂(如硝酸或三氯化铁)等步骤以形成阴文。然而,由于涂腐蚀剂时量难以精确控制,这种方法制作的伪铭往往存在字口深浅不一、断笔或文字粗肥臃肿等问题。例如,《善斋吉金录》中的师麻孝叔簋和申比父豆的铭文就是采用这种方法伪造的。近年来,有学者对香港中文大学文物馆所藏的"兮甲盘"进行了深入研究,通过对比其形制和铭文与真器的差异,断定其器真而铭伪,且伪铭即是用腐蚀法制作而成的,存在笔画不连贯、缺笔或过于粗肥臃肿的问题。

2. 真器上作伪纹饰

此种作伪主要涉及在真器上增添伪纹饰。有些作伪者对青铜器纹饰的时代特征了解不深,导致出现时代错乱的纹饰,如在东周青铜器上刻制商代纹饰,这种情况较易辨识。但也有伪纹饰与器形时代相符的情况,若伪纹饰刻工粗糙或与商周铜器纹饰风格不符,也容易被识别。然而,民国时期伪制纹饰技术显著提升,罗福颐先生曾指出的《梦帏草堂吉金图续编》中的果尊,原本无纹饰,但在1946年后被精湛地刻上了纹饰,若非与原器对比,几乎难以辨别。有些伪纹饰刻工精湛,几乎可以以假乱真,此时需仔细对比原器,审慎判断。

辨识伪纹饰需注意观察其制作痕迹。伪刻纹饰常有与伪刻铭文相似的破绽,如字口方正、有錾刻痕迹等。此外,商周青铜器纹饰通常具有多层次特点,这是伪刻纹饰难以模仿的。有些伪刻纹饰可能通过工具錾刻或焊接铜片、锡铅片实现，但这样制作的纹饰往往底部不平、有刀痕，或者花纹粗糙、生硬，与原器纹饰风格不符。

1.4　精品鉴赏

铜爵

【作品背景小提示】

铜爵是古代的一种酒器。主要用于温酒和饮酒，其功能与后世的酒杯相似。其常见的形状设计独具特色：腹部较深，前方设有便于倒酒的流口，后端则配有尾饰；侧边装有把手，方便握持；底部则支撑着三个尖锐的高足。

从宋代开始，这种形状的器物定名为爵。商代出土的爵为最多，西周较少，战国以后就不见有这种器物。在这一千多年的岁月中，铜爵发挥着极为重要的作用。多年来的考古事实证明，铜爵是商代和西周青铜礼器中最常见和最基本的酒礼器。

铜爵（夏代，现藏于中国国家博物馆）

【作品赏析】

此铜爵高13.5厘米，带流长14.5厘米，1984年出土于河南省偃师市二里头遗址第九号墓葬，口呈椭圆形，前有长流，后有短尾且上翘。腹部断面呈椭圆形，下腹略鼓。腹部装有一鋬，下有三细高三棱实足。整器光素无纹。

据悉，二里头文化铜爵是中国青铜文化中最早出现的青铜容器之一，也是最早的青铜酒器。二里头文化铜爵的发现，在中国古代酒文化史上具有重要意义。

【真伪辨析要点】

依据其铸造工艺：这件铜爵具有明显的原始性，铸造比较粗糙，形体拙稚，较矮，缺乏金属器物明显的折角变化，整个器身光素无纹。整件铜爵是采用复合范铸造而成的青铜酒器。

【相关知识点提示】

二里头文化

二里头文化作为一种介于河南龙山文化和二里岗文化之间的考古学文化,主要分布于晋南、豫西地区,且以河南偃师二里头遗址一至四期所发现的遗存为代表,因此得名。该文化不仅是探索夏文化的重要组成部分,同时也代表了中国青铜时代的文化特色。

二里头文化可以用五个"中国之最"来形容:中国最早的王朝都城遗址、中国最早的大型宫殿建筑群、中国最早的宫城、中国最早的青铜礼器群及铸铜作坊、中国最早的车辙痕迹。

饕餮乳丁纹方鼎

【作品背景小提示】

提起古代的青铜器,人们最熟悉的可能就是鼎了。鼎是青铜器中的重器。鼎也是礼器,代表贵族的身份地位,如文献记载的列鼎制度:天子九鼎,诸侯七鼎,大夫五鼎,元士三鼎或一鼎。鼎,还是国家政权的象征。我们常常以"问鼎"比喻夺权篡位。政权的更替也被称作"鼎革"。可以想见鼎在古代人们心目中的神圣地位。

饕餮乳丁纹方鼎(商代,现藏于中国历史博物馆)

【作品赏析】

饕餮乳丁纹方鼎是商代早期的器物,也是鼎最早的实物,在河南郑州商代城址西墙外的杜岭岗南段出土。它高100厘米,口长62.5厘米,宽61厘米,重86.4千克。造型为口、腹均作横长方形,口沿外折,沿面立对称的圆拱形竖耳一对,双耳上端微向外张,深腹,平底,下有四圆柱状空足。鼎腹上部饰饕餮纹带一道,上有饕餮纹八组,其布局为四壁中间各一组,折角处又一组,腹壁每一面的两侧及下方饰乳丁纹,两侧为四行,下方为五行,腹壁中央留空,不施纹饰。鼎足上端各饰饕餮纹两组,下端饰弦纹三周。鼎的足部及足表面皆留有烟熏痕,说明这件方鼎是实用的。

【真伪辨析要点】

依据其制作工艺:从留于鼎体上的范痕来看,方鼎的铸造采用多范分铸而成,技术比较复杂,先铸两耳,然后铸鼎腹,再铸鼎足。鼎耳由两范合铸,腹壁用范八块,铸鼎腹时将鼎耳插入腹范,浇铸时就联结在一起了。鼎足有外范两块,内范一块。鼎足上端与腹底相联结处,器壁加厚,使足与底牢固结合。

【相关知识点提示】

大禹铸九鼎

据传大禹在建立夏朝以后,用天下九牧所贡之铜铸成九鼎,象征九州。传说九鼎上刻满了图案和花纹,各地的妖魔鬼怪都列在上面,以便出行的百姓有所警惕。这九口巨鼎,一鼎对应一个州,如果想去哪一州旅行,又怕碰到怪物,只要预先记熟相应巨鼎上的图案,就可以趋吉避凶,通行无阻了。

夏朝被商所灭之后,这九个鼎就迁到了商朝的都城亳邑。商朝为周朝所灭之后,九鼎又迁到了周朝的国都镐京。再后来,成王在洛阳地方营造新都,又先将九鼎安置在郏鄏(今河南洛阳市西)地方,其名谓之"定鼎"。直到战国末年,周朝被秦始皇的父亲秦昭襄王所攻,取了九鼎,迁之于秦。在搬迁途中,忽然有一个鼎"飞"入泗水之中,派了许多人,搜寻了许久,都找不到鼎的踪影。另外八个鼎到秦灭之后,究竟如何结果,也无可考寻了。至今不知所在,成为千古之谜。

因为禹铸造九鼎,直到现在,"一言九鼎""问鼎中原"等还是人们常用的词汇。

四羊方尊

四羊方尊(商代,现藏于中国国家博物馆)

【作品背景小提示】

1938年春,青铜制的四羊方尊被湖南农民姜景舒与他的兄弟从湖南宁乡县黄材镇月山铺转耳仑的山腰上挖了出来。姜景舒兄弟们不知道这就是稀世之宝四羊方尊,以400银元的价格卖给了当地的古董商张万利。张万利随后秘密派人与长沙市内西牌楼怡丰祥牛皮商号店主赵佑湘联系,赵不动声色地以1万元将四羊方尊购得,并盘算着以10万甚至20万的价格转卖。

没过多久,当时的长沙县政府侦查得到四羊方尊的信息后,立刻派警员将赵佑湘拘获,并将四羊方尊没收,上交省政府,由湖南省银行收藏保管。命运多舛的四羊方尊随后又饱受了日军的空袭,并曾一度失踪。

解放后,周恩来总理亲自责成文化部追查,找到时四羊方尊已经碎成20多块,文物专家将其修复后,于1956年藏于湖南省博物馆。1959年,新中国成立十周年,四羊方尊被调往中国历史博物馆展出,后一直被该馆收藏。

【作品赏析】

四羊方尊以其独特的艺术风格和精湛的工艺技术,成为中国古代青铜艺术的瑰宝。其体型巨大,是现存商代青铜方尊中最大的一件。四只卷角羊巧妙地与尊身结合,既体现了器物的庄重,又赋予了它生动的气息,将动物与器物完美融合。此外,四羊方尊的纹饰也极为精美。细密的云雷纹为底,上饰夔龙纹、蕉叶纹、带状饕餮纹等,细腻入微,线条流畅且刚劲。结构上,方尊的边角和各面中心线设置的扉棱,既掩盖了合范痕迹,又增强了器物的立体感。四羊方尊的出土地在湖南洞庭湖周边,证明了商文化的影响已远及长江以南,揭示了商代文化的广泛传播与不同地区的文化交流。

【真伪辨析要点】

依据其工艺:据考古学者分析,四羊方尊匠心独运,采用了双重分铸技术精心打造。首先,羊角与龙头等部件被独立铸造,随后巧妙嵌入外模之中,实现了一体化的整体浇铸流程。此工艺展现了非凡的块范法技艺,浑然天成,彰显了古代匠人卓越的铸造技艺。四羊方尊不仅是技术的结晶,更是艺术的瑰宝,它将线雕的细腻、浮雕的层次与圆雕的立体完美融合,将平面纹饰的雅致与立体雕塑的生动巧妙结合,创造出器物与动物形态和谐共生的典范。在商代青铜方尊中,其形体之端庄、设计之典雅,堪称绝伦,展现了古代工匠超凡的艺术创造力和精湛的工艺水平。

【相关知识点提示】

关于四羊方尊的"羊"

羊成为青铜重器着力表现的对象,有其独特的象征意义。

其一,羊是祭祀中的重要角色:在祭祀礼仪中,羊的地位紧随牛之后,显得尤为尊贵。在商代国都河南安阳小屯的考古发现中,祭祀坑内最常见的就是牛、羊和犬的遗骸。

其二,角的象征:羊是拥有角的动物,中国古代的战神蚩尤是一个带有角的神祇和祖先形象,显示了角在古代文化中代表的神秘与力量。

其三,青铜器中羊的形象:湖南出土的四羊方尊等青铜器,不仅代表了原始的图腾崇拜,更深入地体现了羊作为牺牲向神明献祭的意义。

其四，具有象征意义：对于当时拥有这些羊尊的人们来说，羊尊不仅仅是无生命的艺术品，更是承载了个人和家族乃至国家的希望和愿景，是他们心中深厚的信仰与期盼。

"妇好"铜偶方彝

【作品背景小提示】

妇好墓是殷墟唯一保存完整的商代王室墓葬，于1976年被考古工作者发掘。妇好墓虽然墓室不大，但保存完好，随葬品极为丰富，共出土青铜器、玉器、宝石器、象牙器等不同质地的文物将近二千件。其中一件"妇好偶方彝"的酒器格外引人注目，它不仅是商代酒器中绝无仅有的器形，更动人之处在于器底上铭有"妇好"二字，表明此器为商王武丁为配偶妇好所铸，暗藏着古代一份感人的真挚爱情。

"妇好"铜偶方彝（商代，现藏于中国国家博物馆）

【作品赏析】

方彝是商朝晚期的一种独特酒器，高60厘米，长88.2厘米，是目前中国所知的唯一大型商代青铜器酒器。这款酒器的特色在于其器身横长是纵长的两倍，仿佛两个方彝的组合，因此被郭沫若先生命名为"偶方彝"，此设计在商代酒器中非常罕见。器身两长边口沿上各有七个缺口，专为放置酒斗而设计，既实用又具有独特的美感。器盖设计成四面斜坡式，与商代宫殿的"四阿"式屋顶相似，器口的设计也反映了当时的建筑特点。此外，偶方彝的装饰风格豪华大方，以云雷纹为底，通过浮雕技艺精湛地刻画了兽面、鸱鸮、夔龙等多种动物形象，充分展现了商代工匠的高超技艺和丰富想象力。这款酒器不仅具有极高的艺术价值，也是研究商代文化和青铜器工艺的重要实物资料。

【真伪辨析要点】

依据其器形特征：铜方彝始见于商代，这件偶方彝的器盖似屋顶，两端有对称的短柱钮，长边各有7个方形盖和7个尖形盖，正好和器身的槽口吻合。器盖与器身装饰饕餮纹、夔纹、鸟纹、三角形纹等。到了商代后期和西周早期，方彝的形制有所变化，浅缩颈，腹微鼓，有的器物上还铸有铭文。

【相关知识点提示】

"妇好偶方彝"青铜器金银纪念币

中国人民银行于 2013 年 5 月 23 日发行了中国青铜器金银纪念币一套,该套纪念币共 5 枚,其中金币 2 枚,银币 3 枚,均为中华人民共和国法定货币。其中一枚 1 公斤银币背面图案为"妇好偶方彝"。

此 1 公斤银币背面采用镜面底面,在现代工艺的光华下反衬出妇好偶方彝装饰纹样之华美;器物下方以妇好偶方彝典型凤鸟纹图案为背景,增强了艺术的穿透力,更能体会到商代艺术的精粹;主图案采用多层次喷砂工艺,古典的韵味顿显币前,流溢着历史的凝重与深厚;文字和面额采用喷砂效果,清晰、明朗,细微中显出此币的精雕细刻,铸造精细入微。小小方寸,把青铜文化与现代工艺融汇在一起,让人感觉到了艺术语言的博大及中国青铜的瑰丽多姿。

作册般青铜黿

【作品背景小提示】

黿是鳖科动物中最大的一种,亦称"绿团鱼",俗称"癞头黿"。背腹扁平,背盘椭圆形,橄榄绿色,背腹甲包覆着皮肤。背甲边缘的柔软皮肤称作裙边,当裙边左右摆动时,能迅速将身体埋入泥沙里。四肢有蹼,游泳快。这件作册般铜黿是一件反映商代的习射礼活动的青铜器。

作册般青铜黿(商代,现藏于中国国家博物馆)

【作品赏析】

这件作册般青铜黿通高 10 厘米,长 21.4 厘米,宽 16 厘米,重 1.605 6 千克,它是一件珍奇的晚商青铜器。器作黿形,爬行状,伸头,尾左偏,四足外露,爪下各有一方钮作为支撑足。颈侧及盖上插有四箭:左肩部 1 支,背甲左部 2 支,右后部 1 支。皆为箭射入黿体后露出的箭羽部分。作册般青铜黿形制特殊,不但丰富了像生类青铜器,也为研究商周时期的射礼提供了重要依据。此器作者作册般,还见于其他商代青铜器铭文中,曾因跟随商王征伐人方有功而得到赏赐。

【真伪辨析要点】

依据其艺术风格:作册般青铜黿器身为黿形,具有写实主义的表现风格。在迄今已见到的众多商代青铜器中,虽不乏鸟兽形器,但其形象由于多经艺术加工,比较庄重、神奇。像作册般青铜黿这样整体仿生、写实性极强,甚至连射入黿体的箭均如实表现出来的现实主义风格的工艺品似乎还未发现过。在商周时期动物形的青铜器中,像这样的纪念性雕像是绝无仅有的。

【相关知识点提示】

"作册般青铜鼋"铭文上的故事

铭文为我们讲述了商纣王的一次神奇经历:丙申这一天,商王来到洹水,遇到了一只大鼋。勇武的商王张弓怒射,先对此鼋射了一箭,接着又连射三箭,四箭皆中。商王捕获了此鼋,龙颜大悦,命属下寝馗把射获的鼋赏赐给史官作册般,说:"(将此事)铭记于铜器上,作为你的宝物。"让他把这件事刻在铜器上,作为宝物珍藏。为记录此事,作册般做了这件器物。作册般的铜器被发现多件,有的铜器上记载商纣王征伐人方的战争,因此可以确认作册般为商纣王时期的史官,此器也就是商纣王时期的器物。我们知道古代天子常常进行狩猎活动,这件器物是根据商王所射的鼋形制作的,以写实的风格再现了当时的情形。而且,这也是目前发现的唯一一件以鼋为造型的器物,所以弥足珍贵。

龙虎纹铜尊

【作品背景小提示】

1957年6月的一天,安徽省阜南县常庙乡一位叫徐珽兰的农民在润河湾捕鱼,一网撒下去,圆圆地罩住一大片,他慢慢收网时,感觉网很沉,似乎有大鱼在动,他心中一阵高兴,可是等拉上来一看,网内却是些叮当作响的铜器,绿锈斑驳,形状奇特,总共8件,两两成双,基本上都完好无损。

安徽省博物馆辗转知道这件事后,就派出考古人员前往调查,经过清理鉴定,这8件文物都是商代晚期青铜酒器,它们是:龙虎纹铜尊和饕餮纹铜尊各1件,铜斝、铜觚、铜爵各1对,每件都造型古朴庄重,纹饰精美奇妙,距今已有3000多年历史。这里的龙虎纹铜尊,是那8件"出水"器物中的精品。

龙虎纹铜尊(商代,现藏于中国国家博物馆)

出土文物大都是随葬品,埋藏于墓葬中。那么,为什么这8件文物都在河里?因为阜南县位于安徽省西北部,靠近淮河中游北岸,在商代应为淮夷族活动的区域,依据当时考古调查的推断,可能是很早以前洪水泛滥,河道变迁,就把埋藏在地下的整个棺木及随葬品一下子都冲入河心。

【作品赏析】

龙虎纹铜尊是中国国家博物馆的镇馆之宝之一,位列五大国宝第三,以独特的龙虎纹饰著称。其体形硕大,高达50.5厘米,口径44.9厘米,重26.2公斤左右。此尊口沿宽广，腹部鼓胀，圈足挺拔。工艺精湛，整体饰有三层精美花纹。肩部以圆雕与浮雕结合，生动描绘了三条蟠龙。龙身曲折蜿蜒，龙头昂扬探出，形象逼真。腹部由扉棱分隔成相同的三组纹饰，每组展现双虎食人图景，虎头高浮雕居中，虎身浅浮雕两侧铺展，一人头被虎含于口中。圈足上刻有饕餮纹，象征着传说中的贪食凶兽。此尊为古代青铜艺术之瑰宝，深受考古界珍视。

【真伪辨析要点】

依据其纹饰：龙虎纹铜尊腹部的虎食人纹以浮雕虎首为中心，左右双身，口含一人。人无衣冠，身饰花纹。采用这一构图意在从正面表现猛虎的完整形象，但正面又无法体现虎的雄伟身躯，于是便采取轴对称的布局使虎身向两侧伸展，商代的饕餮纹也是运用此种构图的。

【相关知识点提示】

"虎口衔人"纹饰

殷商时期的中原，野生动物众多。虎是一种形象威猛的食肉动物，所有其他动物包括人类都可能成为它的口腹之物，所以在中国先民的心目中，虎也有神圣的一面，比如四方神灵中，东方属青龙，西方属白虎；龙管水族，虎管百兽，享有与龙同级别的地位。"虎口衔人"突出了虎凶猛恐怖的一面，与青铜器上其他神秘阴森的纹饰一样，具有强大的威慑力量，使人产生强烈的敬畏感，以此营造一种庄严神圣的气氛，而这种气氛在祭祀活动中具有十分重要的作用。

人面纹铜方鼎

【作品背景小提示】

人面纹铜方鼎（商代，现藏于湖南博物院）

该鼎于1959年秋在湖南宁乡县黄材镇黄村出土。当时挖掘出它的当地农民黄某准备将其作为废铜卖钱，由于器形巨大不利于搬运，就将其砸成几块，背到废品收购站。黄某挖出有人脸方鼎的事情被湖南省博物馆的一位老专家知道后，他来到黄家走访，但当时人面纹方鼎已经同收购站的其他废铜一起被运走，准备送冶炼厂回炉。老专家和黄某火速赶往长沙，在毛家桥中心仓库门口截下了即将运往冶炼厂的卡车，在废铜铁堆中终于找到了鼎的碎块，但鼎的腿及底部没有找到，工作人员顺着废铜的转运路线，在株洲废铜仓库找到了腿及底部残片，两年后腿部也被找到。后来由湖南省博物馆修复。

【作品赏析】

人面纹铜方鼎,通高 38.5 厘米,口长 29.8 厘米,宽 23.7 厘米。长方形体、二直耳、四柱足。器四角有较高的扉棱。器腹四面各高浮雕出形象相同的人面,人面方圆、高颧骨、隆鼻、宽嘴、双目圆视、双眉下弯、双耳卷曲。腹内壁铸铭文"大禾"二字,字体宏伟有力。人面纹方鼎的用途可能与祭天祈求丰收有关。此鼎器形雄伟,在装饰上又以人面为饰,更为孤例。人面的形象极为奇异,给观者一种望而生畏、冷艳怪诞的感觉,是一件匠心独运的青铜器精品。

【真伪辨析要点】

依据其纹饰:人面纹铜方鼎是目前全国唯一发现的以人面纹为饰的鼎,颜色碧绿,形状略呈矩形,口部稍大于底部。鼎的两耳直立,四柱状足上部饰有兽面纹。鼎身四周以半浮雕的人面为饰,人面周围有云雷纹,额部两侧有角,下巴两侧有爪。鼎腹内壁铸有"大禾"铭文,故又被称为大禾方鼎。在商周青铜器中,此鼎以人面纹为主题,相较于常见的兽面纹,显得更为稀有和奇特,是青铜器中的珍品。

【相关知识点提示】

关于青铜器上"半人半兽"的题材

半人半兽是中国史前图腾中的常见形象,它深刻体现了人们对祖先的崇拜与敬重。这种形象融合了神的力量与动物的特质,广泛反映了祖神崇拜。在《山海经》等古籍中,记载了大量这种既有人性又有神性的形象。这类形象通常具有野兽的形体特征和人的智慧,可能起源于族群传说中的祖先,代表族群的起源和信仰,也可能是部族英雄的象征,或是为了体现部族精神而创造的"文化英雄"。人面方鼎所展现的这种形象具有强烈的文化和宗教意义。

纵目铜人面

【作品背景小提示】

四川广汉三星堆 1 号、2 号埋藏坑出土的诸多青铜面具,均有一个显著特点,那就是人面"纵目"。这种"纵目人",因与有关古蜀人的古籍《蜀王本纪》的记载有关,所以也就成为寻找古蜀国踪迹的重要线索。

【作品赏析】

这件纵目铜人面于 1986 年在四川广汉市三星堆 2 号祭祀坑出土。它高 85.4 厘米,宽78厘米,横断面呈"U"字形,眼、耳采用嵌铸法铸造,额间补铸的夔龙形冠饰高68厘米。该面具出土时,尚见眼、眉描黛色,口唇涂朱砂。面具造型意象神秘莫测,风格雄奇华美,在三星堆青铜造像中颇显特殊,其完美的造型具有令人回肠荡气的艺术震撼力。据《蜀王本纪》记载,先秦时期第一代蜀王蚕丛,"其目纵,始称王"。一般认为它是蜀国始祖蚕丛的形象。而其两颊上下各有一长方形穿孔,推测此像可能是蜀民嵌于宗庙内木柱之上供奉。

【真伪辨析要点】

依据其造型:该纵目铜人面具人面中空,大嘴微微张开,两只耳朵设计成类似鸟翅膀的形状,大幅度地向外伸

纵目铜人面(商代,现藏于中国国家博物馆)

展,增添了面具的夸张与生动。额头上有一个奇特的装饰,这是一个通过补铸法精巧地安装上去的夔龙,不仅增添了艺术美感,也强化了面具的神秘与威严。整个面具的表情威严肃穆,充满了力量感。其表现手法极为夸张,巧妙地将人兽元素自然有机地融合在一起,塑造出一个具有通天法力的神灵形象。

【相关知识点提示】

三星堆遗址

三星堆古遗址位于四川广汉,分布面积广,历史久远,是西南地区发现的最重要的古城遗址之一。该遗址保存有完整的城墙,被誉为"长江文明之源"。出土的文物极具价值,包括青铜大立人、青铜面具、青铜神树等独一无二的珍品,还有金杖和边璋等稀世之宝。这些文物不仅具有深厚的历史和文化内涵,也是科学和艺术的重要代表,让人们更加敬仰这个古老文明的辉煌。三星堆遗址的发现揭示了古蜀文化的丰富内涵和独特魅力,对研究中华文明起源具有重要意义。

盠方彝

【作品背景小提示】

彝是青铜礼器的一种统称,金文中通常有"作宝尊彝"的字样。彝又是古代的盛酒器,主要盛行于商至西周。盠方彝的形制应属于尊、罍一类的酒器,但因为历来对这种类型的器物没有明确定名,所以仍沿用方彝的旧称。

盠方彝(西周,现藏于中国国家博物馆)

【作品赏析】

这件盠方彝于陕西省眉县出土,通高 22.2 厘米,口长 14.2 厘米,盖及钮均作五脊屋顶形,有扉棱,盖面上饰窃曲纹,下为圆涡纹,侧面加饰夔纹,器颈及圈足亦饰窃曲纹,腹为圆涡纹,四隅有扉棱。器身两侧饰有两个宽扁形竖耳,耳作象鼻形,上端向外翻卷,有扉棱及珥。器底有铭文十行,共 108 字,铭文的大致内容是:作器人"盠"是周王的同宗,周王命盠掌管司徒、司马、司空和周六师、殷八师的军政和屯田事务,并赐盠衣物、玉佩和车马饰等厚赏,盠因此作器以记其荣宠,颂扬天子恩泽。这是我国最早有关屯田的文字记录,是研究西周社会政治、经济、军事、书法艺术的重要实物资料。

【真伪辨析要点】

1. 依据其装饰手法

西周青铜盠方彝的装饰采用浮雕技法,雕铸出粗犷豪放的文饰,装饰主次关系明确,层次十分清晰,达到了极好的艺术效果,其精美而又带有神秘色彩的纹饰,浑厚庄重的器身以及铭文,被雕铸有机地融合到一起,再现了西周青铜器铸造业的辉煌。

2. 依据其纹饰

整器表面通体满饰花纹,最为醒目的是器盖和器腹的中心位置均装饰由涡纹和云纹组成的圆形漩涡纹。器盖圆形漩涡纹上方装饰窃曲纹,两侧为夔纹。颈部饰一周窃曲纹带,其下为两凹形槽。腹部纹饰与器盖纹饰类似,也是圆形漩涡纹与夔纹的组合,并以云雷纹填地。圈足饰窃曲纹带,与器腹也以两凹槽相隔。

【相关知识点提示】

关于金文

金文,亦称为钟鼎文,是指在殷周时期的青铜器上所铸造或刻写的文字。商周时期是青铜器发展的鼎盛阶段,其中礼器以鼎为典范,而乐器则以钟为代表,"钟鼎"因而成为青铜器的象征。青铜,即铜与锡的合金,中国自夏代起便步入了青铜时代,铜的冶炼与制造技术已相当成熟。由于周代以前铜亦被称作金,因此铜器上的铭文被命名为"金文"或"吉金文字"。金文的使用时间跨度极大,始于商代初年,直至秦朝统一六国,历时 1200 余年。

史墙铜盘

【作品背景小提示】

西周是铸造长篇铭文的时期,铭文内容涉及统治

史墙铜盘(西周,现藏于宝鸡青铜器博物院)

阶级的政治谋划、征战杀伐、祭辞诰命、册赐宴享以及贵族间的土地转让、刑事诉讼、盟誓契约、婚嫁礼俗等。这件铜盘内铸铭文284字,是陕西扶风庄白窖藏青铜器中最重要的一件,也是20世纪50年代以来发现的西周青铜器铭文中最长的一件。

【作品赏析】

史墙铜盘,高16.2厘米,口径达47.3厘米,是一件具有深厚历史背景的西周青铜器。这件铜盘是由微氏家族中的史官墙为纪念先祖而精心制作的。其造型典雅,拥有敞口、浅腹、圈足的经典设计,并附有双耳,展现出西周时期工艺的高超水平。铜盘上的纹饰繁复而精美,腹部雕刻着栩栩如生的凤鸟纹,而圈足部分则装饰着卷曲的云纹,整体以云雷纹为衬底,线条流畅,清丽脱俗。更为珍贵的是,盘内底部镌刻着长达284字的铭文,记录了西周六位君王的历史功绩及作器者的家族史。这篇铭文是新中国成立后发现的最长的铜器铭文,为研究西周历史提供了宝贵的资料。根据铭文内容,此器大约制作于共王时期,是西周历史的见证者。

【真伪辨析要点】

依据其铭文:其造型稳重、典雅,工艺精湛,内底刻有长达284字的铭文,采用类似《诗经》的四言句式,文辞华美,极具文学价值。铭文不仅赞颂了西周历代君王的政绩,还详细记录了微氏家族的历史,对研究西周历史具有重要意义。铭文字体为当时标准字体,字形整齐划一,均匀疏朗,笔画横竖转折自如,粗细一致,笔势流畅,有后世小篆笔意。

【相关知识点提示】

盘

盘,繁写作盤,古代亦作槃,从解字的意义上看,它含有器皿和金属之意。已知的铜盘最早见于商代,传世的有著名的史墙盘、散氏盘、逨盘、虢盘等。从盘的制作工艺来说,圆形相对容易些,故我们见到的盘多为圆形。盘的铭文是研究先秦史实的重要文献。

人形铜灯

【作品背景小提示】

1957年的一天,山东省诸城葛埠村显得格外热闹。原来,当地村民在村头打井时,无意间发现了一件样式奇特的青铜器。很快,有关人员和考古专家赶

人形铜灯(战国,现藏于中国国家博物馆)

到了现场。看到这件青铜器后,考古专家们兴奋不已。原来,这个无意间惊现于世的古物,是一盏距今已经两千多年的战国古灯,整体造型为人的形状,故称人形铜灯。

【作品赏析】

铜灯通高23.9厘米,盘径11.5厘米,勺长22.7厘米,于1957年在山东省诸城葛埠村出土。整体造型为一短衣男子双手持灯,人俑形象孔武有力,短衣紧束,圆眼大张,立于盘龙底座之上,双手分张托灯,尽显武士风采。其脚踏龙形,彰显英勇;双手举灯,体现神力。灯盏下的榫口设计独特,可与盘柄灵活插合或拆卸,工艺精湛。人俑足下为镂空盘龙座,随附长柄铜勺,便于加油。此灯设计匠心独运,造型别致,应为战国时期齐国宫廷之物。其武士形象是齐人崇尚勇武精神的典型体现。

【真伪辨析要点】

依据其造型:这盏人形灯的所谓"人",造型逼真,武士打扮。按照当时的常规,各国宫廷摆放的器具一般都是鸟兽等祥瑞形象,以突显吉祥富贵之气。然而,齐国却独具匠心,另辟蹊径,将灯设计为武士擎灯造型。

【相关知识点提示】

齐国尚武的风气

古代山东的齐国是春秋战国时期的军事大国。它之所以能称霸中原,与其崇尚习武的风俗是分不开的。齐国武士的性格贪粗而好勇,怯于众斗,勇于持刺。也就是说,齐人喜欢个人逞能,而不爱抱成团。这一特点被文人们记载的"二桃杀三士"故事给活灵活现地刻画出来了。

齐国尚武的风俗深受其国君影响。齐桓公登基后迅速从全国范围内甄选勇士。齐王认为,受辱不反抗是羞耻的,这彰显了其尚武的坚定信念。君主所推崇的,臣民必会效仿,因此齐国孕育出众多英勇的武将和士兵,他们勇于冲锋陷阵,威震四方。

曾侯乙冰鉴

【作品背景小提示】

冰鉴是古代用来盛冰的容器,除了能保存食品,还能散发冷气使室内凉爽。这一发明展现了古代生活的智慧。周代已有原始冰箱,但因冰不常见而显得珍贵,尤其在夏天。清代晚期的传世木胎冰箱多用细腻木料

曾侯乙冰鉴(战国,现藏于中国国家博物馆)

如红木、花梨、柏木制成。

【作品赏析】

曾侯乙青铜冰鉴于1977年在湖北随县曾侯乙墓中被发现,鉴高63.2厘米,长宽均为76厘米。这个冰鉴由铜鉴和铜缶两部分组成,整体设计精巧且富有艺术感。造型像一个方口大盆,四角和四边中部有附饰,四面和四棱上共有八个龙形耳钮,鉴内中部有方孔,缶口颈从中露出。铜鉴上刻有"曾侯乙作持用终"的铭文。铜缶则是小口、斜肩、腹瘦深、平底、圈足的设计,盖上有四个圆环钮,缶身上有多种纹饰,包括T形勾连纹、菱形带纹等,盖内的铭文与鉴上的相同。整个冰鉴不仅体现了古代工艺的高超水平,也为我们揭示了古代贵族生活的奢华面貌。

【真伪辨析要点】

依据其结构:曾侯乙青铜冰鉴实际是由外面的方鉴和当中的方壶两部分构成,若将上面的盖子拿开,俯视它的形状如同一个"回"字。这好比今天的暖水壶,有个外壳,还有个内胆。不同的是暖水壶的外壳和内胆之间距离很小,而这冰鉴的外壳和方壶之间则是个很大的空间。说到这里,还有一个巧妙机关是极少数专业人员才能看到的,那就是在鉴底内层和壶底相接的部位,有呈"品"字形的三个弯钩,其中一个弯钩带有可以活动的倒钩。而方壶壶身外侧近壶底部分有三个长方形榫眼,当方壶放入鉴中即将触及底部时,便会同时触动活动弯钩,等方壶落到铜鉴底部,那三个长方形榫眼恰好与铜鉴的三个弯钩相套合,其中的活动弯钩也自动倒下,从而使壶身稳定不移。若要从铜鉴中取出方壶,则需将活动弯钩搬起。

【相关知识点提示】

曾侯乙青铜冰鉴的使用方法

中国古代,民众对温酒与冷酒各有偏好,温酒护胃,冷酒解暑。尤其是楚国,位于南方,夏日饮用冰镇酒乃是一大享受。青铜冰鉴缶之精妙,在于其鉴缶巧妙结合,设有精巧机关。使用时,缶与鉴口底嵌套固定,灌酒取酒皆无需开启鉴盖,仅启缶盖即可。其制冷原理在于缶周冰块,使酒自然降温。此外,冰鉴缶亦能反其道而行之,于鉴腹加热水,使缶内酒液迅速升温,成冬日温酒之佳品。此器物不仅展现了古代酒文化的多样性,亦体现了古代工匠的卓越智慧与技艺。

五牛铜枕

【作品背景小提示】

这件五牛铜枕出土于云南江川县李家山古墓群。李家山古墓群为战国至东汉初期的墓葬。出土的文物以青铜器为主,另有金、银、铁、玉、石器物等。古滇国农业文明的历史可以追溯到3000多年的西汉乃至春秋时期。而滇文化青铜器具有浓厚的地方色彩和独特的艺术风格,成为我国古代青铜文物的重要组成部分。这些青铜器,为人们传递着关于古滇王国的社会环境和古滇人民生产生活等方面的信息,展现了古滇王国典型的青铜文化特征,揭示出古滇文化的人文精神。

五牛铜枕(西汉,现藏于中国国家博物馆)

【作品赏析】

枕头是人们生活中的日常用具,质地和式样都十分多样,瓷枕和金属枕是古人最常用的品种。这种在枕头上面装饰牛的形象,唯滇国独有。

此铜枕高15.5厘米,长50.3厘米,宽10.6厘米,于1972年在云南江川县李家山滇文化墓出土。五牛铜枕作马鞍形,左右两端上翘。铜枕饰圆周立牛2头,浮雕立牛3头,牛造型雄健,肌肉饱满,犄角挺立,具有极高的艺术品位。

【真伪辨析要点】

依据其文化特色:滇文化中,牛的形象在艺术品中频繁出现,尤其在铜枕上的装饰更是独特。滇人不仅在生活用具上铸造了各种牛的形象,如牛虎铜案、虎牛搏斗贮贝器等,这些都彰显了牛在滇文化里的重要地位。这些牛的形象均来源于已驯化的家牛,体现了古滇民族与牛的紧密关系。对于以稻作为主的古滇人来说,牛不仅是耕作的重要工具,更是财富的象征。牛的数量甚至反映了家庭或部落的富裕程度,显示了牛在滇人生活中的不可或缺性。

【相关知识点提示】

滇文化中的"牛"

牛是人类最早驯服的动物之一,它是食物,也是工具和用具。除此之外,在滇国,牛被视为财富的象征,拥有众多数量的牛是富贵的标志。此外,牛还有重要的用途,就是充当主要的祭品,能换来幸福平安的保佑。在云南的部分少数民族中,仍保留着将祭祀用过的牛头骨挂在室外墙壁或室内显眼的地方的习俗。他们认为,悬挂的牛头越多,表示奉祀之心越诚,也就越能得到神灵的保护。

铜摇钱树

【作品背景小提示】

人类对财富的追求是自古有之的。在距今约2000年前的汉代,人们也极力追求现世行乐和金钱财富,要成为有钱人,就要有种种手段和方式。

对没有多少资本的多数人来说,靠辛苦劳作致富概率很低,也等不及,人们幻想有一种东西能不断生出钱来,依靠它而不断获得财富。于是,摇钱树便被汉人最先创造出来,人们相信拥有摇钱树便拥有财富,摇钱树成为汉人最为喜爱的吉祥或迷信物品,并形成普遍而悠久的摇钱树信仰习俗。

铜摇钱树(东汉,现藏于四川绵阳市博物馆)

【作品赏析】

这座东汉的青铜摇钱树于1990年在四川省绵阳市何家山二号汉墓出土。树通高198厘米,由基座、树干、树冠等29种部件组成。基座是红陶质,而树体由青铜铸造。树冠分为七层:顶层有凤鸟装饰;其下两层融合了树干与叶片,并饰有西王母等图案;下面四层则伸出24片枝叶,装饰有龙首、朱雀、犬、象等多种图案。树干直径约1厘米,叶片长度在10到15厘米之间,树叶厚度约2毫米。特别的是,树枝上还有高约5厘米的人像和长约6厘米的飞龙装饰。这座青铜摇钱树造型精美,蕴含了丰富的文化和艺术价值,为我们了解东汉时期的文化和工艺提供了宝贵的实物资料。

【真伪辨析要点】

依据其树叶:摇钱树最为精致的部分就是树叶,整棵树的枝干被分为三层,共八片枝叶,呈对称分布。叶片最长约15厘米,最短为10厘米,每片树叶厚约2毫米。八片枝叶每两片为一对,有的状如芭蕉叶。

青铜摇钱树叶片上铸有两种精巧图案:一是圆形方孔钱相连成链,中央有弯腰捡钱的人物,展现了人们对财富的渴望;二是椭圆形图案,一端有圆环,两侧有飞龙头顶钱币,飞龙间以钱币相连,显示了高超技艺与深厚文化。叶片外侧被短刺包裹,并如太阳般散发光芒,增添了神秘与艺术感。这些细节不仅彰显了艺术价值,还记录了东汉文化与社会风貌。

【相关知识点提示】

摇钱树

在我国东汉时期,以成都平原为中心的西南地区流行一种特殊的陪葬用品——摇钱树。

根据统计,迄今为止已知出土收藏的摇钱树大约有190株,而它们的出土分布,全部是在以四川、重庆为中心的西南地区,年代又集中在东汉和三国,仅仅200多年后到西晋就完全消失了。

然而,当青铜铸造的精美的摇钱树断然绝世以后,"摇钱树"这一词语和艺术形象却在民间逐渐流行,人们附着在"摇钱树"上对财富"取之不尽,用之不竭"的梦想和祈愿仍大行其道。至今,我们仍能在各种民俗年画里看到丰盈喜庆的摇钱树。

第二章

玉器鉴赏

《礼记》中称："古之君子必佩玉，右徵角，左宫羽，趋以《采齐》，行以《肆夏》，周还中规，折还中矩，进则揖之，退则扬之，然后玉锵鸣也。"

在历史的长河中，诸多古语佳句皆不乏对玉的颂扬。自古以来，玉在中国社会中被赋予了尊崇、佩戴、赏玩及品鉴等多重意义，其文化脉络绵延不绝。华夏文明的辉煌历程中，玉见证了岁月的流转与文明的演进。

中国玉文化作为一股独特的文化力量，深刻渗透并影响了政治决策、经济活动、宗教信仰、礼仪规范、道德伦理以及艺术创作等多个领域，在其中扮演着举足轻重的角色。从玉器的诞生、逐步成熟到不断演变，这一历程与中国五千年文明史的进程紧密相连，相辅相成。它不仅是时间的见证者，更是文化传承与创新的载体。

论及中国玉文化的持续性与影响力，其延绵之久、内涵之丰、覆盖之广、效应之深，实乃世界文化之林中独树一帜的瑰宝。

2.1 玉器的产生和发展

2.1.1 玉是什么

鉴赏玉器首先要知道玉是什么。

从矿物学上讲,玉分为两种,一种是角闪石,另一种是辉石类。角闪石也被称为软玉,硬度为 6~6.5。其色泽展现出类似油脂的温润质感,纯净者色泽洁白无瑕,业界常称之为"羊脂白玉",其细腻触感与温润气质共同铸就了其极高的珍稀度与经济价值。由于角闪石中微量氧化金属离子的存在,其可呈现出青翠、碧绿、墨黑、鹅黄等单色或复合色彩,增添了其色彩的丰富性。

辉石类矿物以其高达 6.75~7 的硬度著称,被赋予了"硬玉"之名。在中国,尤以色泽翠绿者最为人称道,常被冠以"翡翠"之美誉。辉石类玉石内部隐约透露出水晶般的结构,质地坚硬且密度较高,表面呈现出玻璃般的光泽,清澈透明,璀璨夺目;色彩上,从浓郁的翠绿色到清新的苹果绿,再到雪花般的洁白与柔美的淡紫色。值得注意的是,直至 18 世纪以后,辉石类玉石才逐渐受到中国玉匠的广泛采用与青睐,这一历史转变也决定了中国古代玉器多以角闪石制品为主流的现状。

从中国的传统文化上讲,玉的含义是比较宽泛的。《说文解字》中说,石之美者,玉也。因此,按照这种说法,玉不仅包括和田玉和翡翠,还包括玛瑙、水晶、孔雀石、绿松石、各色宝石等等。在我国悠久的玉文化历史进程中,一个显著的转折点发生在商代之后,这一时期标志着新疆和田玉开始被大规模引入并应用于玉器制作,此前,各地所采用的玉料多源自本土,以各类自然形成的美丽矿石为主。鉴于此,当我们在品鉴与研究古代玉器及其所蕴含的文化意义时,应避免仅仅拘泥于现代矿物学的分类标准,而应秉持一种历史唯物主义的视角,充分尊重并沿袭传统的分类与鉴赏习惯。换言之,我们应当将广义上的玉,即那些在历史上被赋予了特殊文化价值与审美意义的石材,作为探讨玉器艺术与文化内涵的核心对象。这样的研究路径,不仅能够更全面地揭示玉文化的发展历程与多元面貌,也有助于我们更深刻地理解玉在中国古代社会中所扮演的重要角色与独特地位。

2.1.2 玉器的产生

经过深入考究,我国玉器的历史可追溯至约 60 万年前,"北京人"时期,先民们已展现了对水晶等天然材质的运用智慧,初步掌握了制作旧石器的技术。他们巧妙地选取水晶、透闪石及蛇纹石等自然矿石,创造出朴素的片状玉器。随着技术的进步,原始砣机的发明成为关键转折点,使得玉器制作能够涉及钻孔、镂空及更为精细的雕琢工艺。然而,玉器制作的显著发展及复杂技艺的广泛运用,应追溯至距今约6000至5000年前的红山文化与良渚文化时期。在半坡仰韶文化遗址中发掘的珍贵文物——第一件和田闪石玉制成的玉斧,便是有力的历史见证。此玉斧的出土,彰显了古代先民高超的玉器制作技艺。

2.1.3 商代至秦汉玉器

在中国玉文化的发展历程中,玉器的制作与应用经历了一个逐步神圣化、地位日益提升的过程。自商代起,这股对玉器的热衷之情便开始在社会各界广泛蔓延,形成了一股不可忽视的文化潮流。这股潮流不仅跨越了商、周、秦等多个历史阶段,更在汉代达到了前所未有的鼎盛状态,是长达约2000年的文化积淀与演变的结果。中国玉器在商代至汉代的发展历程中,经历了从实用工具到文化象征的转变,其地位不断提升,制作技艺不断精进,文化内涵不断丰富。

(一) 商代玉器

在公元前20至前19世纪时,石器逐渐淡出了实用领域的历史舞台,而原先为纪念那些对人类文明做出贡献而创制的玉器,如圭、璋、戈等,则经历了功能的转化,演变为象征权力与威严的仪仗用器及承载礼仪制度的礼器。仪仗器的概念深深根植于氏族社会的传统之中,而礼器的兴起则紧密伴随着国家形态的诞生与发展。

中国早期的奴隶制国家——夏、商、周,见证了玉器从实用到礼仪化转变的全过程。在这一漫长的历史跨度中,玉器不仅成为政府权威的象征,更是祭祀活动中不可或缺的礼器,其中蕴含了丰富的宗教与文化意义。特别是那些用于祭祀的玉器,如鼎、簋等,不仅代表了当时社会对于神灵的敬畏与崇拜,也彰显了玉器在宗教仪式中的核心地位与重要作用。因此,"三代"时期的玉器,尤其是作为礼器使用的部分,不仅是物质文化的瑰宝,更是研究中国古代社会制度、宗教信仰及文化变迁的重要实物资料。

在探讨中国玉器历史演进的脉络时,不难发现,属于夏朝时期的玉器遗存极为稀少,且其确切归属尚存争议,这一现象在学术界常被概括为"三代不断夏"之论。转至商朝,青铜冶炼技术的鼎盛不仅推动了整个文化艺术的蓬勃发展,也促使玉雕工艺跃升为一门专业化技艺,并细分为早、中、晚三个各具特色的时期。

商代早期,在河南省偃师二里头遗址出土的琮、璜、圭、玉刀、玉柄形器及玉龟,不仅工艺精湛,且年代久远,距今约4000至3500年,为后世展示了商初玉器的风貌。中期阶段,则以郑州二里岗出土的玉戈及各类佩饰玉为代表,反映了商朝中期玉雕艺术的成熟与多样性。而到了晚期,河南安阳殷墟,尤其是妇好墓中出土的逾千件玉器,更是商代晚期玉雕艺术辉煌的集中体现,这些玉器种类繁多,工艺复杂,为研究商代玉雕艺术的丰富内涵提供了宝贵资料。

在深入剖析商代玉器艺术的演变历程中,我们不难发现,随着文化艺术的蓬勃发展,古人甄选玉材的标准亦发生了显著变化。传统的"石之美者"观念在商代已非唯一衡量标准,妇好墓中出土的玉器便是这一变化的有力佐证。此外,据历史文献记载,商王室不惜远赴千里之外的新疆和田地区采玉,此举不仅打破了以往就地取材的局限,更凸显了玉器在当时社会中的尊贵地位,使其成为稀有而珍贵的财富象征。

商代玉器之所以能够成为权力与财富的象征,其根源在于玉材的稀缺性与美感。帝王在分封诸侯时,常以玉器作为权力的信物,而王公贵族则通过佩戴玉器来彰显自身的财富与地位。妇好墓中丰富的玉器陪葬品,正是武丁对妇好死后仍能保有财富与权势的美好祈愿,同时也深刻反映了玉器在商代社会的贵族化倾向。值得注意的是,商代玉器中的"跪坐人"与"鹰攫人首"玉佩,不仅具有极高的艺术价值,更是当时社会制度与文化风貌的生动写照。前者"跪坐人"形象,可能映射出商代社会残酷的人祭制度,揭示了奴隶制社会下人的悲惨命运;而后者"鹰攫人首"则展现了秃鹰利爪捕捉奴隶头部的血腥场景,进一步强调了奴隶主阶层对权力的绝对掌控与炫耀。这两类玉器,作为历史的见证,不仅揭示了商代社会的残酷现实,也为我们理解当时的社会结构与价值观念提供了重要线索。除了祭祀与权力象征外,商代玉器还广泛应用于佩挂与避邪等领域。然而,这些珍贵的玉器大多被王公贵族所垄断,平民阶层虽偶有涉足,但奴隶阶层则完全被排除在外。这一现象,再次印证了玉器在商代社会中的尊贵地位与阶层分化。在商代,玉雕技术已有明显的特点显现。

1. 在探讨古代玉雕艺术的创新与发展时,不得不提及其领域内的一项重大突破——浅线阴刻与剪影式裁割技法的融合应用。此技法下,出现了以动物形象为主题的垂饰玉片,涵盖了与人类生活紧密相连的飞禽走兽、鱼鸟昆虫,如牛、羊、马等常见家畜,乃至熊、象、虎等猛兽,均被赋予了生动的艺术形态。玉匠们巧妙运用正面或侧面的剪影手法,依据动物的外轮廓线,在玉片上精准裁切出基础形态,随后以阴刻技法精炼勾勒,寥寥数笔便使动物身体的各个细节跃然玉上,形态逼真,栩栩如生。这些垂饰玉片的珍贵之处,在于其无论正面、侧面视角,或是坐、卧姿态,均展现出极高的造型准确性与艺术表现力,深刻体现了商代工匠对动物形态外部轮廓的精准把握与深刻理解。

尤为值得称道的是,这些作品不仅是对自然界生物的艺术再现,更是商代社会生活与自然环境和谐共生的生动写照,反映了当时人类与大自然紧密相连的生活状态。从工艺角度来看,尽管现今观之似乎简约,实则蕴含了极高的技术难度,考虑到玉材的坚硬特性,在3000多年前的殷商时期,能够创造出如此精湛的作品,无疑体现了当时工匠的高超智慧与技艺。时至今日,我们的玉雕艺术虽已借助现代工具得以精进,但回望这些古老的垂饰玉片,仍能感受到那份跨越时空的匠心独运与艺术魅力。

2. 在玉器装饰艺术中,部分纹饰设计汲取了青铜器几何形纹的灵感,巧妙运用点、线、圆形、方形及三角形等基础元素,编织出弦纹、云雷纹、涡纹等复杂而精致的图案。这些纹饰不仅丰富了玉器的视觉层次,更赋予了其深厚的文化内涵,常见于玉质礼器的雕琢之中,体现了古代工匠对自然形态与几何美学的深刻理解与融合。通过此类纹饰的运用,玉器不仅作为物质文化的载体,更成为连接古代社会精神信仰与审美追求的桥梁。

3. 在探讨商代玉器色泽之瑰丽时,我们可精炼其成因,强调其用料之广泛与珍稀。商代玉器之所以展现出如此丰富的色彩风貌,根源在于其选材的多样性与高品质。彼时,匠人们广泛采用青玉、碧玉、白玉及黄玉等经典玉种,这些玉料中,不乏源自遥远新疆的优质玉石,其色泽温润,质地细腻,为玉器增添了非凡的韵味。商代玉器还巧妙地融入了南阳玉之温润、岫岩玉之清雅、大理石之独特纹理,以及红玛瑙的鲜艳与绿松石的清新,这些材料各具特色,共同构筑了商代玉器色彩斑斓、瑰丽非凡的艺术风貌。这些玉料的选择与运用,不仅体现了当时工匠对材料特性的深刻理解和高超技艺,也彰显了商代社会对于玉器制作的极高追求与审美倾向。

(二) 西周玉器

在探讨西周玉器发展的基石时,我们可以从商代的文化传承与资源流动这一独特视角进行精炼阐述。西周时期,通过有效的征服或和平交流机制,大量掌握精湛玉艺的奴隶及珍贵玉器自商代流入西周社会,这一历史性的资源汇聚,不仅彰显了西周对前朝文化遗产的继承与发扬,也标志着玉器制作技艺在新时代的创新与繁荣,从而确保了西周玉器在工艺与美学上的双重辉煌。西周适应当时分封的需要,呈现许多新的特点。琢玉技艺虽早已从制石及其他手工业中脱颖而出,成为独立行业,但其在政治层面的正式确立与法制化,应追溯至西周时期。这一时期,玉器的制作与管理被赋予了前所未有的重要性,标志着琢玉行业正式步入官方认可的独立地位。

西周王朝内,玉府作为直接服务于王权政治的专职机构,隶属于天官系统,其管理职能广泛而深远,涵盖了礼器、瑞器、丧葬器、服饰器及符节器等各类玉器的统筹与管理。这一机构不仅体现了西周对玉器文化的高度重视,也彰显了玉器在政治、宗教及社会生活中的多重角色。与此同时,典瑞作为另一重要管玉机构,隶属于春官系统,专注于瑞玉与礼玉的专项管理。典瑞内部设有 17 名专职管玉人员,他们负责细致入微地保管王公大臣所持的瑞玉与礼玉,确保这些象征权力与地位的玉器得以妥善传承与使用。

在职能划分上,典瑞与玉府各有侧重:典瑞侧重于"法度之玉"的管理,即那些代表法律、制度及权威的玉器;而玉府则更多地负责"量货贿之玉",即根据实际需求与分配原则,对各类玉器进行统筹调配与使用。这种分工合作,既体现了西周玉器管理制度的精细与严谨,也确保了玉器在不同场合下的恰当运用与尊贵地位。西周玉器发展臻于完善的过程中,另一关键驱动力在于和田玉被赋予了超越物质层面的深刻意义,它紧密关联着君臣的道德品行。这种文化联结不仅促进了西周用玉制度的日益成熟,更使玉具有了广泛的社会道德象征性。随着和田玉采掘的兴盛及其在日常生活中的广泛应用，它逐渐内化为一种精神追求，为东周时期玉器的进一步繁荣奠定了坚实的文化与社会基础。

西周的分封与宗法体系对玉器制度产生了深远影响，这一体系不仅强化了玉器管理的严格性，还细化了玉器使用的具体规范。根据周礼、春官及大宗伯的记述，玉器被赋予了治国安邦的重要角色，成为不同等级身份的象征。君王、公侯、子男等各级贵族，在执持玉器时遵循着严格的等级制度，如王执镇圭、公执桓圭等，体现了玉器在政治等级秩序中的重要作用。

此外，西周的分封制还体现在玉器使用细节的方方面面，包括行礼时佩戴的玉组佩，其玉料的选择与组合亦需遵循特定规制，这些都进一步丰富了西周玉器制度的内涵，使得玉器不仅是精美的艺术品，更是社会等级与身份的象征。

西周之前的玉器种类虽已较为丰富，涵盖了装饰、礼仪及日常用具等多个领域，但在丧葬用玉方面，其形式与数量均显有限。这一时期，墓葬中出土的玉器多为逝者生前所佩戴或使用的，死后作为陪葬品，而非专为丧葬而制。偶有发现的丧葬玉，如含于口中的玉器，不仅数量稀少，且生前亦被佩戴，留有穿挂之孔，显示出其双重用途。

然而，进入西周时期，丧葬玉文化发生了显著变化，最引人注目的便是玉脸幕的大量出现。这一创新形式由多达13块精心雕琢的玉片组成，每片均模拟人脸面部的形状，构成了一个完整的玉质面具。目前的考古发现中，玉脸幕多见于西周诸侯王的墓葬，这无疑凸显了其尊贵与特殊的象征意义，预示着一种高级别的丧葬礼制。此外，玉脸幕上的多数玉件仍保留有穿孔，这或许意味着在当时的丧葬仪式中，它们可能被巧妙地缀饰于某种载体之上，或是以某种方式相互连接，与古代文献中记载的"瞑目"习俗相呼应，共同承载着保魂敛尸、祈求安宁的深刻寓意。

玉脸幕的兴起，不仅是对西周丧葬习俗的一种革新，更为后世玉衣的流行奠定了重要的文化基础。它标志着玉器在丧葬文化中的地位日益提升，成为连接生死、寄托哀思的重要媒介。通过对西周丧葬玉文化的深入探讨，我们能够更好地理解古代社会的丧葬观念与礼制变迁。西周时期，玉器领域展现出了高度的规范化与色彩多样性，这得益于对玉石品质与色彩应用的严格等级划分。彼时，玉石色彩纷呈，涵盖白、青、墨、碧等多种色调，而和田白玉尤受推崇，成为尊贵与纯洁的象征。在产地方面，和田玉、蓝田玉等优质玉石广受欢迎，同时，玛瑙、水晶、绿松石等宝石也大量融入玉器制作之中，共同构建了一个丰富多彩的玉石世界。

从玉器种类来看，西周时期的丧葬玉相对较少，而礼仪玉与装饰玉则占据了主导地位。礼仪玉中，琮、璧、璜、戈等器型最为常见，其中玉琮尤为特别，其设计趋向简约，多为四方四面的方柱形，表面光滑无纹，与早期玉琮繁复的纹饰形成鲜明对比，展现了西周玉器风格的转变。这些玉组佩玉器数量众多，如三门峡虢国墓地出土的玉组佩，玉器总数可达上百件，即便是较小的玉组佩也包含十件左右，彰显了西周贵族对于玉器装饰的奢华追求。此外，玉组佩的另一大特点在于玉石并用，将玉与玛瑙、琉璃珠、绿松石等多种材质巧妙结合,既体现了西周玉器制作的精湛技艺,也遵循了周礼中对于不同等级使用玉器材质的严格规定,彰显了当时社会的等级秩序与礼制文化。

(三)君子风范的春秋战国玉器

玉器作为古代社会权力、身份与美德的象征,被赋予了更为丰富的文化内涵。"君子佩玉"观念盛行,士大夫阶层全身饰玉,尤以腰间玉佩繁复多样,彰显佩玉文化之盛。该时期玉器多饰龙、凤、虎等瑞兽,以灵动"S"形展现中华韵味与民族特色。工艺上,谷纹隐现、镂空精巧、线纹勾连,纹饰和谐饱满,体现了高超的琢玉艺术。玉带钩、玉剑饰等新器型的出现,丰富了玉器的种类。当时,社会普遍流行着一种蕴含深厚政治寓意、道德观念及迷信色彩的玉器组合形式——组玉,其构成元素丰富多样,主要包括玉璧、玉环、玉龙、玉璜及玉管等。这些玉器不仅作为装饰品,更承载着特定的社会功能与象征意义,反映了当时社会对于权力、德行及超自然力量的尊崇与追求。

进入汉代,玉器文化继续发展,以金缕、银缕玉衣的出土为标志,显示了当时社会对玉器制作的重视和奢华追求。生活用玉的大量制作,进一步拓宽了玉器的应用范围,使其成为日常生活中不可或缺的一部分。

在春秋战国这一历史阶段,中原地区迎来了和田玉的大量流入,它迅速成为王室与诸侯竞相追捧的珍宝。在春秋战国之际,儒家学者独具匠心,将礼学精髓与和田玉之美深度融合,借助玉石的特质深刻诠释并彰显了儒家伦理的核心价值。他们巧妙地将仁、智、义、礼、乐、忠、信等道德伦理,以及天、地、德等宇宙哲学观念融入其中,赋予了和田玉更为丰富的文化内涵与象征意义,构建了"君子比德于玉"的深刻理念。在这一背景下,"玉有五德""玉有九德"乃至"玉有十一德"等学说相继问世,这些学说不仅丰富了玉文化的内涵,更为中国玉雕艺术提供了经久不衰的理论支撑。它们不仅是对和田玉自然美的颂扬,更是对儒家道德理想的寄托与传承,成为中国人千百年来爱玉、崇玉精神风貌的重要支柱。这些学说不仅促进了玉雕艺术的繁荣发展,也深刻影响了中国人的审美观念、价值取向以及社会风尚。

(四)秦汉玉器

秦朝虽以壮观的兵马俑地下军阵闻名于世,展示了其非凡的雕塑艺术成就,然而,在玉器出土方面却显得较为有限,且缺乏具有显著代表性的作品。因此,目前对于秦代玉器艺术的整体面貌,我们的认知尚显不足,仍需依赖于未来地下考古工作的新发现来进一步揭示和补充。

在中国玉器发展的历史长河中,西汉时期无疑是一个璀璨夺目的篇章。这一时期,儒家道德学说被提升至国家意识形态的层面,通过"罢黜百家,独尊儒术"的政策,儒家思想不仅深刻影响了社会的伦理道德观念,也间接促进了玉器艺术的繁荣与发展。

儒家玉器体系,是儒家文化的重要载体,其以礼器、佩饰为主的特点,在西汉时期得到了前所未有的重视与扶持。这一体系不仅体现了儒家思想对于社会秩序、道德规范的强调,也通过玉器的精美制作与丰富内涵,展现了当时社会的审美追求与文化底蕴。

西汉国势的强盛,为玉器艺术的发展提供了坚实的物质基础。随着中原与西域交通的日益便利,玉材的来源变得更加广泛和丰富。这不仅使得玉器的制作材料得到了充分的保障,也促进了玉器制作技艺的交流与融合,为玉器艺术的创新与发展注入了新的活力。

在这样的背景下,西汉玉器呈现出一派繁荣景象。玉器的品种繁多,据记载多达7300种,这一数字虽可能包含了一定的夸张成分,但无疑反映了当时玉器制作的规模之大、种类之全。这些玉器不仅造型各异、工艺精湛,而且蕴含着丰富的文化内涵和象征意义,成为当时社会上层人士身份地位、道德修养的重要象征。

值得强调的是,汉代玉器以其卓越的原材料质量、精湛的雕琢技艺以及多样化的品种,在中外玉器史上占据了显赫地位,因而被赋予了"汉玉"的美誉。在这一辉煌时期,玺印、玉辟邪、玉鸠仗首及玉衣等玉器尤为杰出,它们不仅代表了汉代玉器制作的最高成就,也深刻反映了当时社会的文化风貌与审美追求。

汉代玉器之多样化风貌,映射出当时社会特定阶层的富足生活追求,彰显了他们对和谐与财富生活的向往。然而,这一现象亦深刻揭示了社会对玉器的过度信仰与迷信倾向,其影响逐渐加剧,最终体现在丧葬用玉领域,表现为品种繁多与数量激增的畸形发展态势,凸显了社会信仰的极端化倾向。

商朝时期的杰出女性领袖妇好逝世后,遵循当时习俗,其口中被置以珠玉,此举寓意着生者对逝者的深切关怀,不忍其离世时留有"空口"之憾,以此寄托哀思与祈福,体现了古代社会对于逝者尊严与来世福祉的重视。西周"敛尸"也只是"以组穿联六玉沟琢之中……,圭在左,璋在首,琥在右,璜在足,璧在背,琮在腹",以为如此随葬"取象方明,神之也。疏璧、琮者,通于天地"(《周礼·春官·典瑞》)。西汉时期,盛行着一种独特的丧葬习俗——"九窍"玉器的使用,该习俗涵盖了眼、鼻、耳、口、肛门及生殖器六大人体孔窍的玉器配置(一对眼盖、一对鼻塞、一对耳塞、口含玉琀、肛门塞与生殖器盖各一),时人认为将金玉置于死者九窍之内,能够确保遗体不朽,灵魂得以安息,此观念在当时的社会根深蒂固,人们对此深信不疑。此习俗不仅体现了西汉时期人们对于生命延续的渴望,也深刻反映了当时社会对于玉文化的尊崇与迷信。九窍玉器的风靡,加剧了富贵阶层的攀比之风,王公贵族为彰显尊贵与独特,不仅崇尚此俗,更将其延伸至殓葬服饰,盛行以"玉衣"裹尸。玉衣,亦称"玉押"或"玉匣",其起源可追溯至西汉,实为春秋战国"缀玉面幕"与"缀玉衣服"之演化。玉衣以金丝缝缀,名曰"金缕玉衣",专用于帝王之殓,以示至高无上之尊荣。《西京杂记》有记载,曰:"汉帝送死皆珠襦玉匣,匣形如铠甲,连以金缕。武帝匣上皆镂为蛟龙鸾凤龟麟之象,世谓为蛟龙玉匣。"到了东汉,玉衣分金、银、铜、丝4个等级,称"金缕、银缕、铜缕、丝缕",使用范围也广了。目前已出土的就有20多套。

两汉时期,中国佩饰玉艺术步入系统化发展新阶段。依据佩戴位置的不同,佩饰可分为两大类:一是垂直悬挂于体前的装饰,二是紧贴人身侧面佩戴的饰品。而从功能角度出发,佩饰玉又可细分为三大类:组合式垂挂装饰,模拟兵器形态的饰品,以及富含人形元素的垂饰。这一分类方式不仅展现了汉代佩饰玉的多样性,也反映了当时社会审美与文化内涵的丰富性。儒家学说十分推崇组合垂饰,所谓"古之君子必佩玉,右徵角,左宫羽,趋以《采齐》,行以《肆夏》,周还中规,折还中矩,进则揖之,退则扬之,然后玉锵鸣也"(《礼记·玉藻》),指的就是组合垂饰的佩戴,并将为什么要如此佩戴的原因解释为"在车则闻鸾和之声,行则鸣佩玉,是以非辟之心无自入也"。当前来看,该阐释显得颇为牵强,因如此佩戴方式实则极大地束缚了行动自由,难以避免地限制了佩戴者的日常举止。然而,在汉代社会,此观念却深入人心,组合垂饰不仅风靡一时,其影响力更跨越时空,绵延至晚清,成为一种跨越时代的文化现象。

汉代玉器艺术中,人形玉构成了佩饰领域的关键要素,其数量众多且人物形象塑造丰富多元,尤以仕女形象为主导,此现象标志着中国玉器制作工艺在汉代迎来了显著的历史性转折。这一时期的人形玉雕琢技艺精湛,线条处理上追求简约而不失力度,如双人形饰与官人玉像,五官刻画细腻,衣领、袖摆及裙裳的描绘均通过精练的线条展现,既体现了艺术的高度概括性,又赋予了作品强烈的视觉表现力。

汉代玉器摒弃了繁复的抽象纹饰与龙凤传统图式,转而聚焦于日常生活情景,展现出写实倾向,从平面雕琢迈向立体圆雕艺术。其间,动物玉雕尤为盛行,尤以牛、羊、飞鸟、龟、熊等形象最为普遍。例如,那蜷曲静卧的水牛雕塑,细腻捕捉了劳作后渴望休憩的闲适姿态,此等自然主义手法,以特征化之笔触,传神再现生灵之态。此类写实风格,对后世艺术创作产生了深远的影响,开启了玉器艺术表现的新篇章。汉代玉器发展至鼎盛阶段,其品种与数量均空前绝后,成为玉器史上的璀璨篇章。这一时期,雕琢技艺亦取得显著进步,尤以"汉八刀"与双沟碾法(亦称"游丝毛雕")最为瞩目。"汉八刀"技法,据明代谢堃《金玉琐碎》所载,能以寥寥数刀勾勒出生动形态,如翁仲像之塑造,尽显其象征性雕刻之精髓。此外,汉代玉蝉与玉握豚等作品,同样采用"汉八刀"工艺,展现出简洁明快、线条流畅的艺术风貌,深刻体现了汉代玉器雕饰的独特韵味与高超技艺。

2.1.4 三国魏晋南北朝时期的玉器

在中国玉器发展的历史长河中,三国魏晋南北朝时期玉器艺术,虽为东汉玉器的自然延续,却深刻烙印着时代变迁的痕迹。由于社会动荡与薄葬之风的盛行,随葬玉器显著减少,现存玉器多承袭汉代风貌,展现出一种跨时代的连续性。

值得注意的是,玉佩作为玉器中的重要门类,在经历了汉末战乱的断层后,得以重新雕琢并焕发新生,其形制与风格不仅是对传统的致敬,更是创新精神的体现,这种新型佩饰的影响力甚至跨越时空,延续至明代,成为后世玉器设计的重要灵感来源。同时,佛教的广泛传播与兴盛,为玉器艺术开辟了新的创作领域。以和田玉雕琢的"玉佛"应运而生,不仅体现了玉材的珍贵与工艺的精湛,更蕴含了深厚的宗教文化内涵,成为当时社会精神追求与审美趣味的集中展现。

魏晋南北朝时期的玉器，在风格上趋于简约，用途更加明确，装饰手法也更为质朴无华。这种简约之风，既是对乱世之中人们内心向往宁静的反映，也是玉器艺术在特定历史条件下自我调整与演进的必然结果。综上所述，三国魏晋南北朝玉器虽处低潮，却以其独特的艺术魅力与历史文化价值，在中国玉器史上留下了不可磨灭的印记。

2.1.5 隋唐玉器

在中国历史上，隋唐两代东西方之间的交流达到了前所未有的密切程度，引领了文化的广泛交融。外来文化的涌入，如同一股清新的风，为中国社会带来了诸多新颖的元素与思想，深刻地影响了本土文化的演进。具体到玉文化领域，这一时期的玉器艺术在波斯文化的启迪下绽放出新的光彩。在玉器的设计与制作中，融入了许多新颖的造型与图案，展现了独特的艺术魅力。佛教文化的盛行，使得飞天等佛教元素成为玉器创作的热门题材，而肖生玉则巧妙地融入了立人、双鹿、寿带、凤凰等形象，这些作品无不深受当时绘画与雕塑艺术的深刻影响，呈现出高超的艺术水准。

在玉器加工技艺方面，隋唐时期更是达到了炉火纯青的地步。工匠们运用简练而有力的砣法，精准地勾勒出玉器的轮廓与细节，不仅突出了形象的精神气质，还赋予了作品浓厚的浪漫主义色彩。这一时期的玉器还广泛采用了产自西域的优质和田玉作为原材料，这种被誉为"西方玉属"的玉石，以其温润晶莹的特性，为玉器制作提供了绝佳的材质基础。

在玉器发展的长河中，隋朝虽未在玉器工艺上留下显著的独特印记，却悄然铺垫了通往一个崭新玉器时代的道路。唐代玉器的兴起，是在经历了魏晋南北朝时期的显著衰退以及隋朝时期微弱但积极的复苏与转型之后绽放的。随着唐帝国的空前统一，经济由复苏步入鼎盛，东西方文化的深度交融，唐代玉器在承袭战国至秦汉时期玉料选用与制作技艺的基础上，展现出了前所未有的变革与创新，仿佛踏入了一个截然不同的艺术境界。这种变革之深刻，恰似一位患者历经重病折磨后，经历了彻底而深入的恢复与治疗，不仅重获新生，更焕发出前所未有的活力与光彩。唐代玉器不仅在形式上突破了旧有的框架，更在内涵上融入了多元文化的精髓，展现出一种既古老又新颖、既传统又创新的独特魅力，标志着玉器艺术进入了一个全新的发展阶段。

唐代玉器在造型与用途上展现出了前所未有的革新面貌，其品种与式样几乎完全脱离了前朝的窠臼，呈现出一种全新的风貌。尽管部分玉器的名称仍与先前时代有所相似，但它们在形态设计上却各具特色，独树一帜，且功能更加趋向于实用与装饰性。这一时期，玉器的主要作用不再局限于传统的礼制象征或丧葬习俗，而是更多地与人们的日常生活和审美追求紧密相连。

唐代玉器中，作为佩饰的玉器占据了重要地位，如精致的玉簪（或称为玉簪首）、典雅的玉梳(及其背饰)、温婉的玉镯等,这些玉器不仅体现了唐代工匠高超的技艺,也反映了当时社会对于个人装饰与身份彰显的重视。此外,玉带板作为服饰配件,其设计之精巧、工艺之细腻,更是成为唐代玉器中的佼佼者。唐代玉器还涌现出了一批以人物、神仙、佛像为题材的玉雕作品,这些作品不仅展现了唐代社会的宗教信仰与审美取向,也体现了玉器艺术在表现内容与形式上的多元化发展。此外,一些实用的玉器如玉杯等,也因其精美的造型与优良的质地而备受青睐,成为当时社会上层人士竞相追逐的珍品。

玉簪作为一种装饰品,其历史可追溯至遥远的新石器时期,并持续演变至今。在隋代之前,玉簪普遍采用单一股状的设计,形式较为单一。然而,自唐代起,玉簪的设计迎来了显著的变革。除了延续隋代初现的双股钗与早期流行的单股钗之外,出现了一种新颖的复合式簪饰。这种簪饰巧妙地将玉制簪头与金银质簪身相结合,簪头部分以宽薄片状的玉材雕琢而成,尽显温润雅致;而簪身则采用金银等贵金属打造,彰显奢华气派。然而,由于岁月的侵蚀,现今所见的多为簪头部分,金银簪身多已遗失,难以窥见全貌。

另一方面,玉梳作为古代女性梳理发髻的重要工具,其历史渊源最早可追溯至殷商时期。那时的玉梳形态多样,圆首圭形或长方形较为常见。然而,随着时代的变迁,玉梳的形制也在不断演变。至唐代,传统的玉梳形式逐渐消失,取而代之的是宽长半月形的新式玉梳。这种玉梳在设计上更为考究,分为两式:一式整体由玉材雕琢而成,半圆形的设计既美观又实用,梳柄与梳齿浑然一体,齿牙加宽变短,使用更为便捷;另一式则同样采用了玉质与金属相结合的工艺,梳柄(或称梳背)为玉质,而梳齿则多为金属材质,但遗憾的是,由于时间久远,金属梳齿多已不复存在,仅余玉质部分供人观赏。

2.1.6 宋代玉器

在商品经济蓬勃兴起的背景下,市民群体的生活热情与参与度显著提升,促使宋代玉器文化发生了深刻转型。这一时期的玉器,逐渐挣脱了古代玉器所承载的巫术、礼仪、道德教化及丧葬等深厚历史意义的束缚,转而聚焦于更为贴近世俗生活的实用价值与审美享受。玉器的功能由此得以拓展,不仅作为实用器具服务于人们的日常生活,还是赏玩之物,乃至珍贵的收藏品,深刻体现了宋代社会对玉器现实意义的重视与追求。宋代玉器的制作工艺展现出鲜明的时代特色,其生命力之旺盛体现在技艺的多样与灵活上,这些手法如同万花筒般变幻莫测,深刻诠释了宋代玉器的装饰美学与选材上的极致考究。当时的琢玉匠人凭借高超的技艺,能够巧妙地利用玉材本身的天然色泽、纹理以及形态差异,匠心独运地雕琢出与之相得益彰的各种纹饰与物象,被誉为"巧色玉"。在玉器艺术领域,若干巧色玉作品以其精湛工艺与独特创意著称,诸如"玉雕子母猫""甘黄玉葵花杯""玉荷叶杯"等,均为其中的佼佼者。在这些作品的雕琢过程中,匠人们展现了卓越的技艺与无尽的匠心,他们巧妙地运用了浅磨细琢的技法,浮雕与圆雕并蓄,采用精妙绝伦的深层立体镂空等多元化雕刻技法,每一件作品均经过精心雕琢,无一粗制滥造,尽显细腻与灵动。特别是那些阴刻线条,既细长又富有韧性,极大地丰富了玉器艺术的表达手段,确保了玉器文化能够源远流长,广受欢迎。在宋代,玉器艺术的繁荣不仅映射了时代文化的深厚底蕴,还深刻体现了文人士大夫阶层审美意趣的广泛渗透。这一时期,玉器设计愈发贴近民众日常,其风格与形制中融入了文人的独特视角与审美情趣,催生了诸如玉砚、玉质笔管、笔洗、笔架及玉镇纸等一系列文房雅器。这些玉器不再局限于观赏把玩的范畴,而是切实转化为文人墨客书写创作时不可或缺的实用伴侣,展现了玉器功能性与艺术性的完美结合。玉碗、玉杯等饮食器具以及玉带扣、玉发冠等服饰配件的出现,不仅提升了日常用品的档次与美感,也反映了当时社会对于玉器实用价值的广泛认可与追求。被赋予吉祥寓意的玉童子、玉仙人等形象的新颖创作,寄托了人们对美好生活的向往与祈愿,使得玉器在宋代社会中扮演了更为多元且重要的角色。宋代玉领域内涌现的新造型与流行趋势,深刻反映了玉器所承载的宗教象征与身份地位标识功能的逐渐淡化。这一现象标志着玉器艺术正逐步走出传统的宗教与贵族领域,迈向更为世俗化、大众化的新纪元。它不仅彰显了宋代社会经济的高度繁荣,特别是世俗经济的蓬勃发展,还生动地描绘出宋代大众文化的独特风貌与浓厚的世俗生活气息。宋代玉器的新造型往往贴近生活,富有生活情趣,更多地体现了民众的审美追求与日常所需。这些玉器作品,无论是用于装饰、佩戴,还是作为实用器具,都透露出一种平易近人的气息,与宋代社会的世俗化、平民化趋势相契合。同时,玉器制作技艺的普及与提升,也使得更多普通民众能够拥有并欣赏到精美的玉器,进一步推动了玉器文化的广泛传播与深入发展。

在宋代,玉器的设计美学经历了显著的转变,其装饰主题挣脱了往昔抽象与象征性图案的束缚,转而深深扎根于生动鲜活的现实世界中。这一时期的玉器创作,形式上摒弃了繁复的变形与抽象图案,转而追求细腻入微的写实描绘与具体形象的塑造,使得每件作品都仿佛是对自然界的一次精致临摹。在内容层面,玉器上所呈现的主题亦发生了根本性的变化。以往占据主导的神怪传说与狩猎宴乐场景,逐渐淡出,取而代之的是山水之间的宁静致远、花鸟虫鱼的生机勃勃,以及丰富多彩的世俗生活片段。这些题材不仅反映了宋代文人雅士对自然之美的热爱与向往,也深刻体现了当时社会生活的多元化与世俗化。例如"青玉卧鹿""白玉镂空樱桃佩""青玉'龟游佩'"等作品,在玉器的艺术创作中,所有的装饰元素均汲取自真实而自然的世界,它们是对周遭生态环境中活灵活现的动植物形象的精准捕捉与生动再现。这些装饰题材不仅仅是匠人心中的构想,更是他们对自然界细腻观察与深刻理解后的艺术表达,确保每一件玉器作品都能成为连接人与自然、现实与艺术的桥梁。在宋代,玉器的纹饰设计经历了一场显著的世俗化转型,这一趋势不仅延续了唐代以来对花卉纹样的热衷,更在此基础上进行了深化与拓展。宋代工匠们巧妙地将花卉元素融入玉器创作之中,不仅丰富了玉器的视觉表现,也深刻反映了当时社会审美风尚的变迁。他们不再局限于传统的、具有象征意义的图案，而是更多地从现实生活中汲取灵感，将自然界中绚丽多姿的花卉形态以写实或写意的手法呈现于玉石之上。这种对花卉纹样的进一步发展和创新，不仅体现在纹饰的精细程度上，更在于其背后所蕴含的文化内涵和情感寄托。宋代玉器上的花卉纹饰，往往寓意着吉祥、富贵、高雅等美好愿景，这些纹饰也反映了宋代社会对于自然美的崇尚和欣赏，体现了人与自然和谐共生的哲学思想。

春水玉与秋山玉，实为契丹与女真两大古老民族，世代栖息于辽水流域及其辽阔疆域之内，历经岁月洗礼，其独特的游猎文化孕育出了一种别具一格的玉器艺术形态。这种艺术形式并非凭空而生，而是深深植根于两大古老民族与自然环境共生共融、不断抗争又和谐共处的日常生活之中。艺术家们以大自然为舞台，将亲身经历的风雨变幻、山川壮丽、野兽奔腾等生动场景，巧妙地转化为玉器上的雕刻图案，赋予了这些作品鲜活的生命力与深厚的文化底蕴。春水玉可能更多地展现了春天万物复苏的景象，玉匠们巧妙运用线条与色彩，勾勒出山林间的新绿、溪流旁的野花，以及那些在温暖春光中嬉戏的野生动物，传达出一种和谐共生、希望满溢的自然之美。而秋山玉，则可能侧重于描绘秋季的萧瑟与深邃，秋水共长天一色，玉中融入了落叶飘零、湖水静谧，以及秋风中依然坚韧不拔的草木元素，展现出一种宁静致远、深邃莫测的意境之美。

这是反映辽金等少数民族在春天、秋天进行捕猎情景的题材。春水玉表现的是海东青捕猎天鹅。以层峦叠嶂的山林、茂密的树木、潺潺的溪流与奇石清泉为舞台，生动刻画了群鹿与虎、熊等野生动物在自然环境中和谐共处又偶有嬉戏打闹的场景，它们或坐或卧，形态各异，充满了生动的生活气息。正是基于这些源自真实生活、充满生命力与趣味性的题材，匠人们才能够挥洒创意，雕琢出一件件既贴近生活又富有艺术感染力的玉器作品。这些作品不仅展现了自然界的壮丽与细腻，更深刻地反映了人类对于自然和谐共生的向往与追求。

2.1.7 元代玉器

元代玉器艺术在辽、金、宋三代深厚的琢玉技艺基石上绽放异彩，无论是皇家的辉煌殿堂还是百姓的日常生活，均可见到"碾玉"这一精湛技艺作为玉器制作核心部门的身影，彰显了蒙古族统治阶层在吸纳汉族深厚文化底蕴的同时，对玉石的尊崇之情及用玉制度的延续未变。元朝的文化生态，总体而言，更多地体现在对传统精髓的坚守与弘扬上，而非激进的新意探索；它在继承前代文化遗产方面取得的成就，远超其在艺术创新上的尝试。玉器作为这一时代文化的缩影，充分展现了这一特点。特别是渎山大玉海这一惊世之作，其独特的设计构思与非凡的艺术成就，无疑标志着当时玉器雕琢技艺的巅峰状态。这些玉器在风格上追求简约而不失大气，造型上力求概括而富有深意，刀工上则展现出粗犷中蕴含的力量与流畅，每一刀一划都透露出匠人的豪情与不羁。

2.1.8 明清玉器

在明清两朝,中国玉器艺术迎来了其辉煌灿烂的巅峰阶段,这一时期,玉器以其卓越的玉料品质、精湛绝伦的雕琢技艺、丰富多样的器型设计、数量庞大的作品产出以及广泛深远的社会应用,达到了历史上前所未有的高度。皇室成员,尤其是乾隆帝,对玉器的钟爱几乎成了一种风尚,他不仅身体力行地推崇玉器文化,还致力于从学术角度为这份痴迷寻找正当性与深远意义。

与此同时,玉器文化在民间也蔚然成风,玉器市场极为繁荣,苏州的专诸巷汇聚了众多能工巧匠,他们以其高超的琢玉技艺,不断推动着民间玉器艺术的创新与发展,使得明清时期的玉器艺术不仅局限于宫廷,更深深植根于民间。

明代玉雕艺术的蓬勃兴起,得益于新疆于阗地区丰富的玉石资源源源不断地输送到中原地区,这一历史背景极大地推动了当时玉雕行业的繁荣与发展。皇室对玉器有很大需求与推崇,不仅设立了专门的御用监制机构,还在经济繁荣、文化底蕴深厚的城市中开设了玉器工坊,即"玉肆",这些工坊成为玉器制作与交易的重要场所。在玉雕工艺领域,逐渐形成了南北两大鲜明流派,即"苏作"与"京作"。南方以苏州为中心,这里的玉雕艺术以其精巧细腻、造型别致而著称,作品往往小巧玲珑,展现出江南水乡独有的温婉与雅致,被誉为"苏作"玉器。而北方则以北京为根据地,其玉雕风格倾向于朴实无华、浑厚大气,体现了北方文化的深沉与庄重,世人称之为"京作"之器。"苏作"与"京作"的并立,不仅丰富了明代玉雕的艺术表现形式,也促进了南北文化的交流与融合,使得明代玉器在技艺上达到了新的高度,同时也在风格上呈现出多元化的特点。这种地域性的差异与互补,共同铸就了明代玉雕艺术的辉煌成就。

在明代,镂雕技艺在带板上的运用达到了登峰造极的境界,其艺术表现力极为丰富,尤以"三层透雕法"的创新应用为显著标志,此法彰显了明代工匠独树一帜的艺术风格。这一时期,带板上的纹饰繁复多样,远超前朝,诸如松竹梅的清雅、花果的生动、松鹿的和谐、人物故事的有趣、鸟兽的灵动以及缠枝花卉的繁复等,均被细腻地雕琢于玉上。其中,龙纹与松鹿纹的带板尤为常见,成为明代玉雕的一大特色。

明代玉器的种类也极为丰富,从实用的双耳环、盘、杯、碗,到装饰性的佩饰、花片、纹丝镯等,无一不展现出当时玉雕工艺的精湛与设计的巧妙。同时,炉、瓶、盒等陈设品以及文房四宝等文化用品的出现,也反映了明代玉器在生活中的广泛应用与深厚文化底蕴。特别值得一提的是,两用透空花香囊,既可作为挂饰佩戴于身,又可置于床榻之上,其实用性与美观兼具,深受人们喜爱。到了明代晚期,随着道教思想的广泛传播,玉器中也逐渐融入了云鹤、松鹤、卜卦等具有道教色彩的图案,这些图案不仅丰富了玉器的文化内涵,也反映了当时社会文化对玉雕艺术的影响。此时的玉器,在设计上更加追求稳重与新颖的结合,在玉材的选择上,注重包容性与灵活性。与后世对玉材的严苛挑选不同，明代更注重的是玉器的镂刻技艺与艺术表现力，这种对技艺的极致追求，使得明代的玉器在历史上留下了浓墨重彩的一笔。

清代玉器以其精致与典雅著称于世，尤其步入中期之后，玉雕技艺跃上了一个前所未有的新台阶。乾隆盛世之下，北京跃居全国玉雕艺术的领军之地，汇聚了四方技艺高超的工匠入宫，他们施展各自的雕刻才华，创新出诸如巧雕、半浮雕及透雕等多种精湛琢玉技法。这一时期，无论玉器大小，皆展现出玲珑剔透、形态逼真的艺术魅力。故宫博物院珍藏的乾隆年间玉寿山、玉福海及闻名遐迩的大禹治水图玉山，便是这一时期玉器艺术的杰出代表，其上雕琢的各类人物形象活灵活现，生动至极，令人叹为观止。自咸丰年间起，新疆向朝廷进贡的玉石数量锐减，至道光元年（1821年）更是彻底断绝，这一变化对玉雕工艺造成了不小的冲击，其辉煌逐渐褪色。面对玉材匮乏的困境，清代后期开始采用岫岩玉作为和田玉的替代品，这一举措虽在一定程度上缓解了材料短缺的问题，使得玉器制作得以继续，但琢玉的重心逐渐转向民间，作品质量却多显粗糙，缺乏早期那种精细与韵味，整体上趋于平淡无奇。

中国玉器，历经七千载岁月的不懈演进，汇聚了历代匠人的智慧与心血，经由无数能工巧匠的精心雕琢，逐渐绽放出璀璨的光芒。它不仅见证了统治者的权威与鉴赏家的雅趣，更在礼学家的笔下被赋予了深厚的文化内涵，最终超脱凡尘，成为一种蕴含超自然力量的精神象征，深深植根于人们的心灵深处。

玉这一独特的材质，早已超越了物质层面的存在，深深地融入了中国传统文化的血脉之中，与礼俗、道德、宗教、政治等各个领域紧密相连，扮演着举足轻重的角色。它不仅是美的化身，更是精神的寄托、价值的体现，以及权力与地位的象征。在玉的身上，我们可以看到古代中国人对于美好生活的向往与追求，也可以感受到他们对于自然、宇宙、人生等深刻问题的思考与感悟。

因此，玉器在中国古代艺术宝库中占据着举足轻重的地位。玉所留下的那些政治的、宗教的烙印，则如同一层神秘的面纱，让人在探寻其真谛的过程中，不断感受到那份来自远古的呼唤与启迪。

2.2 玉器的形制

根据玉器的用途，其形制粗略分为四大类：礼器类、丧葬类、装饰类和陈设类。

2.2.1 礼器类

礼仪用玉一直是中国玉器的主流。五千年前中国步入文明社会，玉器即显礼仪功能,象征身份,用于祭祀,强化社会结构与秩序。根据《周礼》记载,玉器主要指璧、琮、圭、璋、琥、璜六种。

《周礼·春官·大宗伯》载"以苍璧礼天,以黄琮礼地,以青圭礼东方,以赤璋礼南方,以白琥礼西方,以玄璜礼北方",因此,璧、琮、圭、璋、琥、璜合称为"六器"。此外,又有"六瑞"之名,与"六器"含义并不一致。《周礼·春官·大宗伯》载:"王执镇圭,公执桓圭,侯执信圭,伯执躬圭,子执谷璧,男执蒲璧。"是为"六瑞",其实只涉及圭、璧两种礼玉。

(一)璧

玉器中存在一种形制独特、呈圆形且扁平、中心镶嵌有圆孔的器物,此即为璧。在古人的祭祀仪式中,璧被视为一种神圣媒介,能够架起与先祖神灵沟通的桥梁。璧的种类繁多,依其用途与规格,可分为大璧、谷璧与蒲璧三类。大璧,其直径长达一尺二寸,专为天子祭天所用,彰显无上尊贵,诸侯在朝觐天子时亦会献上此璧以示敬意。《周礼·春官·大宗伯》中明确记载:"以苍璧礼天。"此处的苍,寓意着璧之圆形模仿天的广阔无垠,而其色泽则模拟天空的深邃青苍,以此表达对天的崇敬。谷璧,其表面雕琢有谷粒纹样,寓意滋养万物,多为子嗣所执持,象征着繁衍与养育之恩。而蒲璧,则以蒲草之形为饰,蒲草常编织为席,铺展以安人,故此璧为男性所执,蕴含安定人心、守护家园的深意。此三者,因均需双手恭敬捧持,故统称为"拱璧"。还有一种小巧精致的系璧,专为佩戴于腰间绅带之上,既显身份尊贵,又添风雅之趣。在玉璧的分类中,依据其"肉"(即玉体部分)与"好"(圆孔)的比例关系,还可细分为璧、环、瑗三种。《尔雅·释器》大致说道:若玉体之宽远大于圆孔,则称为璧;圆孔之宽若大于玉体,则为瑗;若两者宽度相当,则谓之环。玉璧的意义远不止于祭祀与朝贡。在历史的长河中,玉璧亦扮演着信物与装饰品的角色,体现了不同的文化寓意与时代风貌。

新石器晚期,多地文化出现玉璧,以良渚文化为代表,玉材采用透闪石玉,多杂质。玉璧径约一尺,制作欠规整,厚薄不均,锯痕可见。外薄内厚,孔径小,打孔留台痕。玉璧多素面,打磨光亮。

商周玉璧,乃贵族礼器新风尚。尺寸缩减,工艺精进,璧面平整,厚薄匀称,圆角润和。打孔对称,双面钻制,尽显规整之美。商代之作,多素雅无饰,简约而不失尊贵。

周代玉璧,大多素面无饰,小璧精雕细琢。纹饰多龙凤鸟,以宽细阴线模拟阳纹,宽线斜挖,别具一格。纹饰弧线灵动,线条宛转流畅,动物形态温婉柔美,展现周代工艺之精湛。

战国至两汉,玉璧用途广泛,礼制影响减弱,转为佩饰与葬玉。此期玉璧形式多样,战国与汉代风格相近却各具特色,展现了不同时代的艺术风貌。

战国时期,玉璧品质优良,青玉、白玉为主流。尺寸因用途各异,佩系璧小巧,直径不超10厘米。璧体轻薄,约1厘米厚,工艺精湛,打磨至光亮。其特征为边沿用阴线刻制,剖面呈三角立棱,出廓玉璧新造型,内外缘镂雕生动动物图案。纹饰多样,前期蟠螭、蟠虺、勾云纹盛行，后期谷纹、蒲纹及龙凤、兽纹主导，组合纹饰亦现。雕刻技法融合粗细阴线，粗线隐起如浮雕，细线如毛发般细腻流畅，称"游丝毛雕"，技艺超群。整体风格刀工锐利，转角分明，动物形态夸张，纹饰排列紧密，碾磨极致。

汉代玉璧承战国遗风，略有新变。白玉、青玉仍为主流，璧体增大增厚，边沿加宽，立缘剖面呈方形。透空与出廓造型盛行，纹饰以谷纹、蒲纹、龙凤纹延续，然颗粒变疏，组合纹饰更普遍。吉语文字装饰为汉代特色，工艺上略逊战国之精细。东汉玉璧渐稀，璧形更厚，外缘微弧。此后玉璧少见，多为素面。1983年广州南越王墓出土的巨璧，其直径逾半米，为中国玉璧之最。

宋代仿古玉器盛行，尤以战国、汉代玉璧为蓝本。此时玉璧既承古韵，又融入宋代琢玉新风。其形浑圆饱满，边沿圆润无棱，尽显温润之感。所仿谷纹细密而略显模糊，别具韵味。动物纹饰与造型，于细微处展现宋代特色，与古器异趣横生。

元代玉璧，多摹唐风，造型厚重，小型以系璧为主，便于佩戴。纹饰简约，谷粒散乱无章，融入元代特色动物纹。工艺上，元代玉雕显粗糙，刀法深峻，锋刃时出轮廓之外，别具一格。

明代玉璧，数量显著，以青玉、白玉为主，加工略显粗犷。其风格多样，一面浮雕螭虎，另一面仿古纹饰；亦有双面仿古，边缘添新饰。尤为独特的是，明代首现八卦纹玉璧，增添文化意蕴。

清代玉璧以其卓越的质料著称，主要选材于上乘的白玉与青玉，其用途超越了简单的陪葬品范畴，更多地被赋予了祭天仪式的神圣使命与文人雅士的赏玩之乐。除却皇室御用的礼器与赏玩精品外，民间亦兴起佩戴系璧与收藏仿古璧的风尚，展现了玉璧文化在民间的深厚底蕴。

清代玉璧在形制上，小型者居多，璧体设计得更为厚实，孔径相对较小，更有一创新之作——双联璧，即在璧心巧妙设计活环套，增添了工艺上的复杂性与视觉上的层次感。在纹饰艺术上，传统的螭虎纹依旧占据一席之地，而几何纹图案的引入，则为清代玉璧平添了几分现代审美意趣。富含吉祥寓意的图案及生动的人物形象，也成为清代玉璧上常见的装饰元素，寄托了人们对美好生活的向往与追求。尤为值得一提的是乾隆盛世，这一时期不仅继承了前代的玉璧制作精髓，更在此基础上进行了大胆的创新与改革。大量旧玉被重新设计改制，有的原本光素的璧面被精心雕琢上繁复的纹饰，使得玉璧在器形与图案上均展现出前所未有的丰富与多彩。步入清代后期，玉璧的制作逐渐走向了下坡路。质料的选择不再如先前那般考究，做工也日渐粗糙，雕琢技艺失去了往日的精细与章法，往往只重其形而不求其工，工艺水平较之前有了显著的下滑。尽管如此，清代玉璧作为中国古代玉文化的重要组成部分，其独特的艺术魅力与历史价值仍值得我们深入探索与品味。

(二) 琮

玉琮这一独特的古代玉器，以其内蕴圆润、外显方正的筒状形态，在中国古代礼制文化中占据了举足轻重的地位。它不仅是礼器的典范,更蕴含了古人对于宇宙秩序深刻理解的艺术表达。琮的内部圆形象征着广袤无垠的天空,而外部的方形则巧妙地映射出坚实厚重的大地,这一设计灵感源自古代"天圆地方"的宇宙观念,体现了古人对自然界最质朴而深刻的认知。

在《考工记·玉人》中,对玉琮的规格有着详尽的记载:大型玉琮,其长度可达一尺二寸,中央穿孔直径四寸,整体呈现八角形态,底面直径八寸,每个角向外延伸二寸。这些精确的尺寸不仅展示了古代工匠高超的技艺,也反映了当时社会对于礼制器物严谨的态度。

进一步追溯至《周礼·大宗伯》,书中明确提及:以青色的璧来祭祀上天,而以黄色的琮来敬奉大地。这里的注释更加深刻地揭示了琮的象征意义:琮之所以为八方之形,正是为了模拟大地的广阔与稳固。这一描述,不仅强化了琮作为礼地之器的身份,也将其与古代祭祀仪式中的宇宙观紧密相连。《仪礼·聘礼》中还记载了玉琮在特定礼仪场合中的应用:当使者代表国家聘问国君的夫人时,需以璋为礼,而在享受盛宴之时,则献上玉琮以示敬意。这一记载不仅展现了玉琮在社交礼仪中的重要作用,也反映了当时社会对于性别角色与礼仪规范的严格界定——璧与圭常为男性王公诸侯所用,而琮则专属于女性王公诸侯及夫人,这一细节之处,亦体现了古代社会文化的细腻与丰富。

追溯至远古的安徽潜山薛家岗三期文化时期,玉琮的雏形已悄然出现,距今已有长达约五千一百年的悠久历史。这一古老的玉器,在新石器时代晚期的广阔舞台上,不仅限于一地,而是在多个璀璨的文化区域中熠熠生辉,如风景秀丽的江浙良渚、风光旖旎的广东石峡,以及历史悠久的山西陶寺等地,均可见其踪迹。玉琮的广泛分布,不仅彰显了古代先民对玉器的崇尚与工匠的精湛工艺,也反映了新石器时代晚期文化交流的频繁与多元。其中良渚文化中的玉琮尤为繁荣,遗存数量众多,成为该时期玉器艺术的杰出代表。

新石器良渚文化多见玉琮,产于江浙透闪石玉,多青色杂黄,造型内圆外方。琮体切割精确,中孔管钻对穿,常见双层痕迹。大小各异,早期较矮,晚期趋高。琮身均饰兽面纹,分组布局,随高分组。杭州反山遗址的神兽纹玉琮为良渚之最,被誉为"琮王"。

商周玉琮稀少,出土实物多矮小,光素无华。玉琮制作精良,中孔宽敞,体态较新石器轻薄。殷墟妇好墓少见纹饰玉琮,上下弦纹相间,四角凸棱,侧饰竖弦,造型独特且罕见。

春秋战国玉琮承商周之风,形体小巧,战国时部分精细雕琢兽面、勾云等纹饰。

汉代玉琮制作则几近停滞。

宋仿古玉琮兴起,多饰以当朝风尚纹饰,直至明末清初,伪古玉市场活跃,尤以商周素面矮琮及良渚玉琮为蓝本。乾隆年间仿古尤甚,然因工具与技法变迁,伪品常显圆润过度,古韵不足,难掩新工之痕。

(三) 圭

玉圭这一古老而庄重的玉器,源自玉钺的演变,它摒弃了柄的设计,独立成器。作为古代帝王与诸侯在朝会、祭祀及丧葬等重大场合中不可或缺的礼器,玉圭是瑞信与权力的象征。其历史可追溯至遥远的商代,至战国时期更是风靡一时,此后历朝历代,包括宋、明、清等,均有持续制作与传承。

在《周礼》的详尽记载中,玉圭的形态、色泽、尺寸乃至其代表的等级均有严格界定。其中,镇圭作为帝王在朝聘时执持的信物,寓意着安定四方的权威与力量,其长度特定为尺有二寸,并常以四镇之山为纹饰。而命圭,则是帝王赐予重臣的荣耀之物,其尺寸依据受封者的爵位有所不同,如桓圭九寸赐公,信圭七寸赐侯,躬圭五寸赐伯,每一尺寸都精准地反映了受封者的地位与职责。谷圭作为古代诸侯间和解或联姻的媒介,其温润的玉质与独特的粟文纹饰,传递着和平与美好的愿景。圭璧,则更是帝王与诸侯在朝见或祭祀时共同执持的尊贵之物,见证了无数庄严而神圣的时刻。至于土圭,则以其独特的科学价值,被用于观测日影、四时变迁及土地测量,展现了古代先民对自然规律的深刻认知与智慧。

(四) 璋

玉璋形似玉圭,呈扁平长方形状,一端斜刃穿孔。其历史可追溯至龙山文化,商周时尤为盛行,战国后渐稀。东汉许慎《说文》简述其形:"半圭为璋。"玉璋滥觞于新石器时代晚期,山东龙山文化遗址发掘的3枚玉璋,堪称古玉璋之鼻祖。玉牙璋经过匠人们精心琢磨,整体散发出温润而耀眼的光泽,仿佛蕴含着远古时代的智慧与光芒。其设计巧妙,柄部与身侧分别雕琢有圆润的孔洞,既便于佩戴又增添了装饰的趣味。刃部更是双面精细雕琢,呈现出微妙的凹陷与锋利的线条,既显露出实用工具的锐利,又不失为一件精美的艺术品。两阑之处,更是匠心独运地雕琢出繁复的扉牙装饰,展现出古代工匠们对于细节处理的极致追求与精湛技艺。

随着时间的推移,玉器艺术在二里岗文化中继续发展演变,玉璋的形态也随之发生了微妙的变化。相较于二里头文化的玉牙璋,二里岗文化的玉璋在保留原有精髓的基础上,更添了几分创新与变化。其前端斜刃更加犀利,犹如一把即将出鞘的利剑,彰显出强大的力量与威严。而后端两侧则巧妙地增添了牙状装饰,既丰富了视觉效果,又寓意着吉祥与守护。柄部依旧保留着圆孔的设计,既是对传统的继承,也是对新风尚的适应与融合。这些变化,共同构成了二里岗文化玉璋独特的艺术风貌,展现出古代玉器艺术在传承与创新中不断发展的生命力。西周玉璋稀少,其形与商代相近,体窄长而小巧,中部微凹,刃端三角,一长一短,柄呈长方,扉牙间辅以平行阴线纹饰,简约而不失精致。

春秋时期的玉璋形态多样,简述如下:存在一种玉器形态,其外观呈扁平条状,设计简约至极,表面未加繁复纹饰,展现出一种质朴无华的美感。另有玉璋,其端部刀刃向内凹陷,形成一道流畅而优雅的弧形轮廓,给人以温婉之感。更有玉璋在首端雕琢出独特的斜角设计，别具一格，彰显出匠人的巧思与创意。还有一类玉璋，其上下端均微微倾斜，身体一侧呈现出柔和的弧形曲线，而另一侧则仿佛斜刃般锐利，这种对比与融合，充分展现了玉器造型中的变化之美与和谐统一。然而，随着历史的车轮驶入战国时期，玉璋的踪迹逐渐变得稀少。据《周礼·冬官·考工记》记载，还有"大璋亦如之，诸侯以聘女"的用途，即大璋也用于诸侯之间的婚聘礼仪，彰显了其在古代社会政治、文化生活中的重要地位。

（五）琥

琥，乃是一种精心雕琢成虎之形态或饰以虎纹的玉器，自古以来，人们皆以"琥"名之，并将其置于六种瑞玉之序列的末尾。《周礼·春官·大宗伯》中曾有记载：以纯洁之白琥，敬献于西方之神灵。这一描述，不仅展现了琥作为礼器的尊贵地位，也蕴含了古人对西方方位的崇敬之情。

而《拾遗记·秦始皇》中，则记载了一段关于玉琥的传奇故事。秦始皇曾对匠人雕刻的玉虎赞叹不已，却又疑惑其何以能栩栩如生，仿佛即将飞走。于是，他命人以淳厚的漆料轻点两玉虎之眼，不料仅过十日，这两只玉虎便神秘失踪，踪迹难寻。这一故事，不仅增添了玉琥的神秘色彩，也反映了古人对玉器艺术的极致追求与想象。在玉器分类的精细划分中，针对虎形玉器，我们可依据其制作工艺的细微差别进行区分。若玉器上雕琢有虎形，且中部穿孔以供佩戴，则此类玉器可称为"虎形玉佩"。这一命名，既体现了玉器形态上的特征，也揭示了其作为配饰的实用功能。虎形玉佩，既保留了虎之形态，又增添了佩戴之功能；而无孔者，则直接称为玉琥，凸显其材质与虎形之完美结合。这样的命名方式既简洁明了，又避免了与原文的重复，便于记忆与理解。

玉琥作为一种特殊的玉器，其历史可追溯至遥远的商代。商代的玉琥，形态栩栩如生，头部高昂，双目圆睁，仿佛凝视着远古的世界；它们张口露出锋利的牙齿，展现出一种威严与力量。玉琥的身体上雕刻着细腻的云纹和条形纹，这些纹饰不仅增添了玉琥的美感，也寓意着吉祥与神秘。它们的足部屈曲，仿佛正在行走；而长尾则卷曲有致，为整个造型增添了几分灵动与活泼。这些商代的玉琥，多数都设计有穿孔，以便于佩戴或作为装饰之用，而并非用于军事上的兵符，也非祈雨或仪礼中的瑞玉。

春秋时期的玉琥延续扁平片状特色，形态多样，姿态万千：或谦逊地低垂头颅与眼帘，或谦恭地弯曲身体，或挺直脊背彰显庄重。其眼眸呈现优雅的椭圆状，上唇微微翘起，而下唇则自然向内卷曲，形成一自然之孔。四肢与足部前伸微曲，呈现出一种静谧的伏卧状态，长尾悠然下垂，末端以巧妙的弧度上扬，同样构成了孔穴之形，增添了几分柔美与灵动。玉琥表面以精细的双阴线雕琢龙首纹、云纹等图案，增添神秘与华丽色彩。

（六）璜

璜，其历史可追溯至我国玉器艺术的源头，是众多古老玉器形制中极具代表性的一种。在《周礼》这部古代典籍中，璜被赋予了"半璧"的雅称，这种独特的玉器，其身影最早闪耀在新石器时代早期的光辉篇章中,在距今约七千年的河姆渡遗址与崧泽遗址被考古学家们所发掘,从而见证了中华文明早期玉器制作的精湛技艺与独特审美。

璜,于"六器"体系中尊为礼器。据《周礼》载,以玄璜致敬北方之神。然考古实践揭示,玉璜更常见于人身胸腹,作为佩饰,尤在组玉佩中占据一席之地。其形制不拘半璧之规,各朝各代皆展新姿,圆弧为基,变化万千,偶有规整半璧形者。早期玉璜形制简约,加工不繁,或独立起源;而晚期则可能蕴含了文化间的交流与传承。马家浜时期,玉璜初露端倪,形态以条形、弧形为主,渐而衍生半环形与折角式样。崧泽文化时,玉璜盛行,形制愈发丰富,桥形、半璧形尤为典型。及至良渚,琮、璧等玉器彰显权贵,玉璜虽不失为个人饰件之尊,但更显工艺之精湛,质地之优越,以衬身份之显赫。

商代时玉璜不仅为日常佩饰,亦融入礼仪之中。在古玉的艺术长河中,不仅有简约素雅的玉制品,更有匠心独运的龙形、鱼形等活泼形态跃然其上,这些玉器被精细地装饰以双勾云纹、细腻的鳞纹及优雅的三角纹等繁复而精巧的图案,深刻揭示了古代玉雕工艺之精湛。龙形玉璜的设计中,常在其下腹部分精雕细琢出锋利的牙脊,增添了几分威严与灵动;而鱼形玉璜则采用极为简练而传神的手法,刻画出鱼的鳃部、灵动的鳍翼以及分叉的尾部,每处细节都尽显匠心。更为精妙的是,这些鱼形玉璜往往通过精心设计的双孔或多孔,使得它们便于穿绳悬佩,既实用又美观。

在著名的殷墟妇好墓考古中,出土了令人叹为观止的玉器珍藏,其中包括工艺极为精细的片状玉璜30件,以及形态各异的龙形或鱼形玉璜共43件,总计达到了73件之多。这些玉璜不仅数量庞大,形制也极为讲究,除了少数几件璜的弧度接近圆周的二分之一外,大多数璜的弧度都巧妙地控制在圆周的三分之一左右,既保证了佩戴时的舒适感,又增添了视觉上的和谐美感。在穿孔设计上,多数璜采取了两端钻孔的方式,便于牢固穿系,而少数则仅在一端打孔,展现了设计上的多样性与灵活性。其中有两对璜能够巧妙地组合成一个完整的圆环,更有三组璜能够合三为一,形成独特的环状造型,这种设计不仅考验了玉匠的技艺,也彰显了当时人们对于玉器美学的深刻理解与追求。

西周玉璜承袭商代风貌,既可单独佩戴,亦能组合为璧或环。此时,玉璜在组佩中占据重要位置,项链间玉璜层叠,数量可达数枚,尽显佩戴者之尊贵与雅致。如五璜串联的珠玉佩饰、四珩四横巧妙相连的珠串装饰,以及六璜与珠饰交织的华丽串饰等。到了西周中晚期,这些复杂而精致的组佩已成为高阶贵族身份与地位的显著标志。

进入春秋早期,玉璜的设计展现出新的风貌,其曲率增大,多呈现为优雅的半璧状或如彩虹横跨般的形态。两端被精心雕琢成各式图案,中部则呈扇形展开,表面细腻地刻画着蟠虺纹样与双勾云纹,边缘还巧妙雕琢出齿状脊线,增添了立体与动感。这些玉璜在两端及顶端均设有穿孔,便于串联佩戴,同时,还涌现出众多形态各异的创新璜形设计。春秋玉璜逐渐趋向小巧精致,其穿孔设计更为灵活,既可一端穿孔,亦可两端皆备,便于悬挂垂系。此时的玉璜多以动物形象为装饰主题,其中尤以龙、虎形象最为常见,它们或腾云驾雾,或威猛有力,为玉璜增添了生动与神秘的气息。

至战国早期,玉璜的制作工艺迎来了新的飞跃。镂空透雕技术的运用,使得玉璜的雕刻更加精细入微,图案层次分明,光影交错间展现出无与伦比的视觉美感。这一时期的玉璜,不仅在器形上发生了显著变化,更在工艺与审美上达到了新的高度。

秦汉之际,玉璜多为装饰之用,少数特定用于祭祀。两汉之时,玉璜渐少,雕饰亦简。至魏晋,玉璜偶现,造型多样,饰以动植物及云头形,云头之上部卷曲如云,下部平直,多光素,偶有凤鸟纹刻之。

在南北朝时期,玉璜的设计展现出独特的弧形素面风貌,形态上模仿梳背或菱形,其特色在于两端边缘靠近外侧精心雕琢有孔洞,部分玉璜更在内外边缘镶嵌了璀璨的金边,这一创新造型显著区别于以往的朝代。彼时,由于佩玉文化尚未广泛流行于社会各阶层,玉璜的制作与拥有显得尤为珍贵且稀少,成为少数人的专属奢侈品。

唐代贵族女性对饰品的追求达到了新的高度,她们钟情于佩戴设计繁复、层次分明的组佩玉,其中,云头形状的玉璜作为组佩中的点睛之笔,不仅增添了整体装饰的华丽感,更深刻体现了佩戴者非凡的身份地位与高雅气质。与南北朝相似,唐代的玉璜同样因稀有而价值连城。

进入宋、元、明、清等朝代,尽管伪古玉市场上不乏小型玉璜的身影,但这些玉璜多被用于把玩、欣赏及收藏之目的,而非日常佩戴。玉璜作为古董艺术品,承载着历史的厚重与文化的精髓,成为文人雅士及收藏家们的心头好。

2.2.2 丧葬类

玉器,自古以来便是财富与地位的象征。红山、良渚等原始社会文化中,大型墓葬陪葬玉器繁多,彰显了墓主非凡的权势与财富。至汉代,葬玉之风盛极一时,金缕、银缕、铜缕玉衣等珍贵葬品,无一不展示着当时社会对玉器的推崇与重视。葬玉特指一类精心设计的玉器,它们的主要功能并非单纯作为墓葬内的装饰品或财富象征,而是承载着更为深远的意义——保护逝者遗体,促进尸体的长久保存。这类玉器包括但不限于玉衣,它如同第二层肌肤般包裹着逝者,象征着尊贵与不朽;玉琀,置于逝者口中,寓意着沟通生死、保持灵魂不灭;玉蝉,因其蜕变重生的特性,常被握于手中或置于特定位置,象征着逝者精神的超脱与再生;玉握,则是逝者手中紧握之物,寄托了生者对逝者世界安宁的祈愿;此外,还有塞玉等各式玉器,它们被巧妙地安置于尸体的不同部位,共同构成了一个复杂而精细的丧葬体系,体现了古人对生死哲学的深刻思考和对逝者的深切关怀。

(一) 玉衣

玉衣,乃古代皇室贵族之奢华葬服,亦称"玉匣"或"玉柙"。此服以精选玉石雕琢成众多薄片,每片边缘精心穿孔,此葬仪盛于两汉,为君王贵族及后妃专享。魏文帝时禁之,遂绝。河北满城地区发掘的西汉时期中山靖王刘胜及其夫人的陵墓中,出土了一件极具代表性的金缕玉衣,此玉衣堪称典范,其制作工艺之精湛,保存状态之完好,令人叹为观止。该玉衣由超过两千枚精细雕琢的小金片巧妙拼接,每片金片之间以纤细的金丝精心串联,形成了一套既华丽又庄严的丧葬服饰。这种独特的构造不仅展现了古代工匠卓越的手工艺水平,也深刻反映了当时社会对丧葬礼仪的高度重视以及对逝者永恒安息的祈愿。

(二) 玉琀

玉琀,亦称"含玉",乃古代葬礼中置于逝者口中的珍贵玉器,其"含"或作"琀",寓意深远。在庄严的入殓仪式中,此玉被精心放置于亡者之口,古时称之为"押舌"。这种做法不仅承载着辟邪驱凶、祈愿尸身不朽的深刻寄托,还鲜明地彰显了逝者生前的尊贵身份与地位。《周礼》古籍中有所记载:遇大丧之事,特供含玉于帝王之口。此言专指帝王级别的葬礼规格,而其余社会阶层则依据不同身份,或以璧、珠、瑁、米、贝等物代之,以此微妙地体现社会等级与身份的差异。追溯玉琀的历史演变,其形制随时代变迁而各具特色。早在遥远的新石器时代崧泽文化时期,人们便已开始有口含玉器的习俗,那时的玉琀形态多样,有心形之温婉、璧形之庄重、圆饼形之朴素,各具风姿。及至商周时期,玉琀的形制更是丰富多彩,贝类、玉蝉、玉蚕、玉鱼、玉管等形态纷纷涌现,不仅展现了古人对自然万物的崇敬与模仿,也反映了当时玉器制作工艺的高超与审美趣味的多元。这些玉琀不仅是逝者身份的象征,更是连接生死、寄托哀思的重要媒介。这些小巧精致的玉器因其寓意吉祥与保护逝者灵魂不灭而被选作口含。随着时代的变迁,春秋战国时期,玉琀种类更加丰富,玉猪、玉狗、玉牛等动物形态玉器成为新宠,反映了当时社会对自然与生命的敬畏。进入汉代,玉蝉因其蜕壳重生的特性,被大量用作玉琀,象征着逝者灵魂的升华与再生。这一习俗在汉代以后得到延续,玉蝉成为玉琀的主流选择,体现了古人对生命永恒与轮回的深刻思考。明初时期,虽然玉蝉仍是玉琀的重要组成部分,但同时也出现了以小璧作为玉琀的现象。

(三) 玉蝉

玉蝉是刻为蝉形的玉器。新石器时代,蝉形玉器预示着古人对自然生物的细腻观察与审美追求。随着文明的演进,在商代至战国时期,蝉形玉器频繁出土于墓葬之中,这一时期,它们更多地被用作装饰品,佩戴于身,彰显着佩戴者的身份与地位,同时也象征了生命不息、变化无穷的美好寓意。及至汉代,蝉形玉器的用途发生了重大转变,它们被赋予了新的使命——作为葬玉,放置于逝者口中。这一习俗背后,蕴含着汉代人独特的生死观与信仰体系。汉代人认为,蝉性高洁,蜕壳重生,将玉蝉置于死者口中,既是对逝者清高品格的颂扬,也是对其灵魂能够复活再生、超脱尘世的期许。这一习俗迅速普及,并一直延续至魏晋南北朝时期,成为当时社会丧葬文化中的重要组成部分。

据徐广称:"蝉,取其清高,饮露而不食。"《史记·屈原列传》曰:"蝉,蜕于浊秽,以浮游尘埃之外,不获世之滋垢。"《说文》云:"蜕,蛇蝉所解皮也。"玉蝉作葬玉,寓意死者不食不饮,超脱尘世。商周时玉蝉多为佩戴,古朴粗放。汉代玉蝉精美,多用和田玉,"汉八刀"技法简练古朴。南北朝战乱,玉料稀缺,玉蝉以滑石刻制,写实加重。宋代仿古风起,玉蝉复流行,再作佩饰。

(四)玉握

玉握,古葬玉,商代已有,汉代多猪形"玉豚",璜形玉亦用。此玉置于死者手中,寓意深远。

在汉代至魏晋南北朝墓葬中频繁出现一种名为玉豚的随葬品,其形态与装饰风格均呈现出一种质朴无华的特点。这些玉豚作为陪葬之物,并不仅仅是装饰或财富的象征,它们还承载着古人对于巫术信仰的深厚寄托。古人相信通过将这些精心雕琢的玉豚置于墓中,能够借助其神秘力量,为逝者保驾护航,确保其在另一个世界能得到安宁与庇佑。因此,玉豚在这一时期的墓葬文化中,不仅是一件件精美的艺术品,更是连接生死、沟通天地的神秘媒介。玉握古已有之,汉代盛行玉豚,魏晋南北朝延续。因制作简朴,清代吴大微误将玉豚认为玉虎。

(五)塞玉

在汉代之前,已存在一种独特的葬玉习俗,即使用九件玉器来分别填塞或遮蔽死者身体上的九个关键孔窍,这一习俗被称为九窍塞。这九件玉器具体包括耳塞两枚,眼盖两枚,鼻塞两枚,以及专为口腔、肛门和生殖器部位设计的特定玉器。值得注意的是,尽管口塞在功能上类似于"含玉",但因其设计并非完全适合含于口中,这种九窍塞的使用,不仅体现了古人对逝者身体的尊重与保护,还蕴含了深厚的丧葬文化和宗教信仰。东晋葛洪《抱朴子》云:"金玉在九窍,则死人为之不朽。"这种观念与玉衣能赋予尸体不朽的神秘信仰相契合,共同体现了古人对于玉器能够保护逝者遗体免受时光侵蚀的深切期盼。

2.2.3 装饰类

装饰类玉器主要是指佩饰玉。

佩饰玉器主要是装饰人体,作为佩戴或结缀于衣物之上的精美饰品,不仅彰显佩戴者的身份与地位,更融入了丰富的文化意蕴与审美追求。玉器,自古以来不仅是身份与地位的显赫标志,更是时代风气与文化内涵的生动展现。这些精美的玉制品,还巧妙地扮演了情感传递与语言交流的桥梁角色。自新石器时代起,无论是东北新乐文化的古朴雅致,华北裴李岗文化的粗犷豪放,还是江南河姆渡文化的细腻温婉,均能在出土的玉制饰件中找到佐证,如精致的玉环、灵动的玉坠等,无一不彰显着古人对美的追求与生活的热爱。进入商代,玉器更成为贵族阶层不可或缺的配饰,尤其是商王武丁之妻妇好墓中出土的七百多件玉器,其中大量穿孔玉器专为佩戴而设计,不仅展示了当时高超的玉雕技艺,也深刻反映了玉器作为身份象征的尊贵地位。春秋战国时期,佩玉之风盛行于社会各个阶层,君子以玉比德,年轻女子则以玉增添风姿,更有青年男女互赠佩玉,作为定情信物,传递着深厚的情感与美好的祝愿。及至隋唐以后,玉器作为佩饰的种类与样式发生了显著变化,它们更加精细地融入了人们的日常生活中,成为耳饰、腕饰、手饰及头饰的重要组成部分,不仅装饰了人们的仪容,更丰富了文化的内涵,使得佩玉之风历经数千年而依然盛行不衰,成为中华民族传统文化中一颗璀璨的明珠。玉佩饰品可以分为头饰(如玉簪、玉梳)、手饰(如玉镯、玉扳指)、项饰(如玉珠串、玉管)、服饰(如玉带板、玉坠)等。

2.2.4 陈设类

陈设玉,顾名思义,是指那些被精心安置于室内架具之上的玉器装饰品。值得注意的是,部分原本作为佩戴之用的饰玉,在搭配了适宜的架座之后,同样能够转化为陈设玉,优雅地展示于居室之内。这类转化的例子包括精美的系璧、典雅的佩璜,以及其他寓意吉祥的玉器。它们虽源自佩戴之需,却因尺寸与设计的巧妙,得以在另一种形式下焕发光彩。总体而言,饰佩玉器以其小巧精致的造型,便于人们穿绳佩戴,成为随身之物,寄托着个人的情感。相比之下,陈设玉则展现出更为宏大的气势与装饰效果,其形体相对较大,更适合被置于屋内显眼位置,作为空间的点睛之笔,彰显主人的品位与格调。

(一)玉山子

玉山子,作为一种集山水景致、树木葱郁与人物形象于一体的玉雕艺术品,其独特之处在于其体型相对精巧,故而得名"山子"。尽管统称为"山子",但它们在尺寸上实则千差万别,既有宏伟壮观的巨制,也有精致小巧的佳作。清代宫廷中珍藏的玉山,便是这一艺术形式的杰出代表,其中最为引人注目的,莫过于矗立于"乐寿堂"内的"大禹治水图玉山"。此玉山高耸入云,高度达到了 224 厘米,重量更是达到了 5000 千克,其规模之宏大,工艺之精湛,无疑是我国古代玉雕山子中的巅峰之作,令人叹为观止。

除了"大禹治水图玉山"这一旷世奇珍外,清代还涌现出了诸如"会昌九老图玉山""秋山行旅图玉山""丹台春晓玉山"等一系列大型玉山作品,它们同样以精湛的雕刻技艺和丰富的文化内涵,展现了古代工匠们的卓越才华和非凡创造力。尽管这些玉山在规模与气势上或许稍逊于"大禹治水图玉山",但它们各自独特的艺术魅力和深厚的文化底蕴,同样值得人们细细品味与珍藏。

(二)玉花插

玉制花器,乃匠心独运的玉雕艺术品,专为插花而设,其形态虽以瓶身为基,却能幻化出千姿百态,诸如白玉雕琢的鳌鱼花器、黄玉巧制的荷叶形花插,皆为其中翘楚。此类花器,尺寸各异,既可作为实用之插花工具,亦可单纯作为装饰,静置于架间,自成一景,美不胜收,无需鲜花点缀,亦能彰显其独特韵味与高雅格调。

(三) 玉插屏

玉插屏,实为一种精巧的玉雕屏风微缩版,将它优雅地安置于考究的红木基座之上,既可置于案几,亦可摆放于架间,由此得名"玉插屏"。其形态不拘一格,既有圆润饱满的圆形设计,也有端庄大方的长方形款式,而屏面之上,则精雕细琢着山水之秀美、花鸟之灵动,每一幅画面都蕴含着深远的意境与精湛的工艺,令人赏心悦目,赞叹不已。

(四) 玉挂屏

将圆形或方形的小型玉雕屏风作为玉器核心,精心镶嵌于红木边框之内,悬挂于墙面之上,以此得名。与玉插屏相比,二者在形式美感上各有千秋,主要区别在于其展示与陈设的方式不同,而核心的形制构造则保持了高度的一致性。在挂屏的世界里,除了珍稀的玉挂屏外,瓷挂屏与云石挂屏同样以其独特的魅力广受欢迎,它们或温润如玉,或纹理天成,共同装点着室内空间,增添了一份雅致与韵味。

(五) 玉花薰

一款专为散发花香而设计的玉制薰炉,其周身巧妙地运用了镂空雕刻技艺,雕琢出繁复精美的花纹,既展现了玉雕艺术的精湛,又赋予了其实用功能。此薰炉内部空间恰到好处,用以放置香花,而花朵的芬芳则能够自那四边精心雕琢的镂空之处悠然散出,弥漫于四周,营造出一种雅致而芬芳的氛围。这款薰炉的造型设计极为多样,无论是简约流畅的线条,还是繁复华丽的图案,都能满足不同人的审美需求,成为室内装饰中的一道亮丽风景。

(六) 玉盆景

在探讨玉制盆景的艺术魅力时,其盆器的精选与玉石花卉的巧妙搭配,无疑构成了其独特韵味的核心。此类盆景所选用之盆,往往雕琢精细,尽显匠心独运,与盆中玉石雕琢而成的花卉相映成趣。花卉题材多聚焦于梅之高洁、兰之幽香、竹之坚韧、菊之淡泊,这些元素不仅寄托了文人雅士的审美情趣,更赋予了盆景清新脱俗、雅致非凡的艺术气质。

(七) 玉蔬果

将玉石雕琢成蔬果的形状,作为精美的陈设品,是一种展现自然之美与匠人技艺的独特方式。其中,著名的"翡翠白菜"便是这一艺术形式的杰出代表。这件作品以翡翠为材,经过工匠的精心雕琢,形态自然逼真,仿佛一颗鲜嫩的白菜跃然眼前。

(八) 玉如意

由古代搔痒工具爪杖演变而来的"如意",其形态逐渐融入了灵芝这一瑞草元素,替代了原本的手掌部分,从而赋予了"如意"新的寓意——如人之意,成为吉祥的象征。特别是以玉石雕琢的玉如意,更是备受珍视,其上常镶嵌各式珠宝,不仅美观大方,更增添了奢华之感,适合作为陈设或把玩之物。

陈设玉器,种类丰富多样,几乎涵盖了所有玉雕艺术的表现形式。这些玉器不仅具有极高的艺术价值,还承载着深厚的文化内涵,是中华玉文化的重要组成部分。无论是置于厅堂彰显气派,还是摆放案头以供赏玩,都能让人感受到玉石所独有的温润与雅致。

2.3 玉石的种类

玉石,自古以来在我国便与美丽之石紧密相连,是自然精华的化身。古代先民将其视为珍宝,赋予其超越物质的价值,而今人则进一步将尤为珍稀的玉石冠以"宝玉"之名,以彰显其非凡品质。我国作为玉石文化的发源地与繁荣地,对玉、玉石与宝石的界定,在珠宝、考古及地质领域内各具特色,形成了丰富的学术体系。

在全球范围内,玉的范畴通常被界定为两大类:软玉与硬玉(特指翡翠),这两者因其独特的物理特性与审美价值而被广泛认可。除此之外,其他用于玉雕创作的石料,则统一归类为玉石,展现了玉石家族的多样性与包容性。至于宝石,它们是大自然赋予的璀璨瑰宝,由一种或多种矿物精妙组合而成,展现出令人惊叹的光学效果。

2.3.1 硬玉

在19世纪的下半叶,法国的矿物学专家德穆尔对中国的"玉"进行了细致的分类,将其划分为软玉与硬玉两大类别。其中,硬玉在中国民间有着"翡翠"这一亲切的称呼,它不仅是中国传统玉石文化中迅速崛起的明星,更在近代玉石领域中被视为顶级瑰宝。

无论是源自山脉深处的"山料"翡翠,即未经搬运的原生矿石,还是经过河流冲刷、自然磨砺的"籽料"翡翠,即次生矿石,它们的核心组成部分均为致密的硬玉矿物块体。当借助显微镜深入探索时,可以清晰地看到这些硬玉矿物以一种极为紧密且错综复杂的方式交织在一起,共同构筑了翡翠那独特的纤维状结构。这种高度凝聚且精细的纤维排列,不仅赋予了翡翠以令人赞叹的细腻触感,还使其具备了非凡的坚韧性和耐久性,成为自然界中璀璨的明珠。

硬玉,这一自然界的瑰宝,其核心构成源自钢与铝的硅酸盐矿物融合,其纯净形态下展现为无色或洁白的雅致。深入剖析其化学构成,我们不难发现,二氧化硅占据了主要地位,比例高达 58.28%,紧随其后的是氧化钠,贡献了 13.94% 的份额。此外,氧化钙、氧化镁、三氧化二铁等元素也以不同比例参与其中,分别为 1.62%、0.91%、0.64%,而微量存在的铬与镍等矿物质,更是赋予了翡翠独特的生命力。尤为值得一提的是,铬元素,作为翡翠翠绿之色的幕后推手,其含量虽少,却能显著影响翡翠的色泽,通常维持在 0.2% 至 0.5% 之间,偶有珍品含量高达 2% 至 3.75%,展现出非凡的翠绿魅力。

谈及硬玉的物理特性，其硬度高达 7，比重则稳定在 3.33 左右，展现出卓越的耐磨性与稳定性。在光学领域，硬玉同样表现不俗，其矿物折光率 Ng 为 1.667，Np 则为 1.654，二者之间的微小差异即重折率，达到了 0.013，这一特性使得翡翠在光线的照射下，能够呈现出更加丰富的色彩层次与光泽变化。

至于翡翠的色彩世界，那更是多姿多彩，白、灰、粉、淡褐等素雅色调与绿、翠绿、黄绿、紫红等鲜艳色彩交织在一起，构成了翡翠独有的色彩图谱。大多数翡翠呈现出不透明的质感，但也有少数精品能够达到半透明状态，展现出如玻璃般晶莹剔透的光泽。根据颜色与质地的不同，翡翠被细分为宝石绿、艳绿、黄阳绿、阳俏绿等二十余个品种，每一种都独具特色，令人赏心悦目。

在中国历史上，翡翠被正式界定为硬玉的时间或可追溯至宋代，这一观点在学界渐成共识。回顾古代文献，如汉代张衡所著的《西京赋》、班固的《西都赋》，乃至六朝时期徐陵的《玉台新咏序》，其中提及的"翡翠"，极有可能是指代软玉中的碧玉品种，而非后世所熟知的硬玉翡翠。这一历史误区的揭示，反映了古代玉文化中对于玉石分类的模糊性与多样性。

进入近现代，随着国际交流的加深，关于翡翠的认知也逐步清晰。英国李约瑟在其鸿篇巨制《中国科学技术史》的第三卷中，明确指出在 18 世纪之前，中国并无硬玉翡翠的确切记录，这一珍贵宝石的真正传入，应始于 18 世纪之后，由缅甸经云南这条古老的商路进入中国。这一观点得到了多位地质学家的支持，如苏联地质学家基也夫林科便指出，缅甸境内多个次生翡翠矿的发现与开采历史，最早可追溯至 1871 年，至今已历经一个多世纪的开采，但仍资源丰沛。

进一步追溯，缅甸乌龙江河谷的原生翡翠矿藏，其开采历史更是可以远溯至 13 世纪，即宋末至元初时期，这一发现不仅加深了我们对缅甸翡翠开采历史的了解，也为中国历史上翡翠文化的起源与演变提供了宝贵的线索。然而，值得注意的是，尽管有着这样的历史背景，但目前在我国官方珍藏及考古发掘的文物中，尚未发现明朝以前明确为硬玉翡翠的实物证据，这一空白无疑为翡翠文化的起源问题增添了更多的神秘色彩。

2.3.2 软玉

"软玉"这一中文名称，乃我国矿物学界对国际通用的"Nephrite"一词的精准译释，其词根可追溯至蕴含"肾脏"意象的希腊语，缘起于古人深信腰间佩戴此玉能疗愈肾脏疾患的古老信仰（参考久术武夫所著《宝石贵金属辞典》）。在中国古代，软玉不仅被视为辟邪护身之物，还传说饮用其粉末能治疗百病，彰显了中国作为"玉石之国"的深厚底蕴，这一美誉植根于我国悠久绵长的软玉历史之中。在中国，软玉以其多姿多彩的品种著称，包括白玉、青玉、碧玉、黄玉及墨玉等，它们与硬玉在矿物成分上大相径庭，主要由角闪石族中的透闪石与阳起石(尤以透闪石为主)紧密交织形成致密结构。微观视角下,软玉同样展现出纤维状结构特征,这种独特的结构赋予了它细腻且坚韧的质地。透闪石这一含水和氟的钙镁硅酸盐矿物,其铁含量在4%以内时保持纯净,一旦超越此界限则转变为阳起石。我国新疆出产的软玉,经化学分析证实,其成分中二氧化硅占比57.6%,氧化铝、三氧化二铁、氧化锰等成分各有微量,而氧化镁与氧化钙则达到较高比例,硬度范围在6至6.5之间,比重则介于2.96至3.17之间,矿物折光率随光线方向不同而有所变化,展现出独特的物理特性。

软玉的颜色丰富多样,从洁白、灰白到翠绿、暗绿、黄、黑等不一而足,多数呈不透明状,少数则呈现出迷人的半透明玻璃光泽。其品种划分主要依据色彩差异,如白玉中的极品"羊脂玉",色泽温润如羊脂;青玉色调由灰白渐至青白,其中灰白者亦被称为"青白玉";碧玉则绿中带暗,偶有黑色斑点,系含铬尖晶石等杂质所致;墨玉则是杂质增多呈现的黑色珍品;黄玉与糖玉、粉玉、虎皮玉等,则分别以各自独特的色彩与纹理吸引着世人的目光。

在中国,软玉的主要产地集中在新疆,特别是和田地区,其产玉历史之悠久,可见于《史记》《汉书》等多部古籍之中。从春秋战国至秦汉时期,新疆软玉已源源不断地输入中原,其中密尔岱所产的大块软玉更是闻名遐迩,如故宫博物院珍藏的"大禹治水图玉山"即源自此地,见证了古代玉文化的辉煌成就。

此外,值得一提的是,软玉家族中还包括诸如岫岩玉、蓝田玉、南阳玉、绿松石、玛瑙、青金石及孔雀石等多种瑰宝,它们共同构成了中国丰富多彩的玉石世界。

(一)岫岩玉

岫岩玉,俗称岫玉,源自中国辽宁省的岫岩县,其命名直接体现了产地特色。岫玉的核心成分为蛇纹石,这一独特的矿物基础不仅富含二价铁、三价铁,还混杂了锰、铝、镍、钴等多种元素,这些元素的共同作用赋予了岫玉丰富多变的色彩,包括但不限于白色、黄色、淡黄色、粉红色、浅绿、翠绿、暗绿、褐绿等,其中绿色调尤为常见,其色彩介于青玉与碧玉之间,独具韵味。

在岫玉的矿物结构中,蛇纹石占据了绝对的主导地位,通常占比超过85%,除了该主要成分外,还伴有诸如方解石、透闪石等微量但不可忽视的矿物杂质。透闪石的微量混入显著增强了岫玉的硬度特性,使之在玉石家族中脱颖而出。岫玉之所以备受推崇,很大程度上得益于其异常细腻的质感,这种质感细腻到让人触摸时仿佛能感受到自然界的细腻纹理。进一步来说,岫玉的透明度并非完全统一,而是展现出一种独特的韵味,即在半透明与不完全透明之间微妙地游走,这种半遮半掩的美感如同轻纱遮面的佳人。而其表面所呈现出的光泽,既非纯粹的蜡状,亦非单纯的油脂光泽,而是巧妙融合了这两者的特点,形成了一种温润而含蓄的视觉效果,给人以宁静而高雅的感受。这种独特的光泽质感,无疑是岫玉自然魅力的又一力证,使得岫玉在玉石界中独树一帜。

岫玉是一种多元素共生的玉石，其核心成分涵盖了二氧化硅、氧化镁以及水分子等关键元素。其硬度表现跨越了一个较为宽泛的区间，从较为柔软的2.5直至相对坚硬的5.5不等，这使得岫玉在硬度上展现出一定的多样性。同时，其比重稳定在大约2.61的水平，体现了玉石特有的质感与密度。当我们聚焦于蛇纹石这一与岫玉紧密相关的矿物时，不难发现其独特的光学性质——平均折光率稳定地维持在1.54至1.55之间，这一特性赋予了蛇纹石独特的光泽与视觉效果。作为地质变迁中镁质碳酸盐岩、镁质基性岩及超基性岩经过复杂交代蚀变过程的产物，蛇纹石并非孤立存在，而是常常与滑石、绿泥石等其他矿物紧密共生，这种共生关系不仅丰富了岩石的矿物种类，也共同塑造了岫玉那独一无二、复杂多变的矿物组合特征，使得岫玉在玉石界中独具魅力。岫玉的产地广泛，多分布于具备特定地质环境的地区，如我国辽宁省岫岩县的瓦沟便是其主要产地之一。

（二）蓝田玉

蓝田玉这一玉石名，其最早的文字记载可追溯至《汉书·地理志》，书中明确提及美玉源自"京北"（即现今西安之北）的蓝田山。随后，包括《后汉书·外戚传》《西京赋》《广雅》《水经注》《元和郡县图志》等在内的多部古代典籍，均对蓝田产玉这一事实有所记载，彰显了蓝田玉在历史长河中的深厚底蕴。明代万历年间宋应星在其著作《天工开物》中提出了一个不同的观点，他认为"蓝田"一词实为葱岭（即昆仑山）所产玉石的别称，而后世却误将其与西安之蓝田相联系。这一说法引发了后世广泛的争议与探讨，部分观点认为蓝田实则并不产玉，而另一派则认为即便蓝田产玉，也可能是色泽翠绿如菜叶的菜玉。近年来，随着地质勘探技术的飞速发展，陕西的地质学家们在蓝田区域偶然间发掘出了具备蛇纹石化特征的大理岩玉材，这一发现让他们联想到古籍中描绘的蓝田玉，认为二者间可能存在直接关联。1982年，为了将这一重要发现公之于众，地质矿产部地质博物馆将这些蓝田玉的原石供世人观赏。当蛇纹石化过程达到显著程度时，这些玉材的部分区域会展现出与著名岫玉相仿的细腻质感，这一发现更增添了其研究的价值。蓝田玉的外观色彩斑斓，以黄色、浅绿等色调为主，其间穿插着淡白的大理岩纹理，虽非完美无瑕，但其独特的自然风貌也别有一番风味。加之其产地邻近历史悠久的西安古城，且玉石本身硬度适中，便于雕琢加工，故推测古人很可能已将其视为珍贵的装饰材料加以利用。

（三）南阳玉

南阳玉，源自河南省南阳市，尤以其独特的独山矿区而闻名遐迩，故亦称"独山玉"。此玉以其绚烂的色彩、耀眼的光泽以及卓越的硬度著称，品质足以与翡翠相提并论，德国学者赞誉为"南阳翡翠"，苏联地质学家基也夫林科更是将其归入翡翠类玉石矿床之列。

近年来，通过显微镜下的精细分析，发现玉内富含多样化的蚀变矿物，尤以黝帘石化、绿帘石化和透闪石化过程显著，这些过程赋予了南阳玉丰富多彩的颜色，以绿、白、杂色为基调,间或展现紫、蓝、黄等迷人色彩,皆因金属杂质与电素离子的巧妙结合所致。南阳玉的硬度稳固于 6 至 6.5 之间,展现出玻璃般的光泽,虽多数呈现不透明状态,但亦有少数微透之作。化学分析详尽揭示了其成分奥秘:二氧化硅占比 41％ 至 45％,氧化铝则在 30.71％ 至 34.14％ 间波动,而氧化镁、氧化钾、三氧化二铁、氧化亚铁、氧化锰、三氧化二铬等成分亦各有微妙分布,更蕴含结晶水与微量二氧化碳。此外,南阳玉还富含铬、镍、钒、锰、钛等微量元素,为其独特品质添上点睛之笔。

历史文献与考古发现共同见证了南阳玉的悠久历史。早在汉代,南阳玉的开采便已确凿无疑,而近年来的考古新发现更是将其开采史推至商晚期以前。1952 年,李济先生于《殷墟有刃石器图说》中提及的七件玉器,均为南阳玉所制,这一事实在《安阳殷墟五号墓的发掘报告》中得到了进一步确认,其中四十余件玉器标本与南阳玉特征相近,彰显其在古代玉器中的重要地位。更令人瞩目的是,1983 年在四川成都举行的宝石讲座上,河南省地质局公布的研究成果显示,南阳县黄山出土的一件新石器时代晚期玉铲,距今已有六千余年历史,这无疑证明了南阳玉早在远古时代便已成为人类文明中不可或缺的宝贵材料。

(四)绿松石

绿松石这一宝石级矿物,主要由细微的绿松石颗粒紧密排列构成,其内部蕴含了铜、铝以及水的磷酸盐成分,多形成于次生浅成地质环境中。它的色彩丰富多样,以天蓝、暗蓝、蓝绿及绿色为主调,部分经强烈风化作用后展现出独特的绿白色泽。绿松石表面散发着柔和的蜡状光泽,触感温润,其硬度达到 6,比重介于 2.6 至 2.8 之间,平均折光率则在 1.61 至 1.63 的范围内波动。

在中国悠久的玉文化长河中,绿松石同样占据了一席之地,是古老而珍贵的传统玉石之一。早在新石器时代的璀璨文明中,绿松石便与青玉、玛瑙等宝石并肩,成为人们装饰自己的佳品,见证了古代人民对美的追求与创造。据《中国古代矿业开发史》等权威史籍记载,从新石器晚期的齐家文化、大汶口文化等远古遗址,直至南北朝时期的墓葬中,均有绿松石装饰品的身影被发掘,它们不仅展示了绿松石在古代社会中的广泛应用,也反映了当时人们对玉石文化的深刻理解与热爱。

在地域分布上,中国绿松石的资源尤为丰富,其中鄂西北地区更是以盛产优质绿松石而闻名遐迩。由于历史原因,该地区曾隶属于襄阳道管辖,因此当地所产的绿松石又被赋予了"襄阳甸子"的美誉,其开采历史可追溯至远古时期,文化底蕴深厚。此外,随着近年来地质勘探技术的不断进步,陕西、新疆、安徽、河南等省份也相继发现了绿松石的矿藏,进一步丰富了中国绿松石的资源版图。然而,在全球范围内,波斯(今伊朗地区)的绿松石以其卓越的品质和产量而享有盛誉,成为绿松石领域的佼佼者。

(五)玛瑙

玛瑙这一宝石因其独特的纹带美感自古以来便深受人们喜爱,常被用作装饰品,尤其在出土的古代玉器中,成串的玛瑙珠尤为常见,大多是作为项饰佩戴。玛瑙在我国历史文献中有着丰富的记载,早在汉代以前,它就被称为"琼玉"或"赤玉",这一称谓在《广雅》等古籍中有所体现,展现了古人对玛瑙的珍视。而"玛瑙"一词,则源于佛经中的梵语"阿斯玛加波",随着佛教的传播,这一外来名称逐渐替代了原有的称谓。

玛瑙由玉髓等细小矿物组成,也可见到蛋白石或隐晶质微粒状石英。然而,若缺失了标志性的纹带花纹特征,则不能简单地将其称为玛瑙,而应归类为玉髓。玛瑙的色彩丰富多变,纯白之外,还因含有不同的金属元素而呈现出灰、褐、红、蓝、绿等多种色泽,甚至在同一块玛瑙上,多种颜色可能相互交织,形成独特的自然画卷。其质地则从透明到不透明,光泽度亦介于玻璃光泽与蜡状光泽之间,显示出其优越的物理特性。玛瑙的魅力不仅在于其色彩的斑斓与质地的温润,更在于其纹带花纹的千变万化。根据这些特征,玛瑙被细分为多个品种,如"缟玛瑙""红缟玛瑙""带状玛瑙"等,每一种都独具特色,引人入胜。而即便是那些没有纹带花纹的玉髓,也因其色彩的独特而备受青睐,如红玉髓、绿玉髓等,它们同样是我国传统玉石文化中的重要组成部分。玛瑙在我国有着悠久的开采与使用历史,不仅在国内多地有产,还作为古代丝绸之路上的重要商品,与西域、印度、波斯等国进行贸易往来。同时,玛瑙也是古代皇室贵族与民间百姓都喜爱的宝石之一,其身影频繁出现在各种历史遗迹与墓葬之中,见证了我国历史的沧桑巨变。

时至今日,随着地质勘探技术的不断进步,我国地质工作者在更广泛的地区发现了玛瑙的矿藏,为玛瑙的研究与利用提供了更为丰富的资源。然而,由于玛瑙产地众多且历史悠久,对于出土玛瑙的玉料来源进行准确鉴定仍是一项具有挑战性的工作。这也正是玛瑙之所以神秘而迷人的原因之一。

(六)青金石

青金石玉料,其核心成分为青金石矿物,并常伴随方解石、黄铁矿的共生,偶见透辉石等矿物点缀其间。阿富汗出产的青金石玉料,其中青金石矿物的含量占据了整体的25%至40%。其色泽独特,涵盖了从深邃的蓝色到淡雅的淡蓝,乃至群青等多种蓝色调,展现出非凡的色彩魅力。在透明度上,它并不追求通透,而是展现出一种沉稳的不透明质感,同时散发出玻璃般的光泽,有时又如同油脂般温润。硬度与比重方面,青金石玉料分别达到了5.5和2.7至2.9的范围,彰显了其物理特性的卓越。

在色彩的细分上,色泽深邃且浓郁而不显沉闷者,被誉为"青金",象征着纯净与高贵;当深蓝与黄铁矿的含量超越青金石矿物时,则被称为"金格浪",其独特的纹理与色彩搭配,令人过目难忘;而浅蓝色调中若融入了白色方解石的点缀(多数情况下并不包含黄铁矿),则被称为"催生石",这一名称源自古人深信的青金石具有催生之效的古老传说,充满了神秘与浪漫的色彩。

追溯历史,青金石在古代中国曾享有"璆琳"或"琉璃"之美名,其高贵典雅的蓝色常被视作通往天界的神圣之路,因此在皇室中备受推崇,尤其被用于制作皇帝的葬器,寓意着灵魂的升华与不朽。《拾遗记》中的记载,更是将青金石与秦始皇的奢华陵墓相联系,虽然"琉璃"一词的确切指向尚存争议,但无疑展现了青金石在古代中国的重要地位与深厚文化底蕴。关于青金石的传入时间,学术界亦存在不同看法。外国学者赫尔芝倾向于认为青金石在公元2世纪的东汉时期已传入中国,而章鸿钊则在《石雅》一书中提出了更早的观点,认为中国三代之初便已有之。这一学术争议,仍需通过考古发掘的进一步验证来揭开其真相。

(七) 孔雀石

《读史方舆纪要》卷五十六详尽描述了位于兴安州(现今陕西安康市)以西五十里处的天柱山,其山脚下散布着碧甸、青绿等二十多处洞穴,这些洞穴在唐宋时期因盛产特定矿物而被官方开采并作为贡品进献,直至明代方告停止。夏湘蓉等学者在《中国古代矿业开发史》中,对古代矿物的名称进行了深入的考据,指出元代的碧甸与明代提及的碧甸,实质上均非传统意义上的甸子(即绿松石),而是可能指向另一种矿物。他们推断的依据在于绿松石通常不与孔雀石(古称青绿或石绿)共生,而硅孔雀石则常与孔雀石相伴而生。鉴于碧甸与孔雀石共存的记载,他们合理推测"碧甸"或"碧甸子"极有可能是指硅孔雀石。

孔雀石这一因色彩酷似孔雀羽毛而得名的次生氧化矿物,多形成于铜矿的氧化带中,展现出块状、钟乳状、皮壳状及同心条带状等多种形态。其硬度与比重分别为4至6和3.9至4,常与其他矿物如褐铁矿、方解石、锰土、玉髓及硅孔雀石等共生。

硅孔雀石作为另一种次生矿物,多由黄铜矿、黝铜矿等在碱性硅酸盐热溶液作用下转变形成。其颜色涵盖绿、蓝绿至天蓝色,形态上可呈现为蛋白石或瓷釉状的块体,亦可见土状或葡萄状。与孔雀石相比,硅孔雀石的颜色更为浅淡,趋近于天蓝色(与绿松石相似),且其比重与硬度均小于孔雀石。此外,硅孔雀石的脆性也是其与孔雀石及绿松石相区分的一个重要特征。

历史上,绿松石、孔雀石与硅孔雀石因外观相似而常被混淆,这一误区不仅存在于古代,而且在今日的考古工作中也时有发生。因此,在矿物鉴定过程中,必须格外注意这三者之间的区别,以确保研究的准确性。

2.4 古玉的一般鉴定方法

2.4.1 根据器形

器物的形态与构造,即为其器形,它如同一面镜子,映照出各个历史时期人类社会的风貌、审美取向及工艺技术的演进轨迹。通过对同类别器物在不同历史阶段的形态变化进行梳理,我们能够勾勒出它们发展演变的大致时间脉络。当遇到一件未知的器物时,借助其器形特征与装饰纹样,我们可以在已构建的类型学年代框架中,探寻其可能归属的时代坐标。

器形不仅是物质文化的载体,更是时代精神的象征。每个时代的玉器,都在继承前代的基础上,融入新的创意与技法,从而展现出其独特的风貌。从新石器时代的朴素粗糙,到商周时期的青铜器风格影响下的华丽繁复,再到春秋战国的精巧多变,直至两汉的宏大气派、唐代的实用与西域风情、宋代的文人雅趣,以及元明清各代的创新与发展,玉器器形的每一次演变,都是对当时社会生活、审美观念和工艺技术的深刻反映。

在鉴别古玉真伪的过程中,形制分析是一项至关重要的技能。然而,仅凭形制特征进行断代或真伪判断,往往存在局限性。因为作伪者可能会刻意模仿某个时代的风格与特征,以制造假象。因此,鉴定者需要具备丰富的实践经验,不仅要熟悉真品的形态特征与工艺细节,还要了解赝品的常见手法与破绽。通过对比分析,培养敏锐的直觉与判断力,才能在纷繁复杂的玉器市场中,准确识别出真正的历史瑰宝。

2.4.2 根据纹饰特点

在历史的长河中,玉器的纹饰艺术经历了显著的变化过程,这些变化不仅体现在构图、造型的多样性上,更深刻地反映在每一个时代独特的审美追求与文化内涵之中。纹饰这一玉器上的视觉语言,成为鉴别玉器年代的重要标尺。

新石器时代,玉器的外观多呈现为素面,简约而质朴,偶有的阴刻线纹如同初露锋芒的笔触,预示着纹饰艺术的萌芽。进入商周时期,玉器的纹饰艺术迎来了第一个高峰,饕餮纹的威严、龙纹的灵动、蟠螭纹的蜿蜒,以及云雷纹的神秘,共同编织出一幅幅充满力量与想象的图案,展现了当时社会对于超自然力量的崇拜与向往。

春秋战国时期,玉器纹饰的繁荣达到了新的高度,蒲纹的清新、蚕纹的细腻、谷纹的饱满,以及继续流行的蟠螭纹,共同构成了这一时期玉器纹饰的丰富图谱。尤为值得一提的是,"跳刀"与"汉八刀"等独特雕刻技法的出现,不仅提升了纹饰的艺术表现力,也标志着玉器制作工艺的飞跃。

唐代随着文化的开放与艺术的交融,玉器纹饰开始借鉴绘画中的线描手法,缠枝花卉的柔美、葵花图案的生机、人物飞天的飘逸,以及鸟兽纹的精细雕刻,共同展现了唐代玉器纹饰的华丽与精致,反映了当时社会对于美好生活的追求与向往。

宋元时期,玉器纹饰在继承前代的基础上,又有了新的发展。龙凤吉祥图案的广泛应用,体现了人们对于吉祥寓意的追求;而仿古蟠螭纹、回纹、乳钉纹等传统纹饰与凤凰、牡丹等图案的并存,则展现了当时社会对于传统文化的尊重与传承。

明代玉器纹饰在保持传统的基础上,又融入了新的元素。松竹梅纹的坚韧、云纹与云头纹的飘逸、龙纹的威严,以及缠枝花卉、山水人物等图案的加入,使得明代玉器纹饰更加丰富多彩，同时也反映了当时社会对于自然美与人文精神的追求。此外，玉器上刻字的出现，更是将文字艺术与玉器工艺完美结合，为玉器增添了新的文化内涵。

清代作为古玉器发展的巅峰时期，其纹饰艺术更是达到了前所未有的高度。在继承前代纹饰的基础上，清代玉器又创新出了花鸟、虫草等丰富多彩的纹饰，这些纹饰不仅造型生动、色彩鲜艳，而且寓意深远、富有情趣。同时，御制诗以及各种铭文的出现，更是将皇家的尊贵与玉器的艺术价值完美融合，使得清代玉器成为集艺术、文化、历史于一体的珍贵遗产。

2.4.3 根据做工

在探讨古玉器制作与加工的过程中，我们可以发现，由于受古代生产工具的制约，古玉器的制作工艺与现代技术有着显著的区别，这一特性为我们区分真古玉与仿制品提供了宝贵的线索。从新石器时代起，古人们便利用鲨鱼鱼牙等天然硬质材料尝试琢制玉器，受限于工具，这些玉器多为素面，即便雕刻纹饰，也仅是浅浅的、粗犷的单线阴刻，线条显得较为质朴且粗犷。这一时期，玉器上的孔洞亦透露出制作工艺的痕迹，无论是单面穿孔形成的喇叭状孔壁，还是两面对钻留下的台痕，都反映了先民们精湛而又原始的手工技艺。

随着历史的推进，进入商代及西周早期，社会制度变迁，手工业高度发展，玉雕工艺作为一门独立的专业技艺崭露头角。尽管彼时工匠们依旧依赖木头、骨器等相对简陋的工具，但他们却能创造出复杂精美的玉器作品，这无疑是古代玉文化中的一个奇迹。这些玉器的线条纹饰较之前更为繁复，且经过多次精细磨光，使得器物的艺术美感得到了显著提升。

到了春秋战国时期，冶炼技术的进步极大地推动了社会生产力的发展，铁制工具的兴起更是为玉雕行业带来了革命性的变化。脚踏轮子的应用替代了传统的手工磨制方式，极大地提高了工作效率，同时也促进了雕刻技艺的飞跃。无论是阴刻、阳刻，还是粗细、单双、直曲等各式线条，都能被工匠们随心所欲地运用于玉器之上，刻痕清晰，线条流畅，展现出极高的艺术造诣。

汉代及以后，玉雕工具日益丰富多样，但基本的琢磨方法却一脉相承，即利用铁制工具配合高硬度砂浆进行精细磨制。从选料、开料，到叨喳、上花、琢纹，再到抛光、打磨，每一道工序都蕴含着匠人的心血与智慧。特别是精加工阶段，如叨膛、上花与琢纹，更是考验工匠技艺的关键环节，需借助金刚钻、金丝锯等精密工具，方能雕琢出细腻入微的空花细纹。而最后的抛光打磨步骤，则是通过精细的木片、皮革或葫芦皮等材料，使玉器表面呈现出温润如玉的光泽。

雕琢玉石的技艺广泛涵盖了阴刻、阳刻、浮雕、圆雕、镂空及镶嵌等多种核心技法，这些技艺进一步细化为诸如单线阴刻的细腻、双线阳刻的层次、剔地阳纹的立体、深浅浮雕的多样表现力,以及单层至多层镂空的精妙,线条处理上更是丰富多样,从精致、细腻到直线、曲线的灵活运用,无一不展现出古代匠人的卓越智慧。市面上虽不乏手工制作的仿古玉,但真品古玉所蕴含的时间沉淀难以复制。古时大师们倾尽数月乃至数年心血于一玉之上,其雕刻之精细,线条之流畅,宛如游丝轻舞或铁线刚劲,无丝毫凝滞,技艺之高超,令后世难以企及。反观现代仿制品,多因逐利而速成,加之技艺水平的局限,往往显得粗制滥造,细节之处经不起仔细品鉴。

因此,雕工不仅是鉴别古玉真伪的关键,也是判断其所属时代的重要依据。与器形、纹饰相类似,雕工同样承载着鲜明的时代特征。经验丰富的行家通过细致观察,能迅速辨识出"西汉之工"的简练明快、"元代之工"的深凸细磨、"明代之工"的独特韵味,乃至"乾隆之工"的精湛与繁复,这些评价综合了器形、纹饰与雕工的时代风貌。例如,汉代"汉八刀"的技法,以轻起刀、重落刀著称,线条简约而有力;唐代则偏爱浅浮雕,强化纹样边缘的立体感;而元代玉雕,特别是玉龙作品,以深雕细磨见长,展现出非凡的气势与工艺水平。

2.4.4 根据沁色

在古墓或历史遗迹中,玉器历经数百乃至数千年的岁月洗礼,被土壤中丰富的金属矿物元素逐渐渗透,这一过程自玉器的表面层层深入至其内部结构,造就了其独特的沁色现象。这些沁色或仅在玉器表层显现其斑驳之美,或深深浸染至玉石肌理之中,展现出一种时间的印记。值得注意的是,地域与环境的差异对沁色的形成有着显著影响,不同环境下产生的沁色各具特色。干燥土壤中的玉器,其沁色往往呈现干结状态,色泽较为鲜明;而在湿润土壤中,沁色则显得更为温润且色泽略显暗淡。玉器表面若留有土斑痕迹,多半是出土于沙土环境;反之,若无此类痕迹,则很可能源自水坑之中。这一现象恰好印证了"近水源之地玉器多显湿润,远离水源则显干燥"的自然规律。这些沁色不仅丰富了玉器的视觉效果,也成为鉴定其年代与埋藏环境的重要依据。

(一)黑沁

古人所言之水银沁,实乃一种误解。水银,化学上称为汞,确实拥有溶解某些金属如金银的能力,然而,它并不具备附着于玉器表面或渗透至其内部肌理的特性,这一观念显然违背了科学的基本规律。所谓的"黑沁"是玉器在历经墓穴或古代遗址的长期埋藏过程中,由于土壤中富含的铅、钴等金属元素缓慢而持续地起渗透作用,于玉器表面及内部逐渐形成的独特色泽变化。这一过程是自然且复杂的化学与物理交互作用的结果,被俗称为"黑沁",与水银并无直接关联。

(二)血沁

在古墓的幽深环境中,玉器若长时间与土壤接触,其表面会渐渐显现出一种深沉的暗红色泽,古人称之为"枣皮红",寓意其色泽如同成熟枣皮般诱人。然而,通过广泛的考古发掘实践,我们惊奇地发现,即便是那些直接置于尸体手中或堵塞七窍的玉器,也鲜少能见到真正由尸血浸染而成的红色沁痕。这种赤红如血的玉色更常见于北宋以前的大型墓穴或遗址土壤中,仿佛是时间与自然共同雕琢的艺术品。某些白玉在历经岁月的洗礼后,其局部会渗透进一抹鲜艳的红色,与原有的白玉底色形成鲜明对比,红白交织间,既保留了白玉的纯净高雅,又增添了红色的热烈与生动,这种独特的景象被形象地称为"猪油炖酱"。在汉代、魏晋、南北朝以及北宋的古墓与遗址中,此类白玉沁色尤为多见,据传需历经千年以上的时光方能孕育出如此绝妙的色彩搭配,因而被视为古玉中的稀世珍宝。我们不难发现,这种所谓的"血沁"现象,并非直接源自尸血的浸染,而是玉器在土壤中长时间受到氧化铁等矿物质缓慢而持续的渗透作用,逐渐形成的自然色泽变化。还有一种被称为"朱砂红"的沁色,它则是玉器受土壤中硫化汞影响而产生的独特效果,其色泽虽不及"枣皮红"那般浓郁深邃,却也别有一番淡雅与干练的韵味。

(三)土沁

玉石深埋土中,历经干燥黄土的长期作用,其色泽渐渐转为温润的栗色,部分玉器表面还紧附着难以彻底洗净的黄色土斑,仿佛岁月的印记镌刻其上。这一现象在汉代与元代古玉出土时尤为常见,成为这两个时期玉器的一种特色沁色表现。还存在一种特殊的土沁现象,即玉石在土壤中长期暴露于硫黄、石灰等化学性质活跃的矿物元素之下,这些元素逐渐侵蚀玉体,导致玉石失去了其原有的晶莹润泽,质感变得如同普通石子一般,古玩界因而形象地称之为"石子玉"。这种变化不仅改变了玉石的外观,也赋予了它们独特的历史韵味与收藏价值。

(四)水沁

所谓水沁,乃是指玉器表面所呈现的一种独特白色浸染现象,它多见于江西、浙江、江苏、广东、广西等地域出土的古代玉器之上。此类水沁往往以云雾状白色斑纹为主要特征,且斑纹间常留有自然侵蚀的痕迹,增添了几分古朴韵味。在某些情况下,玉器若整体长时间受水浸蚀,其局部区域还会显现出深褐色的斑痕,这种斑痕因色泽与形态酷似古代膏药凝固后的脂状,故而被形象地称为"膏药脂"。而另一种更为细腻的水沁表现,则是在玉器表面形成点点褐色的斑痕,宛如鱼子般密集而生动,故称之为"鱼子斑"。这两种水沁现象,均为古代玉器在漫长岁月中受自然环境影响而留下的独特印记。

(五)石灰沁

玉石在干燥条件下长期与石灰接触,会孕育出一种粉嫩的沁色,民间雅称为"孩儿面"或"童子脸",这种色泽在北方干旱地带的考古发掘中偶得一见,显得尤为珍贵。当玉石深埋于湿润土壤或水坑之中,长期受到石灰的渗透与影响,则会呈现出一种类似白骨的冷白色泽,被称为"鸡骨白",此现象在良渚、河姆渡、崧泽等古文化遗址的发掘中最为常见,彰显了古玉与自然环境的奇妙交融。除了上述沁色外,古玉还有诸多绚丽多彩的色泽变化。铜元素长期作用于玉上,会留下绿色的痕迹,被称为"鹦哥绿",清新雅致;石青沁,即蓝铜矿所致之蓝色,则被形象地称为"靛青",深邃而神秘。铁元素氧化后产生的锈红色沁,则被称为"铁锈红",透露出岁月的沧桑感。还有如"鱼肚白"般柔和、"雪花白"般纯净、"桃花红"般娇艳、"虾子青"般细腻、"鸭粪青"与"皮蛋青"的别致、"鱼脑冻"的温润以及"桂皮黄""橘皮黄"等丰富多样的沁色,共同构成了古玉世界的斑斓画卷。

而在这些丰富多彩的沁色之中,"脱胎"之玉尤为珍贵。"脱胎"玉多为枣皮红沁色,历经出土、佩戴、再次入土、反复出土以及长时间的盘玩摩挲,其沁色不仅通体莹润如油,而且红色愈发鲜艳动人,仿佛拥有了生命,展现出令人难以抗拒的魅力。

2.5 古玉的作伪

2.5.1 伪造黄土锈法

制造伪黄土沁的过程涉及将特制胶水细腻地涂抹在玉器表层,随后将其深埋于黄土之中,意在让玉器自然吸附黄土颗粒,营造出历经岁月的假象。埋藏的时间跨度越长,玉器表面所积累的黄土色泽与质感便越趋近于自然形成的"黄土锈",从而达到以假乱真的效果。当前,在不少市集或地摊上,常能见到这类被刻意伪装的"古玉",它们表面覆盖着看似厚重的黄土痕迹,初看之下,极易让人误以为是刚刚出土、充满历史沧桑感的"土古",从而成为不法商贩欺骗消费者的常用手段。因此,在购买时需格外谨慎,以免上当受骗。

2.5.2 叩锈法

在古代,有一种巧妙而复杂的伪造古玉土锈的手法,这一技艺据传源自乾隆盛世的无锡地区,由一位名叫阿叩的匠人所创。他首先将未经精细打磨的玉器毛坯与细小的铁屑混合,随后利用热醋进行淬炼处理,这一步骤旨在加速铁屑与玉器表面的化学反应。之后,这些玉器被精心放置于湿润的土壤中。经过十多天的初步孕育,这些玉器被转移至更为"繁华"的环境——人来人往的大街之下,进一步接受时间的洗礼与磨砺。数月之后,当它们重见天日时,已非昔日之貌。铁屑在长时间的侵蚀下,于玉器表面留下了独特的橘皮纹理,这些纹理中嵌入了深红色的铁锈,宛如岁月留下的痕迹。更令人称奇的是,这些伪造的"古玉"在经历水煮之后,其表面的颜色非但不会褪去,反而会变得更加沉稳深邃,同时附着的灰土也难以轻易洗净,这一切都使得它们在外观上极尽逼真,足以迷惑那些对古玉鉴别经验不足的人。

2.5.3 伪造血沁法

在探讨伪造古玉血沁的多种技法时,我们可以发现古人仿古技艺的精湛与多样性。"狗玉"或"狗肚玉"制作法,是将仿古玉器置于烈火中烧至通红,随后迅速置入活犬或刚毙命的犬类腹部,利用犬体内的温度与湿度加速玉器的化学变化,并借由犬血与玉器的长时间接触,模拟出自然血沁的效果。同样地,"羊玉"或"羊腿玉"的制作也是基于类似的原理,不过是将玉器放置于活羊腿中,几年后取出,同样能达到以假乱真的血沁效果。古人还利用猪血与黄土的混合物,在大缸中长期埋藏玉器,通过自然侵蚀与化学反应,在玉器表面形成土咬、黄土锈及血沁等自然痕迹,这种方法不仅考验了制作者的耐心,也体现了制作者对自然过程的深刻理解和模仿。除了上述利用生物体制作血沁的方法外,还有一系列通过热处理与化学试剂相结合的技术。比如,将仿玉反复烧炙并涂抹红色颜料,通过多次循环加深颜色渗透;或将特定草药(如血竭、紫草、透骨草)与玉器同煮,利用草药中的色素成分与玉器发生反应,达到染色目的。然而,这种方法往往会留下浮光,因此需要进一步打磨并上蜡处理,以模仿古玉的自然光泽。更为复杂的制作过程中,还涉及脂油与细粉的混合物在火边慢煮的方法,这种方法通过控制温度与时间,使颜色更加深入地渗透到玉器内部,再通过去浮光、上蜡等步骤,使伪造的血沁更加逼真。

时至今日,随着科技的发展,伪造者可能更倾向于采用更为简便快捷的方法,如直接将玉器浸泡或烧煮在红色颜料水中,以达到快速染色的效果。然而,这种方法虽然简单,但在色泽、光泽及自然感方面往往难以与古代精湛技艺所伪造的血沁相媲美。

2.5.4 伪造鸡骨白法

在伪造古玉的过程中,有一种手法是通过模拟自然老化过程来赋予新玉以古旧之感。具体来说,这种方法是将新玉置于炭火之上,细心煨烤,待炭火余温尚存,尚未完全冷却之际,突然以凉水浇淋于玉上。这一骤冷骤热的极端温度变化,旨在模拟玉器长时间埋藏于地下,受地火影响而发生的物理与化学变化。经过此番处理,玉器表面会呈现出一种类似"鸡骨白"的色泽,这种色泽常见于自然老化的古玉之中,因此具有一定的欺骗性。尽管这种方法能够在一定程度上改变玉器的外观,使其外观上与受地火影响的古玉有所相似,但其本质上的缺陷却难以掩盖。由于经过了火烧处理,这些伪造的"古玉"失去了天然玉石所特有的温润与透明感,转而变得如同朽烂枯石一般,缺乏生命力与灵气。这种变化不仅在视觉上显得不自然,更在触感上给人以明显的不同感觉,使得稍有经验的鉴赏者能够轻易识破其伪装。

因此,尽管伪造者可能试图通过种种手段来模仿古玉的自然老化过程,但真正的古玉所蕴含的历史韵味与文化价值,是任何伪造手段都无法复制的。对于收藏者与鉴赏者来说,除了关注玉器的外观特征外,更需要通过深入的学习与实践,培养起对玉器材质、工艺及历史背景的敏锐洞察力,以便在纷繁复杂的市场中作出正确的判断与选择。

2.5.5　伪造陈墨黑法

在玉器制作与工艺处理中,采用新玉材质雕琢成器后,会运用一种独特的着色技法。具体而言,此过程涉及以乌木屑之深邃黑或红木屑之暗红为媒介,进行细致的煨烤处理。此环节中,巧妙地于欲保留原玉质色泽之处敷以石膏粉末,作为保护层。经过此番处理,除却石膏覆盖区域外,玉器其余部分均能均匀且深刻地吸纳所施之色,呈现出与历经岁月侵蚀、受水银自然沁入的古玉相仿的视觉效果,既保留了玉之本真,又赋予了其独特的历史韵味与艺术美感。

2.5.6　伪造黑斑法

在玉器仿古处理的技术中,一种特定的黑斑形成方法被巧妙地应用。该方法首先将玉石通过水加热至温热状态,随后置于铁篦之上,采用火焰进行细致的灼烧。此过程中,需不断在玉体表面涂抹蜡油,以促进黑斑的均匀生成,此步骤无严格时间限制,直至所需黑斑效果显现即可。

另一种实现途径则是利用浸湿的旧棉花作为媒介,紧密包裹玉石后,以柴火进行缓慢加热。随着棉花逐渐干燥,适时以水替代继续加热,以确保热量与湿度的精确控制。此法的关键在于使黑斑深透玉质,既非浮于表面,亦不显露发白迹象,从而达到黑斑自然入骨的效果。值得注意的是,一些不法之徒为谋取暴利,采用更为狡黠的手法,仅在玉器的三分之一区域制造黑斑,以此制造年代久远或自然形成的假象,极大地增强了欺骗性。这种选择性黑斑处理,无疑是对传统工艺的一种滥用,需引起行业内外的高度警惕。

2.5.7　伪造牛毛纹法

在玉器仿古效果的研究与实践中,有一种创新的裂纹与色泽处理技术。具体步骤为:首先将玉石沉浸于富含乌梅的浓郁灰水溶液中,持续煮沸一日,此过程旨在为后续处理奠定基础。随后,趁热将玉石置于极端温差环境中,如在风雪之夜自然冷却或在冰箱冷冻库中冷藏一日,利用急剧的温度变化促使玉体表面形成细微如发丝的冻裂纹痕,模拟自然风化效果。接着,为赋予玉器独特的红色纹理,采用茜草汁混合微量朱砂,利用竹枝作为媒介进行点燃烘烤,或直接将玉石埋入乌木屑、红木屑中缓慢煨烤。这一系列操作促使玉表形成鲜明且自然的红色牛毛纹,业界称之为"风玉"处理法。此方法不仅丰富了玉器的视觉层次,更增添了一份沧桑的艺术韵味,是对传统玉器加工技艺的一次创造性应用与拓展。

2.5.8　伪造土蚀法

在探讨古玉鉴别领域,一个显著的特征是出土古玉历经岁月洗礼,常伴随水土侵蚀导致的局部腐蚀现象。相较之下,现代伪造技术为追求效率,常采用硝酸等化学试剂直接作用于玉体,以此模拟长时间的腐蚀效果。此做法虽能快速达成局部被蚀的外观,但因其人为操控浇淋部位,使得腐蚀痕迹分布不均,与自然侵蚀状态存在显著差异。因此,在鉴定过程中,细致观察腐蚀痕迹的分布与形态,成为区分古玉真伪的重要一环。

2.5.9　油提法

在玉器伪造技艺的演进中,传统方法曾涉及将油加热至约 90℃,随后以绳系玉悬于油中局部煎炸,通过控制时间与部位实现色泽深浅不一的效果。然此法耗时冗长,现代作伪者多已摒弃,转而采用更为快捷的火熏法,即直接在玉表熏制黑斑层,以假乱真。概括而言,古玉伪造技术虽日新月异,但其核心仍聚焦于烟火熏染、水煮或浸泡着色,以及化学腐蚀等。了解这些关键手法,对于鉴别真伪、确保文物市场纯净至关重要,正所谓"知彼知己,百战不殆"。

2.6　精品鉴赏

 红山文化　C 形玉雕龙

【作品背景小提示】

在探讨新石器时代文化的多样性时,红山文化以其独特的地位与贡献脱颖而出,作为该时期我国文化版图上的一颗璀璨明珠,其历史可追溯至距今五六千年的遥远岁月。该文化主要繁荣于东北辽河流域,地域特色鲜明,其命名源自内蒙古自治区赤峰市红山后遗址的首次重大发现。红山文化不仅是中华文化悠久历史的重要源头之一,更以玉器艺术的辉煌成就而著称于世。这些玉器不仅数量众多,而且造型独特、工艺精湛,形成了自身独特的艺术风格与用玉体系,展现了那个时代人们对美的追求与技艺的高超。其中,以玉龙、玉猪为代表的玉器作品,更是成了红山文化玉器艺术的标志性符号,它们不仅反映了当时社会对于玉器的崇尚与使用制度的完善,也标志着东北地区史前玉器雕琢与使用技术达到了前所未有的高度。

C形玉雕龙(新石器时代红山文化,现藏于中国国家博物馆)

【作品赏析】

红山文化的标志性遗物——C形玉雕龙,尺寸独特,高达26厘米,重达1千克,通体呈现深邃墨绿,形态宛如英文字母C,故得名。此龙首微缩,吻部前探略翘,嘴部紧闭,以对称双孔模拟鼻孔,展现出简约而不失生动的面部特征。龙体装饰简约,仅在额部与下颚底部雕琢细腻方格网状纹饰,网格以规整小菱形凸起,增添立体效果。尤为显著的是其长达21厘米、占据龙体三分之一以上的背脊长鬃,展现出非凡的气势。龙背中央设有一圆孔,经测试,若以绳穿之悬挂,龙首尾竟能自然平衡于一线,彰显设计之精妙。

红山玉龙,其形象富含幻想元素,预示了成熟龙形概念的初步形成,即便后续发现更早的龙形遗迹,其作为最早玉质龙形雕刻品的地位依然稳固。此龙不仅是物质文化的瑰宝,更是探索中华民族历史、原始宗教信仰、龙图腾起源及其演变序列的珍贵钥匙,具有不可估量的学术价值与文化意义。

【真伪辨析要点】

依据其外形特点:红山玉龙,乃整玉圆雕之杰作,融合浮雕、浅浮雕技法于一体,通体精心琢磨,展现出圆润无瑕之美,此不仅映射出当时琢玉技艺之高超,亦标志着工艺水平之飞跃。其造型设计,简约中不失夸张,形态宛若新月轻悬,摒弃了传统龙形之足、爪、角、鳞、鳍等繁复元素,仅以最质朴之线条勾勒出了早期中国龙形象的雏形,这一创新之举,不仅赋予了玉龙以超脱凡尘的灵动之感,更使其蕴含了浓厚的神秘主义色彩,成为连接远古与现代、自然与神祇的桥梁。

【相关知识点提示】

玉猪龙

中华文明根植于深厚的农业土壤之中,猪作为古代社会不可或缺的家畜,不仅是物质财富的象征,更是社会地位与繁荣的直观体现。古代先民们将幻想中的龙与现实生活中的猪巧妙融合,创造出猪龙这一独特的艺术形象,寄托了他们对富足生活、农业丰收，以及氏族繁荣昌盛的深切期盼。

猪龙形玉饰作为这一文化意象的物质载体，其设计往往呈现出一大一小两个相对而立的形态，这样的组合佩戴方式不仅具有美学上的对称与和谐之美，更深层次地反映了先民们对于宇宙秩序、阴阳平衡以及生命繁衍不息的朴素认知与追求。悬挂于胸前，这些玉饰不仅是装饰品，更是信仰与愿望的物化表达，它们穿越时空，传递着古人对美好生活的无限憧憬与不懈追求。

良渚文化　人面兽面组合纹玉琮

【作品背景小提示】

良渚文化作为太湖流域珍贵的文化遗迹，其命名源自浙江余杭良渚镇的首次发掘。自 20 世纪 80 年代起，一系列精美绝伦的良渚玉器相继面世，确凿地揭示了史前中国南方存在一个以该流域为核心的玉器艺术高地。这一发现不仅丰富了新石器时代玉文化的内涵，更与东北辽河流域的红山文化形成鲜明对照，共同绘制了中国古代玉器发展史上璀璨夺目的篇章，彰显了中华文明的多元一体与博大精深。

人面兽面组合纹玉琮（新石器时代良渚文化，现藏于南京博物院）

【作品赏析】

人面兽面组合纹玉琮作为一件杰出的艺术珍品，高 7.2 厘米，形制规整，呈扁方柱状，外方内圆，厚度均匀，中心穿孔乃上下对钻而成，展现了高超的钻孔技术。材质上，经权威鉴定为透闪石软玉，历经岁月深埋，表面钙化，呈现出温润的乳白色，更显古朴韵味。

玉琮四面布局精妙，每面以 1.5 厘米宽的直槽巧妙分割，中部再以 0.3 厘米横槽分为上下两节，每节纹饰各异，却和谐共生。尤为引人注目的是，当从玉琮四角审视时，其纹饰巧妙拼接，构成一个完整而深邃的图案——上部为神人形象，下部则为神兽形态，二者交织成神人兽面的独特纹饰，寓意深远，引人遐想。

尤为令人赞叹的是，神兽眼圈处的精细纹饰，线条细腻至极，最细处仅 0.2 毫米，展现了古代工匠超凡入圣的雕刻技艺。在缺乏放大镜及先进工具的四千多年前，这一成就无疑是对人类智慧与技艺的极致颂扬，其背后的匠心独运与不懈努力，让今人仍感不可思议，也充分证明了中华文明在玉器制作领域的卓越成就与深厚底蕴。

【真伪辨析要点】

依据其雕刻特点：玉琮之神人兽面纹饰，其线条构造精妙，融合了琢与刻双重技法。琢纹宽度介于 0.2 至 0.9 毫米之间，而刻纹则更为细腻，宽度仅有 0.1 至 0.2 毫米。此等精细之作，皆由玉工以超凡技艺徒手雕琢而成，展现其于毫厘之间运斤成风的非凡能力，能在 1 毫米空间内巧妙镌刻四五条细线，技艺之精湛，令人叹为观止。借助放大镜细察，这些细微阴线实则由多重细腻刻痕精妙相连，构成了一幅幅细腻入微、生动传神的图案，彰显了古代玉器制作技艺的巅峰水平。

【相关知识点提示】

寺墩遗址与玉琮

人面兽面组合纹玉琮出土于江苏常州武进寺墩遗址。该遗址的核心为一直径约百米、高约二十米的圜丘形祭坛，其周围水系环绕，形成内外分明的空间布局：内圈河道紧绕祭坛，外侧则是墓地与居住区，居住区外再围以河道，构成了一个层次分明的聚落结构。当学者将寺墩遗址的整体布局与玉琮的形态进行比对时，发现了惊人的相似性。玉琮中心之圆孔，恰似遗址中的圆形祭坛；其横截面的方形轮廓，则可比拟为环绕遗址的外城河；玉琮四角独特的折角凸面，与遗址中四个分隔明确的墓地相呼应；而玉琮表面竖槽的分布模式，又与遗址内连接内外城的河道网络不谋而合。

基于上述观察，学者提出了一个大胆的假设：斯顿古国（此处假设为对某一古代城邦的代称，实际研究中应替换为具体历史名称）的规划与建设，或许正是受到了玉琮这一神圣器物形态的深刻影响，乃至整个城邦的构造被构想为一件巨大的玉琮。这一推测不仅揭示了玉器在古代社会中的崇高地位，也为我们理解古代城市规划理念与宗教信仰之间的紧密联系提供了宝贵的线索。通过玉琮这一具象化的符号，古人将宇宙观、宗教信仰与现实生活空间巧妙地融为一体，展现了其独特的文化创造力与智慧。

龙山文化　鹰攫人面佩

【作品背景小提示】

龙山文化作为黄河中下游新石器时代晚期的重要文化类型，标志着铜石并用时代的文化成就，其命名源自山东历城龙山镇（现属章丘）的首次考古发现，距今约 4600 年至 4000 年。此时期，玉器制作技艺实现了显著飞跃，所出土玉器种类繁多，普遍展现出精湛的琢磨工艺、优雅的造型设计及莹润的质感，艺术价值非凡。其中，鹰攫人面佩作为典型代表，不仅体现了龙山文化玉器的高超技艺，也彰显了其独特的审美追求与文化内涵。

【作品赏析】

这件鹰攫人面佩呈片状，由青玉雕琢而成。玉佩的上部是一只展翅的雄鹰，雄鹰以镂雕和浅浮雕手法雕刻而成。鹰的翅膀下连着一个人，鹰爪紧紧抓着人面。"攫"这个动作最早是用来指猛禽用爪捕获猎物，鹰的双爪硕大有力，牢牢地抓住猎物充满了力量。自古以来，鹰就是人们崇拜的猛禽。在传世的文物中，有许多都装饰着鹰的形象。远古时期，人们把盛水的陶器做成鹰的形状，此后鹰的形象开始出现在象征王权的玉器或青铜器上，这反映出古人对鹰的敬畏与崇拜。在这件鹰攫人面佩上，雄鹰张开双翅，双爪紧紧抓住人面，昂首侧视，有着王者的威严与霸气。鹰翅膀下的人很可能代表被俘获的敌人。鹰攫人面佩的整体造型充满了仪式感，同时也让人感觉到一种对大自然的敬畏。这件鹰攫人面佩细致的雕工，使我们很难将它与原始时期联系在一起，然而这件玉佩确实诞生于距今约五千年的新石器时代。

鹰攫人面佩（新石器时代晚期，现藏于天津市博物馆）

【真伪辨析要点】

依据其玉雕手法：鹰攫人面佩，采用精细的切割技艺、复杂的镂空手法及剔地阳纹技术精心雕琢而成。其上部呈现为一只侧首凝视、身躯挺立、羽翼伸展的雄鹰形象，双爪紧攫一人首，展现出强烈的动态美感与力量感。下部则巧妙地设计为一兽首形态，作为支撑与平衡。尤为独特的是，作品在鹰首与兽首之间，创造性地镂空出一组对称图案，这些图案似有人将手足部向外延伸，既增添了作品的神秘色彩，又使得整体构图显得极为奇特且富有层次感。

 妇好玉凤（玉碟）

【作品背景小提示】

妇好，商王武丁之配偶，尊号"辛"，史称"妣辛"，位列商代第二十三任君王之侧。身处武丁中兴之关键时期，她不仅是古代罕见的女性政治家与军事领袖，更以卓越战功著称，为商疆拓展立下不朽功勋，其地位显赫，一时无两。妇好亦兼任卜官之职，深度参与国政决策，是武丁核心统治团队不可或缺的一员，深得王的宠信。尤为特殊的是，商王特赐其封地，此等殊荣，于古代女性中实属凤毛麟角，彰显了其非凡影响力与历史地位。

【作品赏析】

玉凤饰件,出土于1976年河南省安阳市小屯村(殷墟遗址)的妇好墓,妇好为商代第二十三任君主武丁之妻。该玉凤高13.6厘米,壁厚0.7厘米,采用黄褐色新疆优质玉料雕琢,形制扁平,展现出卓越的工艺水平。其形态表现为亭立欲飞之姿,C形身躯蕴含丰富的曲线美与动态韵律。喙部尖锐似鸡,圆目远眺,透露出寻觅与期盼之态。凤冠三朵相连,彰显凤鸟特征;双翅微展,翅上阴线雕琢精细,与相对简短的尾羽形成对比,尾根三道线纹装饰,增添细节之美。长尾舒展,自然弯曲,尾翎错落有致,简洁无饰,彰显质朴之雅。两侧穿孔圆钮设计,表明其作为佩饰的高贵用途。

妇好玉凤(商代,现藏于中国国家博物馆)

玉凤作为古代祥瑞神鸟的具象化表现,与商代甲骨文"凤"字形态相呼应,为探究商代凤鸟观念提供了实物例证。其高冠、细腰、长尾的特征,不仅体现了商代审美取向,更对后世凤鸟形象产生了深远影响。此玉凤雕刻细腻,神韵生动,回首之姿令人倍感亲切,其柔美清新的艺术风格,在商代凝重威严的艺术氛围中独树一帜,是商代玉器中的珍品,亦是早期玉凤造型的杰出代表。

【真伪辨析要点】

依据其艺术特点:玉凤造型呈扁平态,运用正侧面剪影技法,精准捕捉凤之精髓,尤重凤冠与凤尾之描绘。凤尾修长,虽比例上略显失衡,却赋予作品强烈艺术感染力。细部处理上,巧妙融合线刻与穿孔技艺,使轮廓与细节浑然一体,展现出和谐而完美的艺术风貌。

【相关知识点提示】

凤与殷商

龙的形象可追溯至五六千年前的仰韶与红山文化,而凤则作为商代文化的独特创新,深受殷商民族崇拜。据《史记》所载,夏族自视为龙之后裔,而协助大禹治水的殷契,由其母简狄吞食玄鸟(凤之化身)卵而生,此即"天命玄鸟,降而生商"之典故,契后成为商族始祖,进一步强化了凤与商文化的紧密联系。商代对玄鸟的尊崇,直接体现在青铜器繁复多变的凤纹装饰上,这些图案不仅是审美艺术的展现,更是宗教信仰与权力象征的深刻烙印。反观妇好墓中出土的玉器,玉龙众多,而玉凤却仅此孤品,这一现象或可解读为凤在当时是女性尊贵与高雅的象征,妇好作为商王武丁之妻,或以此玉凤彰显其非凡地位与独特品位,而非单纯追求数量之众。这件玉凤不仅是一件精美的艺术品,更是商代社会性别角色与权力结构的重要物证。

腰佩宽柄器玉人

【作品背景小提示】

腰佩宽柄器玉人（商代，现藏于中国社会科学院考古研究所）

在商代文明的光辉篇章中，玉器艺术不仅是与青铜文化并驾齐驱、交相辉映的艺术形态，更是商周高度文明不可或缺的重要标志。特别是安阳殷墟妇好墓的发掘，为我们揭示了这一时代玉器艺术的辉煌成就。妇好作为商王武丁的尊贵配偶，其人生轨迹充满了传奇色彩，她不仅是英勇善战的将领，更是国家大政的参与者与祭祀仪式的主持者，为商朝版图的扩张与文化的繁荣作出了卓越贡献，其地位在当时的社会中无人可比拟。

妇好墓的丰富随葬品，尤其是其中玉器数量的庞大（共计 755 件），不仅彰显了墓主人身份的尊贵与显赫，也反映了商代玉器制作技艺的精湛与繁荣。这些玉器，无论是作为装饰品的华美精致，还是作为礼器的庄重威严，都深刻体现了商代人对美的追求与对自然的敬畏，是商代社会精神文化生活的真实写照。

【作品赏析】

此腰佩宽柄器玉人，高仅 7 厘米，采用黄褐色新疆玉精心雕琢而成。其形态跪坐，双手轻抚膝部，面容特征鲜明：长脸尖颌，细眉如丝，双目凝视前方，鼻挺唇薄，耳廓方正。头部装饰独特，长辫自右耳后起，绕经左耳侧回归右耳根部，配以箍形束发器及前额上方卷筒状装饰，形似平顶冠，顶部发丝微露，并设有对穿小孔，疑为插笄之用。服饰方面，玉人身着交领上衣，衣袖紧致及腕，腰部束以宽带，下摆垂至足踝，整体遍饰云纹图案，展现出商代服饰的精致与繁复。尤为引人注目的是，其腰左侧悬挂一长柄形器，末端卷曲，或为一种古代武器之象征。此玉人不仅工艺精湛，更以其服饰细节为研究商代服饰文化提供了宝贵实物资料。

【真伪辨析要点】

依据其艺术特点：此腰佩宽柄器玉人，作为殷商时期造型艺术的杰出典范，巧妙融合了丰富的想象力与细腻的写实技巧，精准捕捉人物形态与神韵。其设计巧妙，人体比例和谐，表情栩栩如生，既似沉浸深思，又若静待时机，承载了深厚的情感与意境。艺术家以极简而精准的线条，精妙勾勒出衣纹褶皱、发丝流动乃至肌肉纹理，展现出高度的艺术概括力与表现力。此作不仅是商代晚期玉雕技艺巅峰的明证，更彰显了古代工匠对美的极致追求与卓越创造力。

【相关知识点提示】

玉雕人像的猜测

商代玉器，尤其是玉雕人像，其使用权限严格限定于王室贵族阶层，由此引发了关于玉人功能的多重推测。有观点认为，此类玉人或模拟舞人、侏儒之姿，与玉磬共构妇好之伎乐场景，映射其生前死后丰富的娱乐生活。另一说则基于玉人神态与所携武器，推测其或为妇好本人之写照。尽管诸论均为假设，但无可否认的是，这些历经三千余年岁月洗礼的晶莹玉器，无疑是人类文明史上的璀璨瑰宝。

俏色玉鳖

【作品背景小提示】

商代玉器以卓越的琢玉技艺与繁复多彩的艺术风貌，奠定了其在中国玉雕史上的显赫地位。此时期，玉器造型与种类显著扩充，不仅沿袭了璧、琮、璜等传统礼仪玉器的使用，更迎来了浮雕与圆雕技艺的鼎盛，涌现出大量栩栩如生的动物与人物形象作品。尤为显著的是，动物题材作品蔚为大观，既包含龙、凤、怪兽等神话意象，又广泛汲取自然界中虎、鹿、鳖等生物原型，展现出前所未有的创意与生命力。其中，俏色玉鳖作为杰出代表，以其独特魅力，成为商代玉器艺术宝库中的一颗璀璨明珠。

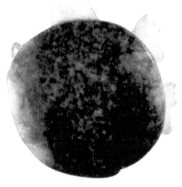

俏色玉鳖（商代，现藏于中国社会科学院考古研究所）

【作品赏析】

这是一件商代玉器珍品，1975年出土于河南省安阳市殷墟小屯村北地11号房。玉鳖长4厘米，有墨黑、灰白两色，局部有褐色沁。作伸颈爬行状，头扭向一侧。背甲凸面打磨工整。刀法巧妙，眼部的眼睑、足部的爪尖，刻画非常到位。黑色玉质部分被用来表现背甲和眼睛，灰白玉质用来表现头、颈、腹、足等部分，造型逼真。在考古学界深入挖掘的众多珍贵玉器中，殷商时期妇好墓内发掘出的玉龟饰品，凭借其非凡的俏色雕琢技艺，赫然成为迄今为止公认的、历史上最早展现俏色工艺辉煌成就的典范之作。

【真伪辨析要点】

依据其俏色：此玉鳖精巧绝伦，长仅 4 厘米，采用圆雕技法精心雕琢。匠人匠心独运，利用白玉的自然褐色外皮作为鳖盖，形态扁圆而生动。鳖体双眼圆睁，四肢平展，呈前行姿态，头部微扬向左，半缩之姿，展现出欲动还静的灵动韵味。尤为精妙的是，黑色玉质部分被艺术化地塑造为鳖背与双目，而灰白色则细腻刻画出头、颈、腹及四肢，色彩对比鲜明，技艺高超，堪称俏色玉雕之典范。

【相关知识点提示】

英国博物馆同类的玉鳖

这只玉鳖与妇好墓出土的玉鳖有些相仿。此玉鳖长 4.1 厘米，宽 2.3 厘米，厚 0.3 厘米，正面玉色土黄，后半部边缘有黑色的沁色，鳖的头伸直向前，脖子上刻有两道阴线，双目圆睁，鳖盖上刻有四道阴线，四爪作向前爬行状，尾尖稍稍右倾。背面光素大部沁黑。鳖的头部有一喇叭口，直径约 0.2 厘米。

西周獠牙式玉人头像

【作品背景小提示】

玉，自古以来在中国文化中占据独特尊崇地位，其字形衍生之词汇多蕴含美好、卓越、高尚、纯净乃至神圣之意涵。西周以降，玉饰佩戴渐成身份与品德之象征，《礼记》明载君子常佩玉以修身。此佩玉风尚，滥觞于新石器晚期，初为美化之用，至西周则深化融入政治、道德及伦理等多重价值体系之中。

獠牙式玉人头像（西周，现藏于中国社会科学院考古研究所）

【作品赏析】

本件玉饰，又称"玉鬼神面像"，源自 1985 年陕西沣西丰镐遗址西周墓葬的考古发现。其尺寸精巧，高 5.2 厘米，宽 4.1 厘米，厚仅 0.6 厘米，采用青玉材质，具有典型商周风格，色泽乳白中透绿，温润细腻，表面抛光至极致光滑。该玉器形态扁平，正面以浅浮雕技法呈现兽面图案，背面则素净无纹。兽面设计独特，顶部平整似冠冕，面部特征以阴线勾勒，眼呈棱形，外扬内敛，极具张力；鼻形如蒜，鼻梁以细线勾勒，与冠顶相连；口部张开，展现八枚方齿与两对獠牙，上下交错，威严毕露。兽面两侧装饰卷曲，上若兽角，下似鬃毛，增添动感。细节之处，双颊、唇边、下巴均饰以细腻纹样，颈部下方设有对称穿孔，便于穿系佩戴。整体观之，此玉鬼神面像双目怒睁，獠牙毕现，鬃毛飞扬，营造出一种神秘而骇人的氛围,是商周时期玉器艺术的杰出代表。

【真伪辨析要点】

依据其雕刻手法:此兽面形玉饰,虽仅厚0.6厘米,宽约4厘米,却精妙运用减地法与阴线雕刻,细腻描绘兽面五官,双颊间隙巧饰细线纹饰,既添装饰之美,又显工艺之精。兽目深邃,边缘深錾而中部微凸,营造立体视感,明暗对比间,瞳仁鲜明,双眸炯炯,尽显生动神韵。牙齿刻画简约至极,一横三竖间,八齿毕现,尽显匠心独运。

【相关知识点提示】

西周时期玉器上的兽面形象

在玉器艺术中,其兽面纹饰常被视作鬼神的象征,与青铜器上盛行的饕餮纹(亦称兽面纹)形成鲜明对照,两者虽形态迥异,却在创作初衷与艺术风格上殊途同归。青铜时代虽已开启,人类对自然的掌控力仍显薄弱,认知亦显局限。此背景下,史前遗留的原始宗教观念持续影响人类思维与行为模式。此类威严恐怖的鬼神兽面,正是彼时宗教心理的具象体现,寄托了先民们驱邪避害、祈求胜利的深切愿望。

春秋　人首蛇身玉佩

【作品背景小提示】

周代玉器逐步演化为权力、道德与礼仪的标志性符号,成为贵族阶层身份不可或缺之象征。玉,作为君子德行之镜鉴,其使用遵循严格等级制度,严禁僭越。公元前770年,周平

人首蛇身玉饰(春秋,现藏于信阳地区文物管理委员会)

王东迁,东周(春秋战国)时代拉开序幕,诸侯纷争,竞相逐对。为彰显权势地位,诸侯开始逾越礼制束缚,采用超越自身等级的成套玉器装饰。此双人首蛇身玉饰,即为彼时贵族所佩戴的组佩玉之一,见证了礼制松动与权力斗争的历史变迁。

【作品赏析】

1983年,河南省信阳光山县出土了一对春秋早期黄国国君夫妇合葬墓中的人首蛇身玉饰,尺寸精巧,外径3.8厘米,厚度仅2毫米。此对玉饰双面同纹,细腻刻画人首与蜷曲蛇身,人首特征鲜明,五官轮廓分明,发式独特,蛇身环绕且饰以龙蛇纹样,增添了艺术层次。其造型或寓意"伏羲"与"女娲"神话形象,展现了古代对创世神话的尊崇。此玉饰虽小却精,不仅是工艺水平的见证,也映射出当时社会文化与信仰的深厚底蕴。

【真伪辨析要点】

依据其雕刻手法:这对人首蛇身玉饰均呈扁平椭圆环状,大小厚薄相同,玉饰呈青黄色,人首与蜷曲的蛇身构成环状。左侧玉饰正面,人首部分采用剔地阳刻技法,细腻凸显轮廓;而蛇身则预示了后世减地平钑之艺,即将纹饰峰棱磨平,营造剪影般清晰轮廓,更添阴线细刻,展现工艺之精湛。背面全部为阴刻,蒜头鼻,具有男性形象。右侧的玉饰两面均为阴刻线,悬胆鼻,正面为"臣"字目,背面眼睛呈圆圈形,似为女性形象。

【相关知识点提示】

"伏羲"和"女娲"

在探讨中国古神话的浩瀚星空中,"伏羲"与"女娲"作为人类始祖的形象尤为璀璨。伏羲,被誉为文明初祖,其形象融合人首蛇身之神秘,与女娲共谱兄妹情缘,更在古文化发明创造中占据核心地位。据传,伏羲洞悉龙马图纹奥秘,创制八卦,揭示宇宙万物变化规律;仿蜘蛛织网之术,革新捕鱼技术,惠及苍生;更以琴瑟之音,谱就《驾辩》华章,启迪艺术之源。此外,伏羲还订立婚嫁礼仪,引导人类步入文明社会,其功绩卓著,影响深远。

而女娲,作为上古创世女神,同样以人首蛇身之姿,展现非凡神力。她不仅与伏羲共结连理,繁衍人类,更以黄土造人,构建人类社会基石。女娲之名,亦与音乐紧密相连,笙簧之器,据传为其所创,音乐女神之誉,实至名归。同时,她亦是婚姻制度的奠基者,促进青年男女结合,繁衍不息,婚姻女神之尊,深入人心。女娲的诸多传说,跨越时空,至今仍在中国民间广泛流传,其影响力跨越千年,历久弥新。

鹦鹉首拱形玉饰

【作品背景小提示】

此鹦鹉首拱形玉饰源自江苏吴县春秋吴国玉器窖藏,发掘于一长约 2 米、宽约 1.5 米的长方形土坑内,共出土遗物 402 件,玉器独占 204 席,余为玛瑙、绿松石、水晶及玻璃制品,数量与质量均属江南吴文化考古之罕见。玉器造型严谨,雕琢精湛,广泛饰以变形龙纹与几何纹饰,鸟形佩、虎形佩等尤为珍贵。据考古学家推断,此窖藏玉器应属吴国王室贵族所有,或系越王勾践伐吴之际,吴国王室仓促间埋藏之宫廷珍宝,甚至可能直接出自吴王夫差之手。

鹦鹉首拱形玉饰(春秋,现藏于江苏吴县文物管理委员会)

【作品赏析】

鹦鹉首拱形玉饰,其规格独特,弧长达 8.4 厘米,宽 3 厘米,厚度仅为 0.5 厘米,展现出精致的工艺水平。玉质淡绿中蕴含墨绿斑点,光泽温润,尽显自然之美。整体形态宛如拱形瓦筒,两端匠心独运,雕琢成对称的鹦鹉首状,高冠挺立,圆目炯炯有神,勾喙生动,头部边缘细密的阳线羽状纹理,更添栩栩如生之感。鹦鹉颈部与器体巧妙相连,浑然一体。

器体表面装饰繁复,四组蟠虺纹交织其间,线条流畅而富有张力,展现出春秋玉器高超的装饰艺术。此玉饰设计新颖,造型别出心裁,构图紧凑而不失和谐,纹饰繁复中见精细,华丽中显雅致,实为春秋玉器中的孤例,珍稀程度不言而喻,堪称稀世之宝。

【真伪辨析要点】

1. 依据其造型

作品基于瓦筒形坯料雕琢而成,匠师巧妙地将两端塑造为对称鹦鹉侧面头像,仅保留头部以适配玉坯弧度与器型需求,实现造型的压缩与省略,赋予其鲜明的图案化特征。鹦鹉首部设计尤为精妙,钩喙、肉冠及眼部显著放大,超越自然比例,展现了匠人在写实基础上实施的夸张艺术手法,使作品更富表现力与视觉冲击力。

2. 依据其构图

该器物构图精妙,借圆弧形之优势,实现纹样满幅布局,四方连续,上下左右皆呈对称之美。巧妙留白,既保统一和谐,又避单调乏味,繁复之中见秩序。

【相关知识点提示】

关于合雕像生玉器

此玉器融合鹦鹉与蟠虺纹,构成合雕像生艺术手法。蟠虺,小蛇缠绕之形,装饰其上,映射对蛇图腾的崇拜之情。鹦鹉,善攀高枝之吉鸟,寓意祥瑞。此类合雕玉器滥觞于西周,春秋盛行,至战国渐衰,见证了纹饰演变的历程。

战国　勾连云纹玉灯

【作品背景小提示】

在战国时期,各国变法浪潮汹涌,社会风貌与个体意识经历深刻变革。此时期,玉雕艺术领域亦迎来转折,由对神祇的虔诚膜拜转向人性光辉的自我展现。审美焦点悄然迁移,由往昔娱神之庄重,演变为娱人之雅致。此件勾连云纹玉灯,恰为这一时代精神与艺术变迁的生动写照,它不仅是

勾连云纹玉灯(战国,现藏于北京故宫博物院)

工艺之美的展现,更是时代审美意识变迁的标志性符号。

【作品赏析】

勾连云纹玉灯,高 12.8 厘米,盘径 10.2 厘米,选用新疆和田青玉雕琢,整体尽显富丽与典雅,散发朦胧蜡状光泽。该灯由灯盏、支柱、灯座三部分精妙嵌合。灯盏呈圆形浅盘状,边缘平整,线条利落,外缘浅雕勾云纹,正反交织,盘心耸立五瓣团花花柱,花瓣微张;支柱圆柱形,中部束腰设计,上端雕琢叶瓣纹,形似含苞待放之花蕾,下端似槌,遍布规整浅刻勾连云纹;灯座亦为盘形,内外皆饰纹,外圈浅浮雕柿蒂纹环绕,边缘及底内均饰以细腻的勾连云纹,工艺精湛,细节之处尽显匠心。

【真伪辨析要点】

1. 依据其纹饰

玉灯之纹饰,勾连云纹严谨有序,彰显战国之独特风貌。其上花朵、柿蒂之形,深刻映射战国时期对自然写实之崇尚,此等纹饰于战国前鲜有出现,是人们思想逐渐挣脱原始宗教巫术束缚,迈向理性时代之重要标志。

2. 依据其工艺

玉灯灯盘外侧勾连云纹,巧妙融合阴阳线技法,先以阴线勾勒,继而内侧浅削、外侧推碾,营造出阳线之视觉效果,使得勾云纹饱满圆润,装饰性显著增强。灯座柿蒂纹于浮雕基础上,通过中心线两侧及轮廓线内之精细碾压,强化了中心与边缘轮廓,赋予纹样鲜明立体感与丰富层次。灯柱上端叶瓣纹亦采此技法,装饰效果更为显著。

【相关知识点提示】

关于灯具

灯最初是由陶豆发展过来的。陶豆是一种简单的陶器,在新石器时代早期就已经出现,开始时是做盛肉器用的。当陶豆中残存有动物脂肪,恰好又有一条作为灯芯的物体存在时,就可能被点燃而照明。可能人们就是受这种现象的启发而逐渐开始主动利用它来照明。到新石器时代的晚期,也就是公元前 2600 年左右,豆灯出现了。随着社会生活的发展和人们对美的追求,人们逐渐不再仅仅局限于灯具的实用价值,开始利用各种方法和技艺对灯进行装饰。这样经过长时间的不断改进,到了战国时期,灯已经有了豆形灯、盒形灯、多枝灯、人俑灯和兽形灯等各种类型,而且制作精美。在战国考古发掘中,灯具遗存虽丰,唯玉质灯具迄今未见出土实例,传世的仅此一尊,彰显其非凡价值,实为稀世珍宝。

西汉　南越国角形玉杯

【作品背景小提示】

南越国角形玉杯（西汉，现藏于广州南越王博物院）

秦朝赵佗受秦始皇的派遣率领50万大军征战岭南，一举占据了今天的广东、广西等大部分地区。秦朝灭亡后，赵佗在岭南地区建立了南越国，就是广州。赵佗是一名中原地区的将领，他想统治岭南地区并不容易。岭南一带世代生活着许多少数民族，古籍中将其称为"越人"，因为族群众多，又有"百越"的说法。赵佗建立南越国后，制定了许多政策，包括让越人参加政权的管理、遵从越人的生活习俗以及鼓励汉族人与越人通婚等，史称"和辑百越"。汉朝建立以后，汉高祖刘邦封赵佗为"南越王"，南越国成为隶属汉朝管辖的一个地方政权。赵佗去世后，其孙子赵眛继位，成为第二代南越王，他延续了祖父制定的政策，使中原文化与百越文化进一步融合。赵眛的这件角形玉杯就体现出中原文化和少数民族文化融合的特点。

【作品赏析】

中国广州南越王博物院收藏的这件汉代的角形玉杯是中国目前发现的唯一一件汉代角形玉杯，出土于西汉南越王赵眛的墓中。它高18.4厘米，壁厚约2毫米，重372.7克。工匠用一整块青白玉雕刻成犀牛角的形状，把中间掏空，用于盛酒。玉杯的口部呈喇叭形，往下渐收，近底处呈卷索状，尾端形似飞卷的浪花。玉杯上装饰一条缠绕的夔龙，从杯口部一直延伸到底部，在夔龙纹中间工匠用勾连云雷纹填补空白。整件器物上的装饰纹样采用阴线刻、高浮雕和圆雕等多种雕刻技法，主纹突出，次纹补白，而且磨工精细，体现出汉代工匠高超的制玉技术。

【真伪辨析要点】

依据其纹饰：汉代琢玉术承战国之基而有所精进，铁器广泛应用于玉器制作中，促使高浮雕与圆雕技艺显著提升，角形玉杯即此技艺之见证。彼时工匠更擅运用阴线刻，将战国"游丝描"技法演进为"游丝宽坡线"，此创新线形独步汉代，玉杯夔龙缠绕之姿即其精妙展现。该玉杯造型地域特色鲜明，尽显汉代玉器之独特魅力。

【相关知识点提示】

犀牛角杯

在古代西方,用犀牛角制作的杯子十分流行。早在公元前1500年,希腊就出现了这类器物,后来在西亚、中亚一带也相继出现了犀牛角制成的酒杯。当时的人们相信,这种杯子是圣物,如果酒中掺有毒药,犀角杯会将毒药溶解,以保护饮酒人的生命。

西汉皇后之玺玉印

【作品背景小提示】

吕后,名雉,山东单县人,从小就美丽聪慧,以果断和狠毒著称。据悉,她掌权时,今广州地区有一个南越国,非常兴盛,为了制约南越的发展,吕后颁布命令禁止卖铁器和马牛给南越,借以对南越国实行经济封锁。吕后当时用来发布命令的,就是这块皇后之玺。

西汉皇后之玺玉印(西汉,现藏于陕西省历史博物馆)

【作品赏析】

皇后之玺,底2.8厘米,通高2厘米,甄选和田白玉雕琢,尽显精致与雅致。在中国悠久的文化脉络中,玉被赋予了超越物质的价值,"黄金有价玉无价"之说,深刻体现了古人对玉的尊崇。和田白玉,温润如脂,晶莹剔透,堪称玉中瑰宝,为皇后之玺增添了非凡的尊贵气息。

此玺钮部巧塑螭虎形。螭,寓意真龙天子的威严;虎,则取其勇猛之姿。二者结合,既显皇家气派,又寓权力之稳固。玺体四周,云纹缭绕,寓意吉祥高升,而底部阴刻篆书"皇后之玺"四字,笔力遒劲,彰显皇家工艺之精湛。

作为封建皇权的象征,玉玺承载着两千余年的历史重量,自秦始皇初创,至清末溥仪退位,见证了无数朝代的更迭与兴衰。而此枚皇后之玺尤为特殊,它属于中国历史上首位垂帘听政的皇后——吕后,其不仅艺术价值非凡,更在历史长河中留下了深刻印记,其意义远超一般玉玺,是中华历史文化中一颗璀璨的明珠。

【真伪辨析要点】

依据造型:汉代玉器风貌迥异于前,趋向浑厚且动感十足,显著区别于战国之凌厉张扬。其造型艺术独步一时,尤爱以龙、虎、螭、凤、辟邪等神秘瑞兽为题材,设计匠心独运,不拘一格,强调动态表现,雕琢技艺炉火纯青。皇后之玺即典型例证,充分展现了这一时期的玉器美学精髓。

西汉中山靖王金缕玉衣

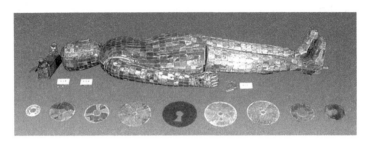

中山靖王金缕玉衣(西汉,现藏于河北博物院)

【作品背景小提示】

古代墓葬中,以玉陪葬之俗源远流长。新石器时代晚期,于良渚与红山文化之大型墓葬中,皆发掘出数量可观的玉器陪葬品,总数逾百,彰显古人对玉之深厚情感与独特信仰。玉衣之滥觞可追溯至战国,时人创制"缀玉面幕",以精细玉片雕琢人面部五官轮廓,覆于逝者面容之上,寓意深远。及至西汉初年,玉衣制度正式确立,彼时称为"玉匣",专为皇室及权贵阶层量身打造,作为身后之特殊殓服。古人深信玉乃山川之灵秀所凝,置金玉于人体九窍,旨在固锁精气,防止外泄,以此祈愿尸身不朽,灵魂得以轮回再生。玉衣之制,实为古人对死后世界美好愿景之寄托。

然而,历史车轮滚滚向前,曹魏时期,魏文帝曹丕鉴于汉代皇陵频遭盗掘之惨状,毅然下令废止玉衣陪葬制度,意在保护逝者安息之地免受侵扰。此举标志着玉衣陪葬制度的终结,但玉作为陪葬品的传统仍在后世延续,只是形式与意义随时代变迁而不断演变。

【作品赏析】

1968年,河北省满城西汉墓发掘出中山靖王刘胜之金缕玉衣,全长达1.88米,由2498块精细玉片与约1100克金丝精心编缀而成。此玉衣严遵人体工学设计,细分为头部(含脸盖与头罩)、上衣(前片、后片及袖筒)、裤筒、手套与鞋(均分左右)五大部分。其独特之处在于,各部位玉片依据人体形态量身定制,形态各异,以方形为主,辅以梯形、三角形等多边形,完美贴合身形。金缕编缀之法,不仅赋予了玉衣"金缕玉衣"之美誉,更彰显了古代工匠高超的技艺与对细节的不懈追求。

【真伪辨析要点】

依据其制作工艺:在玉衣的精湛制作中,工艺水准占据核心地位。制作过程始于依据人体精准比例的精心设计,随后精选材料,按既定规格雕琢出形态各异的玉片,历经钻孔、抛光等精细工序。进而,以金丝为媒,巧妙编结玉片四角,并以丝织物细心包裹缝合各部分边缘,确保玉衣的平整、合身与华美。此过程容不得丝毫差池,任一玉片的瑕疵均可能导致整体的不协调乃至制作失败,彰显了制作玉衣时对工艺极致追求的严谨态度。

【相关知识点提示】

金缕玉衣和银缕玉衣

论及金缕玉衣,银缕玉衣亦不容忽视,其于1970年6月现身于徐州土山东汉彭城王墓,同为男性服饰,全长1.70米,采用绿色软玉精心雕琢,玉片逾2600片,形态丰富,涵盖长条、正方、三角、圆形、半月及橄榄形等。相较于金缕玉衣,银缕玉衣在工艺上更见精妙,尤其体现在面部处理上:金缕仅以细线勾勒眼帘,营造静谧入梦之境;而银缕则巧饰橄榄形玉片于双目处,宛若神采奕奕,醒目传神。下颌部位,金缕采用多片拼接,银缕则精选大块半月形玉片,更显匠心独运。此等细腻变化,映射出玉衣形制自西汉至东汉的演进趋势,可以看出玉衣的制作更加追求形态的真实化与标准化,紧密贴合人体,赋予玉衣更加生动鲜活的生命力。

东汉中山王刘畅墓玉座屏

【作品背景小提示】

在东汉时期,道教风靡一时,社会普遍弥漫着追求长生不老与得道成仙的思潮,使玉器画面广泛融入了神仙故事与羽化登仙的幻想元素。且玉器雕刻中的人形与兽形形象,被赋予了独特的象征意义——生出了双翼,寓意着超脱尘世、翱翔于理想化天堂的美好愿景。尤为值得一提的是,东汉中山王刘畅墓中发掘的玉座屏,不仅是一件精美的艺术品,更是刘畅个人追求长生不老思想的具体物化。

中山王刘畅墓玉座屏(东汉,现藏于河北省定州市博物馆)

【作品赏析】

东汉中山王刘畅墓玉座屏,高16.9厘米,长15.6厘米,材质为新疆和田黄玉。玉屏的主体分为上下两块透雕的半月形玉屏板。上层玉屏板雕刻了中国古代神话传说中"西王母"的形象。她梳着高髻,端坐于云气之中,其两侧有两只青鸟和两个羽人伺候。羽人长着一对翅膀,能像鸟一样飞翔。右边羽人外侧有一只机警的九尾狐,左边羽人的外侧是一只可爱的小玉兔。他们面朝着西王母,仿佛正在讨主人的欢心。在西王母的下方,还有一只三足乌和一只朱雀,它们正回头张望。这件玉座屏下层的玉屏板上雕刻的是仙人"东王公"的形象。东王公的头发向后梳,同样端坐于云气中,两侧也各有一个羽人伺候,右边羽人外侧是一只站立的神兽,似熊,又似豹。在东王公的下方,为两组蛇龟缠绕的玄武形象。玉座屏的两侧为玉质支架,支架呈双璧相连状,表面透雕有青龙和白虎的形象。

【真伪辨析要点】

1. 依据其制作工艺

此玉座屏匠心独运,先施透雕技法勾勒图案轮廓,继以"游丝毛雕"之阴刻细线精琢细节,此法乃汉代玉雕之瑰宝,深化了汉玉造型与图式的层次与意蕴。它有效克服了平面或圆雕之单调与细节模糊之弊,赋予玉器前所未有的立体生动感,将传统阴线刻技艺推向极致,展现精工细作、超凡入圣之境。运用此技法雕琢的玉器,装饰效果更显立体饱满,艺术价值非凡。

2. 依据其题材

这件玉座屏是目前将人物、景物、动物合雕在一起的唯一一件实例,所以显得特别珍贵,全国只此一件。这座玉座屏上雕刻的不只有西王母和东王公两位神仙,还有朱雀、玄武、青龙、白虎,它们分别代表南、北、东、西四个方位。而三足乌和玉兔则代表太阳和月亮。

【相关知识点提示】

"西王母"和"东王公"

西王母是中国古代最具神秘色彩的神仙之一。据《山海经》记载,西王母原本外形像人,但长着老虎的牙齿和豹子的尾巴,能发出可怕的声音,居住在昆仑山中。后来在流传的过程中,西王母的形象逐渐女性化与温和化,她被尊奉为农神和生命神,掌管节气变化、农业生产和人口生育。到了后来,西王母变成了一位雍容典雅、慈祥贤淑的女神,她管理着能使人长生不死的仙药,开始成为百姓祭拜的对象。逢朝政动乱或大灾大难时,百姓们便纷纷设坛,祭拜西王母,以祈求平安。

东王公,又称"木公""东华帝君"。究其源,可追溯到战国时期,当时楚地信仰"东皇太一"神,又称"东君",即为神化了的太阳神(太阳星君),此为东王公的前身。他原为中国古代神话中的男神,后经道教增饰奉为男仙领袖,南、北二宗则奉为始祖。

唐 兽首形玛瑙杯

【作品背景小提示】

唐代经济空前繁荣，文化昌盛，促进了广泛的国际交往，其都城长安（即今西安）成为国际贸易与文化交流中心。彼时，中国商贾远涉中亚、西亚，而阿拉伯商贾与传教士亦纷至沓来，长安城内外籍人士云集，数量逾四五千之众。在此背景下，中国文化深刻影响了朝鲜、日本等地，尤以造纸术

兽首形玛瑙杯（唐代，现藏于陕西历史博物馆）

的传播为著，该技艺先达中亚，后借由阿拉伯人之手远播欧洲。同时，中亚、西亚的文化艺术亦大量涌入中国腹地，实现了双向的文化交流与融合。兽首玛瑙杯作为此时期的一件杰作，正是唐代中外文化交流互鉴的生动例证，展现了唐代开放包容的文化氛围与卓越的艺术成就。

【作品赏析】

此兽首形玛瑙杯，乃唐代唯一存世的俏色玉雕杰作，技艺之精湛，冠绝一时。其高6.5厘米，长15.6厘米，设计精妙，遵循"取势造型，依形布局"之理念，竖纹化杯口，横纹塑兽首，线条和谐流畅。兽首部分，圆目大耳，角势雄浑，螺旋状伸展至杯侧，兽嘴处镶嵌金塞，尽显尊贵。兽双唇紧闭，鼻息微鼓，须髯毕现，细腻入微，栩栩如生，虽似牛首而独具神韵，捕捉猛兽奔腾之瞬间，艺术造诣极高。1970年陕西西安何家村遗址出土此杯，为国内孤例，价值连城。此杯非但非实用之器，更蕴含财富与权力之象征，高贵艺术品也。其风格兼具中土与阿拉伯之韵，或为国礼之珍，见证了唐代开放包容的文化交流盛况。

【真伪辨析要点】

依据其材质：此杯采用世间极为珍稀的红色玛瑙精心雕琢而成。这块玛瑙天生异禀，色彩斑斓而不失和谐，两侧展现出浓郁深邃的暗红，中部则渐渐过渡到柔和细腻的浅红，其间巧妙融入一抹温润的淡白，略带红晕，宛若自然界中的精美三明治，层次分明，既鲜亮又雅致，实为世间难寻的俏丽玉料典范。此兽首杯所选用的红色夹心玛瑙，其独特之处更是罕见，据传极有可能源自遥远的西域，这又增添了几分异域风情与神秘色彩。

【相关知识点提示】

玛瑙兽首杯的来历

玛瑙兽首杯的身世，长久以来一直笼罩着一层神秘的面纱，其独特的饮用方式更是别具一格。当美酒盈杯，需轻轻拔下那镶嵌于杯身之上的金塞，随后自那栩栩如生的兽口处，缓缓倾泻出佳酿的醇厚与芬芳。追溯历史长河，我国自古便不乏形态相近的角杯之作，然其底部却鲜见出水之孔，这一差异引人遐想。

实则，玛瑙兽首杯的形制灵感，深深植根于一种在西方世界广为人知的"来通"酒具之中。这种充满异域风情的酒具，不仅在中亚、西亚的广袤土地上绽放光彩，更在萨珊波斯——今日伊朗的故土上，成为工艺美术领域中的一颗璀璨明珠，频繁出现于各类精美绝伦的制品之中。而玛瑙兽首杯所采用的红色玛瑙材质，亦在西域之地有所发现，进一步加深了其可能源自海外的推测。与玛瑙兽首杯同批出土的文物中，还伴随着大量外国金银币，这无疑为兽首杯的海外身世提供了强有力的物证支持。基于此，学界普遍倾向于认为，此杯极有可能是通过丝绸之路等古代贸易路线，自远方国度传入中土的珍贵艺术品。当然，亦不乏另一种可能，即玛瑙兽首杯虽深受西域文化影响，却是由定居于长安、深谙西域技艺的中亚工匠，或是唐代某位技艺超群的本土匠人，依据从西域传来的器物样式精心雕琢而成。无论是直接舶来，还是本土仿制，玛瑙兽首杯都无疑成为中西方文化交流与融合的生动见证。

唐 八瓣花形玉杯

【作品背景小提示】

唐朝作为中国文明史上一颗璀璨的明珠，其文化艺术领域的成就尤为辉煌，不仅深刻继承了本土传统精髓，更以开放包容的姿态吸纳了外来文化的精髓，共同编织出一幅前所未有的文化新

八瓣花形玉杯（唐代，现藏于陕西历史博物馆）

图景。在这一背景下，玉器雕刻艺术在经历了长时间的沉寂与酝酿后，终于在唐代迎来了它的复兴与繁荣，绽放出别具一格的新风貌。

1970年，在西安何家村的一次考古发掘中，一座唐代窖藏重见天日，其中最为引人注目的便是这件玉杯，它与其他上千件包括金银器、玉器在内的珍贵文物一同被发掘出土。这批宝藏的埋藏时间，大致可追溯到"安史之乱"的动荡时期，即唐朝由盛转衰的转折点附近，但此时的社会经济与文化成就仍处在其辉煌时期的尾声。因此，这件玉杯不仅承载着精湛的工艺技艺，更成为盛唐时期玉雕艺术巅峰状态的生动例证，其艺术价值与历史意义不言而喻。

【作品赏析】

此玉杯色泽温润，呈现为一种高雅的白色半透明状态，确为和田白玉中的佼佼者。其高度精心设定为3.5厘米，口径设计巧妙，自5.5厘米渐宽至最大处的9.9厘米椭圆形，杯身更以精巧的八棱花瓣状设计增添了几分灵动与华美。杯腹之外，遍布着细腻入微的阴线浮雕卷草云纹，每一笔都透露出匠人的精湛技艺与对美的极致追求。底部则配以精致的椭圆形圈足，稳固而又不失雅致。

此杯的造型与纹饰，无一不彰显着唐代装饰风格的独特魅力。八瓣花状的设计灵感，以及那流畅生动的卷草纹图案，原是中亚艺术中的经典元素，却在唐代中期被中国的能工巧匠巧妙地吸收并创新，广泛应用于各类器物的装饰之中，成为唐代工艺美术史上的一抹亮色。无论是瓷器、金银器还是玉器，我们都能在这些珍贵的艺术品上寻觅到它们的身影，感受到那份跨越时空的文化交流与融合。唐代的装饰艺术，以其独特的审美视角和表现手法，将自然界中的花鸟虫鱼等生灵赋予新的生命。它们不再仅仅是简单的自然再现，而是经过艺术家的精心提炼与加工，成为一种既保留自然韵味又蕴含人文情怀的图案化表达。这种装饰风格，既展现了唐代社会对于自然美的热爱与追求，也体现了当时工匠们极高的艺术造诣和无限的创造力。具体到这件玉杯上的卷草纹，便是对自然界中蔓草形态的一种艺术化再现。通过二方连续的排列方式，这些卷草纹巧妙地装饰着杯腹，既增添了玉杯的层次感和立体感，又使其整体显得更加和谐统一、生机勃勃。在光线的照耀下，这些细腻的纹饰仿佛随着光影的流转而轻轻摇曳，更加凸显了玉杯的珍贵与不凡。

【真伪辨析要点】

1. 依据其玉雕工艺

其杯壁虽巧妙地设计成八瓣折叠状，却依旧保持了令人惊叹的纤薄之感，每一片花瓣的棱线与折角都处理得异常清晰，线条流转间尽显灵动之美。腹部装饰的卷草纹，则是匠人运用宽幅斜向阴刻线条精心雕琢而成的，这一手法赋予了纹饰以浅浮雕般的立体视觉效果，既凸显了图案的层次感，又保留了玉质的温润光泽。

这种看似凸起实则内凹的雕刻技艺，实为唐代玉雕艺术的一大特色，广泛见于同时期的各类玉器装饰之中，无论是细腻的花鸟、生动的人物，还是威严的行龙，都通过这一技法被赋予了鲜活的生命力，展现了唐代工匠们对光影效果的深刻理解和巧妙运用。这种雕刻风格与汉代玉雕中那细腻如丝、几不可见的阴刻线条形成了鲜明的对比，标志着中国玉雕艺术在技法与风格上的一次重要转型。

2. 依据其独特性

在唐代文物的发掘历程中，出土的玉器以女性饰品及彰显官员身份地位的玉带扣等装饰物为主，这些物件不仅数量众多，且设计精美，充分反映了唐代社会的审美风尚与等级制度。然而,相比之下,那些贴近日常生活使用的玉器器皿则显得尤为稀缺与珍贵。何家村窖藏的惊世发现中,那只独特的玉杯便是这一稀有类别的杰出代表。迄今为止,它不仅是唐代出土的唯一一件生活用玉杯,更以其非凡的造型设计与精湛的雕刻工艺,成为难以企及的艺术瑰宝。该玉杯的设计巧思独到,每一处细节都透露出匠人的精心雕琢与对美的极致追求,其纹饰繁复而不失和谐,线条流畅而富有动感,令人叹为观止。

【相关知识点提示】

唐代的文化艺术交流

自魏晋时期佛教自西向东传播开来,西域丰富多彩的文化艺术元素大量涌入中华大地,尤其在隋唐盛世,长安城跃升为东方世界的文化与艺术中心,中外文化的交流与融合达到了前所未有的高度。这一时期,中亚乃至阿拉伯世界的艺术主题与创作技法深刻渗透并影响了中国美术的发展轨迹。唐代工匠们展现出非凡的开放性与创造力,他们勇于吸纳外来艺术的精髓,不仅学习其形式,更深刻领会其精神内核,进而将其为己所用,巧妙地融入本土工艺之中,赋予唐代工艺以勃勃生机与独特魅力,使其绽放出前所未有的绚丽光彩。

元　渎山大玉海

【作品背景小提示】

渎山大玉海(元代,现藏于北京北海公园团城内)

公元1260年,成吉思汗这位杰出的领袖成功地将分散的蒙古族部落凝聚成一股强大的力量,随后他率领着这股力量向中原的黄河流域进发,展开了一场波澜壮阔的征服之旅。他们的铁骑如狂风骤雨般席卷大地,所到之处,城池纷纷沦陷,展现出了无坚不摧的威势。在这场征服的浪潮中,西辽、西夏、金朝以及大理等政权相继被成吉思汗及其后继者所击败,标志着蒙古帝国版图的空前扩张。

时间流转至1271年,元世祖忽必烈这位具有远见卓识的君主,为了彰显新朝的气象,正式将国号定为"元",并将都城设立在大都,即今日繁华的北京城。随着元军在各地的胜利,无数珍贵的宝物被源源不断地运回都城,其中最为引人注目的便是一块重达五吨的巨型玉石。这块玉石因其独特的青白底色中夹杂着黑色的纹理而显得尤为珍贵。蒙古族人民性格豪迈,对酒有深厚情感,酒在他们的日常生活中占据着举足轻重的地位。为了庆祝这一系列的辉煌胜利,并犒赏那些为帝国立下赫赫战功的将士们,元世祖忽必烈突发奇想,决定利用这块举世无双的玉石,打造出一个前所未有的巨型酒器。

这个酒器不仅将作为盛酒的容器,更将成为帝国荣耀与胜利的象征,在每一次盛大的庆功宴会上,它都将见证蒙古帝国的辉煌与将士们的英勇。

【作品赏析】

此玉器以一整块色泽青翠、质地温润如玉的巨石雕琢而成,其纹理细腻,图案繁复而精妙,形神俱备,尽显匠人高超技艺。玉器表面生动描绘了十数种海陆异兽的壮丽景象,龙与螭图腾威严地凌驾其上,寓意蒙古大汗的至高无上,下方则汇聚了羊、鲤鱼、犀牛、海螺、蟾蜍、蚌壳、鳖鱼、骏马、灵兔、豚猪以及鼠首鱼身的奇幻生物,它们仿佛自汹涌波涛中跃然而出,竞相奔腾,宛若一场跨越种族界限的盛会,共赴龙宫朝拜龙王,携带着对尊贵主人的崇高敬意与丰盛献礼。此等装饰图案构思巧妙,气势磅礴,恍若一幅活灵活现的万国来朝画卷,成为中国古代玉雕艺术的巅峰之作,此玉器也是迄今为止所发现的最大型玉制酒器。

而玉海内部,则是一片纯净无瑕,光滑如镜,未施任何雕饰,唯余乾隆皇帝(即清高宗爱新觉罗·弘历)亲笔御制的三首诗词及序文,这些文字镌刻其上,不仅增添了文物的历史韵味,更详尽地记录了大玉海的形态之美与流传历程,成为连接古今的文化桥梁,让后人得以窥见那段辉煌的历史片段。

【真伪辨析要点】

1. 依据其雕刻手法

大玉海这尊杰作,源自一块罕见的大玉石,其色泽独特,黑中透白,纹理自然,经能工巧匠精心雕琢而成。其外表覆盖着波澜壮阔的海洋图案,下部海浪翻滚,以浮雕技法与阴线勾勒相结合,细腻地刻画出漩涡与浪花的汹涌澎湃;而上部,则以阴刻的柔美曲线,勾勒出层层漩涡,增添了几分深邃与神秘。

整件作品的核心,在于那些栩栩如生地出没于惊涛骇浪之中的鱼兽形象。艺术家们巧妙地运用了浮雕的立体感和线刻的细腻感,两者相辅相成,既展现了大自然力量的粗犷与不羁,又不失细节之处的精致与典雅。这些动物形象,无论是形态还是神态,都兼具了写实主义的精准与浪漫主义的想象。

以海龙为例,其上半身蜷曲,身体矫健有力,瞪眼伸爪,仿佛随时准备腾空而起,其生动之态,令人叹为观止。特别是其前端,瑞云缭绕,托着一颗璀璨的宝珠,呈现出神龙抢珠的壮观景象,既展现了龙作为神兽的威严与力量,又赋予了作品吉祥美好的寓意。而下半身则巧妙地隐没于海浪之中,只留下部分轮廓,引人遐想,增添了作品的神秘感和艺术魅力。

2. 依据其艺术风格

根据清朝宫廷内务府造办处的详尽历史档案所载,大玉海在乾隆帝统治期间,具体为乾隆十一年(1746年)、十三年(1748年)、十四年(1749年)及十八年(1753年),历经了四次精心的修饰与调整,这些改动主要集中在对其原有纹饰的微妙润色与局部优化上。鉴于元代与清代在玉石雕琢技艺及审美风格上存在着显著的差异,当近距离细致鉴赏这件玉瓮时,不难发现,尽管历经后世修饰,但不同时期留下的艺术痕迹依然能够清晰可辨。换言之,大玉海不仅是一件独立的艺术品,更是跨越了两个朝代,融合了截然不同艺术风格的珍贵结晶,它见证了从元代到清代琢玉技艺的传承与演变,是中华玉文化发展历程中一个独特的里程碑。

明代 白玉双螭耳杯

【作品背景小提示】

明代玉杯,存世量极大,造型品种十分丰富,有圆形、花形、方形、多棱形等,特别是玉杯双耳(柄)的雕琢较从前更加繁缛复杂。常见的有环耳、双龙耳、双螭耳及双花形耳等。杯身高低大小不一,底多有圈足。一般双螭及龙的前肢常伏于杯沿,头部前伸,腹背镂空隆起,后肢与长尾紧贴于杯之下端。也有的杯耳较为简单,呈圆环或近方形。杯面或光素,或琢有鼓凸的乳钉纹,有的则直接以花朵、瓜果为形,琢磨光泽较强。有些作品,耳部透雕部分体积很大,甚至超过杯体,体现了工匠们高超的镂空技巧。

白玉双螭耳杯(明代,现藏于北京首都博物馆)

【作品赏析】

白玉双螭耳杯,高7.7厘米,口径8厘米,材质为上等的新疆和田白玉,杯体两侧镂雕着两条螭,螭的面部近似方形,长尾分叉。它们趴在玉杯的口沿部位,前足和头部稍微探入杯内,似乎正要饮用杯中的琼浆玉液。螭的后足和尾部贴在杯体两侧,后足向前蹬,仿佛要跃入杯中,形象十分生动。

在中国古代传说中,螭是龙的儿子,它没有角,龙头鱼身,喜欢待在水里。明代的螭与以往的造型相比有了很大的变化,头更似壁虎,活泼可爱,少了一分威严。螭装饰在杯口上,则主要是寓意吉祥。但与众不同的是,这只白玉杯上的螭,额头部位刻有"王"字。

【真伪辨析要点】

依据其雕工:中国明代的玉器整体风格比较粗犷厚重,因此文博界用"粗大明"来形容这一时期的玉器特点,明代中期以后,宫廷用玉逐年减少。此时宫廷治玉主要追求数量,对质量有所忽视,有时工匠甚至会利用过去不用的边角余料制成新器。再加上明代治玉延续了一些元代的风格,因此总体上显得比较粗犷。这只白玉双螭耳杯却与传统的明代玉器有所不同,工匠采用了新的琢玉工艺,雕工比其他玉器更加细致,造型也更为生动,是一件不可多得的明代玉器精品。

【相关知识点提示】

墓主人万贵

据史书记载,秦始皇有一枚螭虎钮蓝田玉玺,上面刻有"受命于天,既寿永昌"8个字,这就是后人所说的"传国玉玺"。螭虎的形象出现在传国玉玺上,可以看出它已经成为权势的象征。而这只螭虎造型的白玉杯同样也反映出了墓主人的高贵身份。

墓主人名叫万贵。万贵有个女儿名叫万贞儿,曾经是一名紫禁城里的普通宫女,后来她成为明宪宗朱见深的妃子,被册封为仅次于皇后的贵妃。万贵妃比明宪宗大了整整17岁,但明宪宗对她一直宠爱有加,甚至不惜为了她而废掉皇后。万贵妃在58岁时去世,就在同一年秋天,明宪宗因为悲伤过度也离开了人世。万贵最初只是一名基层官吏,随着女儿受到皇帝的宠爱,万贵的地位也发生了很大变化。他后来还当上了皇家特务机构锦衣卫的指挥使,专门负责保卫皇帝的安全。这个职位一般只能由皇帝最信任的人担任。可见当时明宪宗对万贵是非常器重的。这只白玉双螭耳杯很有可能是皇帝赏赐给万贵的。

大禹治水图玉山

【作品背景小提示】

在清朝乾隆盛世之时,新疆和田地区的密勒塔山脉深处意外发掘出一块重逾六吨的巨型玉石,其色泽青翠欲滴,表面光可鉴人,质地之细腻犹若凝脂,堪称自然之奇迹,举世罕见。和田美玉,自古以来便是名扬四海之宝,其开采历史可追溯至五千载前,但如此庞大之玉石现身,实属历史罕见。此消息迅速穿越千山万水,直达京城紫禁城,最终传入了乾隆皇帝的耳中。皇室对玉石之热爱已蔚然成风,乾隆帝尤为痴迷,他不仅广搜历代玉中精品,更在养心殿内特设玉器作坊,汇聚能工巧匠,专为皇室打造稀世珍宝。乾隆帝不仅精通翰墨,对书画亦情有独钟,其中一幅宋代遗作《大禹治水图》尤为他所珍视,尽管时光流转,画卷已略显斑驳,但其蕴含的历史深邃与治水英雄的壮志豪情,依旧令他心驰神往。年过花甲的乾

大禹治水图玉山(清代,现藏于北京故宫博物院)

隆帝,心生壮志凌云之感,自比古代圣王大禹,遂萌生一念,欲将这块天赐的巨石,雕琢成大禹治水之景,以颂扬大禹不朽之功勋,同时亦彰显自己追慕先贤、治国理政之卓越成就,期许青史留名。于是,他颁下圣谕,责令养心殿造办处依据那幅宋代名画,精心设计巨型玉雕方案,并亲自过目,督导整个制作过程,确保这一旷世之作能够完美呈现。

【作品赏析】

大禹治水玉雕,其巍峨身姿高达224厘米,横展96厘米之宽,重5吨,不仅是中华瑰宝,更是全球范围内无与伦比的巨型玉雕杰作。此玉雕匠心独运,整石被巧妙地雕琢成一座巍峨矗立于黄河之中的巨峰,峰峦叠嶂,飞瀑流泉,松柏苍翠,遍布山峦,仿佛一幅活生生的山水画卷。在这雄浑的自然景观中,治水大军蔚为壮观,他们或挥汗如雨地开山劈石,或肩扛手抬地运送土石,展现了一幅人类与自然抗争、改造山河的英勇图景。尤为引人注目的是,治水领袖大禹的身影赫然在列,他作为指挥者,引领着民众勇往直前,其形象栩栩如生,令人肃然起敬。

此玉雕之精妙,不仅在于其宏大的场面与细腻的雕刻,更在于其深厚的文化内涵。在玉雕的正面,中央醒目地镌刻着篆书方印,下方则刻有"五福五代堂,古稀天子宝"的篆书铭文,彰显着乾隆皇帝对此作品的珍视与自豪。此外,乾隆皇帝还亲自题写了"密勒塔山玉,大禹治水图"的隶书题额,并附上一首七言御制诗:"功垂万古得万古,为鱼谁弗钦仰视。图画岁久或湮灭,重器千秋难败毁。"诗句间流露出对大禹治水功绩的无限敬仰,以及对这件玉雕作品能够永载史册、流传千古的期许。为了更好地衬托这件玉雕的非凡气势,工匠们更是别出心裁地为其设计了一个高逾60厘米、镶嵌金饰的铜座。这一铜座不仅稳固地承托起玉雕,更使其整体显得更加庄重而尊贵。当大禹治水玉雕安放于铜座之上时,其气势之磅礴、姿态之傲岸,令人叹为观止,成为乾隆皇帝众多珍藏中的瑰宝,也是中华民族悠久历史与灿烂文化的生动见证。

【真伪辨析要点】

依据"山子雕"的工艺:山子雕这一独特技艺,巧妙融合了圆雕的立体饱满、浮雕的层次丰富与线刻的细腻入微,展现出无与伦比的艺术魅力。它匠心独运,善于捕捉玉石天然的形态之美,依据石材的色泽与纹理,灵活构思,巧妙布局,将人物风情、山水风光、楼阁亭台乃至花鸟鱼虫的生动景致,凝聚于一个三维空间的复合画面中。此技法下,作品不仅层次分明,更蕴含深远的意境,每一刀一划都仿佛在低语讲述着动人的故事,洋溢着浓厚的诗情与画意。大禹治水图玉山,正是这样一件集大成者的山子雕精品,其珍贵不仅在于材质的上乘,更在于匠人将自然之美与艺术想象完美融合的精湛技艺。

第三章

陶瓷鉴赏

　　陶瓷是陶器和瓷器的总称。常见的陶瓷材料有黏土、氧化铝、高岭土等。陶瓷原料是地球原有的大量资源——黏土经过萃取而成。这种黏土在经过特定处理后，便成为制作陶瓷的关键材料。黏土的特性在于韧性，它在常温下与水结合后会变得可塑，干燥后就能进行雕刻，完全干燥后还可以进行打磨。当黏土坯子被烧至700℃时，它会转化为陶器，这种陶器已经可以用来盛水。而如果将高岭土烧至1200℃，其就会完全瓷化，形成的瓷器几乎不吸水，而且能够抵御高温和腐蚀。

　　人们早在1万多年前的新石器时代就发明了陶器。之后因文明的发展、需求的增多，陶器制造每代都有进步。唐虞三代直至秦汉，无不把陶器当做民生要事。其见于经、史、子、集中，如甓器、缶、土塯、土刑、泰尊、甒甑盆、瓦瓵等，都是陶器。在此两三千年之间，陶质并没有太多进步，直至汉代发明了釉料，从此中国有了瓷器。

3.1 陶瓷的产生和发展

3.1.1 什么是陶瓷

我们经常说的陶瓷,是指陶器和瓷器两个种类的合称。陶器和瓷器有以下区别。① 烧成温度:陶器较低,最低甚至达到800℃以下,最高可达1100℃;瓷器较高,大都在1200℃以上,甚至有的达到1400℃左右。② 坚硬程度:陶器较不坚硬,声音发闷,可用钢刀产生划痕;瓷器更坚硬,声音清脆,难以产生划痕。③ 原料:陶器用普通黏土,瓷器需高岭土。④ 透明度:陶器坯体较薄且不透明,瓷器半透明。⑤ 釉料:陶器釉料低温熔融;瓷器釉料可高温一次烧成或低温二次烧成。

瓷器和陶器虽然不同,但两者紧密相连。制陶技术的持续进步为瓷器的诞生奠定了基础。祖先们在长期制陶过程中逐渐掌握原材料特性,精通烧制技术,积累了丰富的经验,最终促成了瓷器的诞生。可以说,没有陶器的发明与发展,就不可能有瓷器。

3.1.2 陶器的烧制（出现）

新石器时代早期,中国就已掌握陶器制作技术,仰韶文化是其代表。陶器种类繁多,有红陶、灰陶、黑陶、白陶和彩陶等,工艺包括手制、模制、慢轮、快轮等,纹饰技法有压印、拍印、刻画、彩绘等。陶窑结构分为横穴窑与竖穴窑,展示了当时制陶技术的多样性。这些丰富多彩的陶器风格和类别,共同构成了新石器时代陶器文化的独特风貌,体现了当时人类对美的追求和对技艺的探索,为后世陶瓷艺术的发展奠定了基础。

3.1.3 夏商周秦汉时期的陶瓷

（一）夏商周时期

商朝殷墟遗址出土了多种款式的陶器,涵盖灰陶、黑陶、红陶、彩陶、白陶及带釉硬陶,其纹饰、符号、文字与殷商甲骨文和青铜器紧密相连,反映了当时的社会文化。由于青铜器成本高昂,多为贵族所用,陶器因此成为民众日常生活的主要器皿,推动了商代制陶技术的广泛发展。

同时,在商代与西周遗址中发现的"青釉器",已初具瓷器特性,如质地细腻坚硬、胎色灰白、高温烧结、弱吸水性,并饰有石灰釉层,但仍被界定为"原始瓷"或"原始青瓷",

以区分于完全成熟的瓷器。这些发现表明,当时陶瓷工艺正逐步向更高水平迈进。

(二) 秦汉时期

秦汉时期的建筑倾向于采用木材作为主要架构材料,这一特性导致了其不易长久保存。因此,尽管秦代的阿房宫与汉代的未央宫等辉煌建筑未能完整留存至今,我们仍能通过残存的瓦当、汉砖等遗迹,窥见古代建筑之宏伟规模与独特风貌。这些遗物不仅承载着历史的记忆,更是古代建筑艺术与技术成就的珍贵见证。

瓦当:瓦当是屋檐最前端的一片特殊瓦片,带有精美的花纹并装饰有圆形挡片,虽然其质地略显朴实,但依然归类于陶器的范畴。瓦当表面呈现的图案设计独具匠心,融合了云头纹、几何形纹、饕餮纹、文字纹以及动物纹等多种元素,其上的字体书写得流畅自如,艺术气息浓厚,堪称匠心独运的艺术杰作。

汉砖:汉砖同样可归类为陶器,砖上的雕饰繁复且美观,内容包罗万象。无论是彩绘还是浮雕图像,都显得生动活泼,线条流畅;其中所描绘的故事都反映了当时的社会风貌。

兵马俑:兵马俑的制作过程融合了模具与塑造两种技术。其初始步骤是运用陶模塑造出基础形态,随后在初胎外层覆盖细腻泥土以进行精雕细琢、细节刻画及上色处理。在烧制与组装的顺序上,部分兵马俑选择先烧制再行组装,而另一些则先进行组装后再统一烧制。整个制作过程中火候控制得当,确保了整体烧制的均匀性,成品色泽统一,且质地坚硬。

铅釉陶:铅釉陶技术可追溯到商、周时期,其独特之处在于利用铅的化合物作为助熔剂,使得釉料在约 700℃ 的相对较低温度下便能熔融,从而被归类为低温釉范畴。铅的融入不仅有效降低了釉的熔融门槛,还赋予釉面以更高的光泽度。铅釉陶的色彩主要源自铜和铁,其作为色剂,在氧化烧制过程中展现出以绿色为主调的多彩风貌,涵盖了深绿、浅绿、翠绿、黄绿等丰富的绿色系,并间杂着黄、黑、褐等色彩,构成了绚烂多彩的视觉效果。其釉面清澈透亮,触感光滑细腻,犹如陶瓷艺术史上的一颗璀璨明珠。

3.1.4 三国两晋南北朝时期的陶瓷

三国两晋南北朝时期,中国经历了剧烈的社会动荡,制瓷业南北发展亦显不均。在环境较为安定的南方,浙江越窑成为青瓷技艺传承与创新的中心,其产品"六朝青瓷"闻名遐迩。相比之下,北方因战乱影响,瓷器生产滞后,直至6世纪初方见随葬青瓷,而后白瓷崭露头角。

此时期,南方以青瓷为主,北方则以白瓷、黑瓷等为主。三国时,各地瓷窑就地取材,西晋越窑更精选铁钛含量高的瓷土,烧造出灰胎青瓷,釉色青灰沉稳。南方青瓷窑场普遍采用光泽透明的石灰釉,黑釉则源自含铁量高的紫金土。北魏时期,青瓷技术北传,黑瓷、白瓷相继兴起,尤其是白瓷的诞生,标志着中国制瓷业的新纪元。初期白瓷,胎质细腻洁白,釉层薄润,虽略带青色,却已显青瓷蜕变之迹。北方青瓷、黑瓷、白瓷的成功,为唐宋名窑的繁荣奠定了坚实基础。

同时期,南方陶器多用于随葬,而北方铅釉器则在衰落后于北魏复兴,工艺与用途均获拓展,施釉技术多样,预示唐代三彩陶器的兴起。陶塑艺术方面,北朝突破僵硬风格,造型生动优美。建筑陶瓷亦持续发展,砖瓦产量质量齐升,以素面瓦为主,瓦当纹样由卷云渐变为莲花,吉祥文字与纪年瓦当并存。北魏更创琉璃瓦,施浅绿釉,装饰用雕塑砖,其上兽面造型威严,艺术价值极高。这一系列发展,不仅反映了当时陶瓷工艺的精湛,也为后世陶瓷艺术的繁荣奠定了基石。

3.1.5 隋唐陶瓷

在隋唐五代时期,中国瓷器史上出现了"南青北白"的分布格局,南方主要集中在青瓷的生产上,而北方则以白瓷为主。在青瓷中,越窑的产品品质尤为出色,而白瓷方面,则以邢窑的产品为最优。此时期,关键的窑具——"匣钵"得到了广泛的推广和应用,这一技术对瓷器制作产生了深远影响。它不仅促使瓷器的制作技艺与造型设计经历了显著变革,还使得瓷器的胎壁逐渐从厚重转向轻薄,底足形状也由平底、饼形足演变为玉壁形底、圈足。此外,"匣钵"的应用还有效地保护了釉面免受窑内烟熏的污染,确保了瓷器色泽的纯净度。在这一阶段,瓷器造型也日趋轻巧与精致。同时,还涌现出绞胎瓷、花釉瓷、秘色瓷等高端瓷器种类。值得一提的是,长沙窑在这一时期广泛采用了高温釉下彩、釉上彩等新技术,极大地丰富了瓷器的艺术表现形式。此外,中国瓷器的出口规模也呈现出显著的扩大趋势。

(一) 隋代陶瓷

隋代虽历时短暂,但在推动白瓷的演进过程中扮演了举足轻重的角色,起到了承前启后的作用。隋代瓷器的特征显著,其胎土质地细腻且洁白无瑕,坯胎坚固且釉面润泽。其色泽常微带黄色,透出一种乳白色的光泽。在器型上,它们通常采用平底折边设计,边缘部分会凸起形成一条明显的边沿,平底部分不施釉,而器物的腹部则常饰有凸起的弦纹。

隋代在白瓷烧制技术方面已颇具水准,其成功烧制的白瓷在中国陶瓷史上具有深远的影响。这一成就为后续彩绘瓷器的发展与繁荣奠定了坚实的基础。

(二) 唐代陶瓷

到了唐代,瓷器制作技艺显著提升,已然蜕变至成熟阶段,这标志着瓷器真正步入了新的历史时期。陶瓷之间的本质区别,主要在于其质地是否洁白、坚硬或半透明,而决定这一特性的核心因素是烧制温度。汉代虽已有瓷器雏形,但由于烧制温度不足,质地较为脆弱,仅能视为原始瓷器。然而,发展至唐代,不仅釉料技术已经成熟,烧制温度也能达到1000℃以上。因此,我们可以确信,唐代才是瓷器真正迈入成熟的时代。

始于南北朝时期的"南青北白"瓷业布局在唐代逐渐形成了明显且稳定的产业格局。从北朝至唐代，中国古代制瓷技艺逐步演进为青釉和白釉两大体系，它们各自在后续发展中呈现出不同的特色。

浙江越窑作为我国青瓷的重要品种，其特色在于胎骨较薄，釉面均匀，呈现出一种青翠莹润的色泽。越窑的早期产品多延续南朝风格，胎质灰白且较为疏松，釉色偏青黄且易剥落，器型种类与造型变化均较为有限，因此在北方上层社会中，其地位尚不及白瓷。然而，越窑的鼎盛时期出现在晚唐和五代，此时的产品虽然胎色仍为灰白色，但胎质已变得细腻紧密。多数器物造型规整，通体施釉，釉面均匀且光泽度好，但颜色稳定性尚待提升。在器型上，越窑受外来文化影响显著，特色器型包括双龙耳壶、扁壶和凤头壶等。此外，越窑的装饰技法多样，包括划花、印花、镂空等。

白瓷在唐代达到了真正的成熟期，特别是在中晚期，已成为与青瓷并驾齐驱的独立瓷种。当时，北方多个地区都在烧制白瓷，其中以河北邢窑最为著名。陆羽在《茶经》中用"类银""类雪"来形容邢窑白瓷的色泽，显示出其白度的高度成熟。邢窑白瓷的烧制技术也相当精湛，从现存实物来看，无变形、歪塌等缺陷，制作工艺精细且造型端正。邢窑白瓷以色白和朴素少饰为特点，器型简洁、质朴且端庄大气。此外，黄河流域的多个瓷窑也以烧制白瓷为主。

唐代另一重要产品是著名的唐三彩，其色彩亮丽且多样，主要以黄、绿、青三色为主。唐三彩作为陪葬品，利用交叉混合的上釉技术制造出美丽的花朵和图案。其种类繁多，包括人物、动物、各种器皿等。其中，马俑和人物造型尤为受欢迎，展现出栩栩如生的姿态和丰富的性格特征。

3.1.6 五代十国陶瓷

五代十国时期是中国历史上的又一个动荡阶段，其社会背景深刻地影响了文化艺术的走向。在这一时期，江南地区相对较为稳定，成为北方人口南迁的重要目的地，促进了南北文化的交流与融合。在陶瓷工艺领域，尽管瓷窑数量有所缩减，但瓷器制作的质量却实现了显著提升，这反映了工艺技术的精进与传承。

此阶段，越窑、耀州窑及定窑作为主要的瓷窑代表，共同塑造了五代十国瓷器艺术的独特风貌。其中，青瓷作为主导瓷种，其胎釉、器型与纹饰等方面均展现出对唐代风格的继承与创新。具体而言，越窑青瓷以其细腻的胎质、规整的器型、光润的表面以及口沿的轻薄著称，其釉层均匀且施釉完整，体现了高超的制瓷技艺。而定窑瓷器则展现出更为丰富的式样变化，胎质依据不同工艺需求分为粗细两类，釉色则呈现出纯白或白中泛青的温润光泽，体现了匠人对材质特性的深刻把握与艺术表达。此时期的瓷器艺术在继承唐代传统的基础上，通过技术的提升与文化的交融，实现了对既有风格的深化与拓展，为后世陶瓷艺术的发展奠定了坚实的基础。

3.1.7 宋代陶瓷

宋代是中国瓷器艺术史上的黄金时代,见证了瓷器制造业的空前繁荣与多样化发展。此时期,瓷器创作呈现出百花齐放、争奇斗艳之盛况,瓷窑广泛分布于大江南北,名窑辈出,产品类型丰富多样。在青、白两大瓷系持续辉煌的同时,黑釉、青白釉及彩绘瓷等新兴瓷种亦蓬勃兴起,极大地丰富了瓷器艺术的表达形式与审美内涵。

汝窑、官窑、哥窑、钧窑与定窑这五大名窑的杰出作品,以其卓越的工艺、独特的风貌和极高的艺术价值取得了举世瞩目的成绩,成为后世珍藏与研究的瑰宝。此外,耀州窑、湖田窑、龙泉窑、建窑、吉州窑、磁州窑等地方名窑亦以各自独特的艺术风格与技艺特色,在瓷器领域内独树一帜,共同绘就了宋代瓷器艺术绚丽多彩的画卷。

宋代瓷器艺术的这一巅峰时期,不仅标志着中国陶瓷史上的一个崭新高度,更为元、明、清各代瓷器艺术的持续发展奠定了坚实的基础。其在技术创新、艺术创造及文化传承等方面所取得的辉煌成就,对于后世瓷器制作技艺的提升与艺术风格的形成,均产生了深远而持久的影响。

(一) 汝窑

汝窑是北宋宋徽宗年间设立的官窑,虽存续不足 20 年,却在中国陶瓷史上占据重要地位。1987 年,在宝丰县凉寺村南河畔台地上发现了汝官窑址,面积约 25 万平方米,内涵丰富。

汝窑以青瓷为主,釉色多样,有粉青、豆青等。胎体较薄,釉层较厚,有玉石般的质感,釉面有细腻的开片。其采用支钉支烧法,底部留有小支钉痕迹。汝窑瓷器制作规整,造型庄重大方,多仿造古代青铜器式样。

汝窑的胎质细腻,工艺精湛,更独特的是以名贵玛瑙入釉,使其色泽随光变幻。釉面平滑如玉,有细小开片,釉下气泡在阳光下闪烁,增添生动气息。胎与釉结合处的微红晕,更显汝窑的温润与雅致。

总体而言,汝窑以其细腻胎质、独特釉色和精湛工艺,成为中国陶瓷史上的璀璨明珠,莹润如堆脂的质感令人叹为观止。尽管存续时间短暂,但汝窑的卓越成就已足以让其永载史册。

(二) 官窑

官窑始建于宋徽宗政和年间的京师汴梁,其确切窑址至今仍未被发现。此窑主要以烧制青瓷为主,尤其在大观年间,其烧制的青釉瓷器名扬四海。其产品线丰富,包括瓶、尊、洗、盘、碗等多种器型,同时亦仿制了周、汉时期的青铜器样式,如鼎、炉、瓴、彝等,整体设计透露出宫廷特有的庄重与典雅。在原料选取与釉色调配上,官窑均表现出极高的要求,其中月色、粉青、大绿成为当时最为流行的釉色。

官窑瓷器的特点显著,其胎体相对厚实,天青色釉面略带粉红,且釉面呈现出明显的大纹片,这是由于胎与釉在受热过程中的膨胀系数差异所导致的,也成了北宋官窑瓷器的独特标志。然而,由于传世作品稀少,北宋官窑瓷器显得尤为珍贵。

在制作工艺上,官窑瓷器选料严谨,用料上乘,使得胎质异常细腻。其胎色主要呈现为紫黑色,而在足边及口沿釉薄之处则显露出紫褐色,因此得到了"紫口铁足"的雅称。釉层厚实且质地如凝脂般细腻,整体釉面宛如玉石般光滑润泽,光泽度适中,给人一种温润如玉的视觉感受。此外,其釉面色彩多变,包括粉青、翠青、灰青、米黄等。特别值得一提的是,釉面上的纹片已成为鉴定官窑瓷器真伪的重要标志之一。

(三) 哥窑

哥窑的确切窑址至今仍是陶瓷史研究中的未解之谜。历史文献与口传资料提及,哥窑可能与章生一、章生二兄弟在两浙处州龙泉县的窑业活动相关联,其中兄长所建之窑被后世称为"哥窑",而弟弟的窑场则称为"弟窑"或章窑、龙泉窑。有学术观点认为,现藏于宫廷的所谓哥窑瓷器,实则可能出自南宋修内司官窑之手。

哥窑瓷器的显著标志在于其釉面遍布着大小不一、形态各异的开裂纹片,业界俗称"开片",具体可分为"鱼子纹"(细密如鱼子)、"蟹爪纹"(裂纹呈弧形延展)及"百圾碎"(裂纹大小相近且密集)等类型。其中,仿制北宋官窑风格的黑胎瓷器,同样展现出"紫口铁足"的特征。哥窑瓷器的胎色丰富多样,涵盖黑、深灰、浅灰及土黄等色调,而其釉层则呈现出乳浊不透明的质感,以灰青色调为主流。

在器物类型上,哥窑以炉、瓶、碗、盘、洗等宫廷用瓷为主,这些作品不仅质地优良,工艺精细,更在器型设计上远离民间窑器的风格,展现出浓厚的宫廷艺术气息。哥窑瓷器的胎质细腻,即便在足边及口沿釉层较薄处,亦能窥见胎体的深色基底。其制作工艺高超,烧造时多采用支钉支烧或垫烧技法,部分盘炉类器物的足底留有精致的圆形支烧痕迹。

釉色方面,哥窑瓷器以青灰、米黄色调最为常见,釉质肥厚莹润,釉面裂纹细密而独特,尤为引人注目的是一种被称为"金丝铁线"的裂纹效果,即在黑色大开片中穿插着细小的黄色裂纹,这种人为制造的缺陷美,成了哥窑瓷器独一无二的艺术特征,体现了宋代陶瓷工匠对自然美的追求与精湛技艺的展现。

(四) 钧窑

钧窑依据其性质可细分为官钧窑与民钧窑两大体系,其中官钧窑乃宋徽宗时期继汝窑辉煌之后所设立的又一座皇家御用窑场。钧窑之名,源自其广泛分布的河南禹州市(古称钧州),尤以该县域内的八卦洞窑与钧台窑最为声名远播,专事烧制专供皇室御用的精美瓷器。

钧瓷的制作工艺独特,采用双次烧制技法:首次为素烧,待坯体初步成型后,再行施釉并复烧。钧瓷之釉色,堪称一绝,其色彩变幻莫测,红、蓝、青、白、紫等色相互交织,绚烂多彩,犹如天边云霞,宋代诗人曾以"夕阳紫翠忽成岚"之句,形象地描绘了钧瓷釉色的非凡魅力。这一独特釉色效果,源自烧制过程中铜元素的化学变化,即"窑变"现象,此乃中国陶瓷史上的一项重大创新。

钧瓷釉层厚实,烧制时釉料自然流动,以填补胎体可能产生的微细裂纹,出窑后形成自然流畅的纹理,酷似蚯蚓在湿润土壤中留下的痕迹,被称为"蚯蚓走泥纹",此特征增添了钧瓷的艺术韵味与自然美感。

钧瓷在北宋末年多服务于皇家"花石纲"项目,其花盆类产品尤为出类拔萃,体现了钧瓷在园林艺术与宫廷审美中的独特地位。钧瓷的釉色窑变特性,使其享有"入窑一色、出窑万彩"及"钧瓷无双"的美誉,意指即便是同批次、同釉色的钧瓷,在经历1350℃高温烧制后,每件作品所呈现的色彩与纹理均独一无二,充满了难以预料的惊喜与美学价值。

(五)定窑

定窑作为典型的民窑代表,善于对白瓷进行烧制,所产瓷器质地细密,轻薄透光,釉面光洁,犹如凝脂美玉。除白釉外,亦兼制黑、绿、酱等釉色瓷器。其器型多样,盘碗为大宗,辅以梅瓶、枕、盒等。器底常见"奉华""聚秀"等皇室及官府用瓷标识,显示其市场定位的广泛性。覆烧技术导致盘碗边缘无釉,形成"芒口"及"泪痕"特征,独具匠心。装饰工艺上,定窑以划花、绣花及竹丝刷纹等技法著称,展现出丰富的艺术表现力。出土瓷片上的"官""尚食局"等字样,则有力证明了定窑部分产品确为官府及宫廷定制。定瓷之美,在于其胎质之坚密细腻,釉色之透明柔润,装饰之丰富多彩,尤以白瓷为尊,辅以多彩釉色,更显其艺术魅力。

3.1.8 元代陶瓷

在陶瓷演变历程中,元代扮演了承前启后的关键角色。此时期,青花瓷与青花釉里红逐渐崭露头角,枢府瓷及彩瓷亦广为流传。尤为值得一提的是,白瓷在当时成为瓷器的主流,其釉色白中泛青,颇具特色。这些发展不仅彰显了元代陶瓷工艺的精湛,更为明清两代的瓷器进步奠定了坚实基础,推动了中国陶瓷艺术达到新的高峰。

(一)青白瓷

青白瓷在宋代是景德镇的主要产品,其生产在元代得以延续,但在胎质、釉面、器型和装饰技法上与宋代存在差异。元代青白瓷的胎质洁白、坚硬且细腻,胎体相对较厚。其釉层略显厚重,色泽白中透青,呈现出不透明的特质。除了部分瓷器保持素净无纹外,还运用了刻、划、印、堆塑、点彩及镂雕等多种装饰手法。常见的刻画纹饰包括云龙、卷枝、卷草、牡丹和莲瓣等图案。此外,盘和碗的内心常凸印有花朵图案,而堆塑技法则多用于器盖或器身的装饰。

在器型方面,元代青白瓷不仅涵盖了日常用器如盘、碗、高足杯、瓶、罐和炉,还涌现出一些新颖的设计,例如葫芦形执壶、扁执壶、多穆壶、匜、砚滴以及笔山等。这些器物的体型通常显得厚重而饱满,其中瓶、罐等器物的下腹和胫部设计得相对清瘦,而盘、碗则呈现出体大圈足小的特点,整体给人一种头重脚轻的视觉感受。

(二) 青花

青花瓷是通过在白色坯胎上用钴料绘制纹饰,再覆盖透明釉,经高温一次烧成的白地蓝花瓷器。元代中晚期的青花瓷可分为两大类。

第一类多为小件器物,如高中产杯、碗、盘等,胎体轻薄,工艺不甚精细,釉色以青白、乳白为主,青花颜色灰暗,纹饰稀疏但奔放。这类瓷器使用的钴料与国产钴土矿特点相同,应为国产钴料绘制。它们多为日常生活用品,生产数量有限,属于民用瓷。

另一类为大件器物,如大瓶、大罐等,其胎体厚重,色白致密,透明釉白中闪青。青花颜色浓艳,有黑褐色斑点,纹饰层次丰富,但布局繁而不乱。这类瓷器的纹饰内容多样,如缠枝菊、蕉叶、缠枝莲等,常与其他图案组合,展现了独特的艺术魅力。

总的来说,元代中晚期的青花瓷以其独特的白地蓝花装饰、精湛的绘制工艺和丰富的纹饰内容,展现了极高的艺术价值和历史意义。这两大类青花瓷各有特色,小件器物实用而精致,大件器物则更具艺术性和观赏性,共同构成了元代青花瓷的瑰丽画卷。

(三) 釉里红

釉里红瓷器以其独特的白地红花之美而闻名。在制作过程中,匠人先以氧化铜为着色剂,在坯胎表面精心绘制纹饰,再覆盖上一层透明釉。随后,在严格控制的还原性气氛中,经过高温烧制,最终呈现出美丽的红花图案。尽管青花与釉里红在原料和视觉效果上有所不同,但两者在制作工艺上却有着惊人的相似性。但是,釉里红的烧制条件更为苛刻,需要匠人具备高超的技艺和丰富的经验。

元代的釉里红瓷器更是瓷器中的瑰宝。其胎质坚硬、细密且洁白如雪,釉层白中略带青色,触感光滑如玉。其纹饰图案丰富多样,不仅有缠枝菊、牡丹、莲花等花卉图案,还有云龙、云凤、云鹤、孔雀、芦雁等吉祥瑞兽,更有人物故事等生动场景。这些图案不仅美观大方,更体现了匠人们的高超技艺和深厚文化底蕴。

在器型方面,元代釉里红瓷器同样展现了丰富多彩的特点。大罐、高足杯、匜、玉壶春瓶、塔式罐等各种器型应有尽有,既满足了当时人们的日常生活需求,也展现了元代瓷器艺术的独特风格和精湛工艺。这些瓷器不仅具有实用价值,更是不可多得的艺术珍品。

3.1.9 明代陶瓷

明代,我国陶艺发展迈入新纪元,白瓷逐渐取代青瓷成为主流,其中青花瓷与五彩瓷尤为出色,被誉为明代白瓷的杰出代表。景德镇作为主要的窑厂,规模宏大,影响深远,从明代一直持续到清代,历时五六百年,为中国陶艺的繁荣作出了巨大贡献。

永乐宣德时期,青花瓷开始崭露头角,虽然其制作精致度还未能与甜白和脱胎相媲美,但由于引入了苏麻离青钴料,青花瓷焕发出独特的光彩。画师们运用深厚的艺术修养,巧妙利用青料的散晕效果,以没骨花卉的笔法,营造出水墨画的意趣。线条的浓淡变化灵活自如,使得作品更加生动有力。同时,回教图案的融入,结合中国传统绘画技巧,使得整体布局清晰明朗,透露出雄浑古朴的气息。

随后,在成化、正德年间,青花瓷进入中期发展阶段。由于苏麻离青料已用尽,陶艺家们改用平等青料,虽然其色泽较淡,无法与苏麻离青的浓郁相比,但他们通过加彩或更为精细的表现手法,以及精炼和细腻的绘画技巧,借助薄胎白瓷的特质,成功达到了精致的艺术目标。

到了嘉靖、万历时期,青花瓷步入晚期发展阶段。回青料的使用为嘉靖各窑带来了繁荣,瓷器色彩浓烈而醒目。这一时期的瓷器产量大增,甚至远销至欧洲。同时,五彩瓷和斗彩瓷的兴起为后世彩瓷的发展奠定了基础,"万历彩"更是名垂青史。此外,各式彩瓷如红地黄彩、蓝地黄花等也蓬勃发展,图案设计更加丰富多样。

明代起,景德镇逐渐成为窑址的集中地,官窑和民窑都偏向于生产彩绘瓷器。与宋瓷以单色釉为主的特点不同,明代瓷器开始进入彩绘的新时代。瓷胎也变得更加轻薄、细腻、洁白。此外,从这一时期开始,在坯身上铭记款式成为常态,这些翔实的信息为后来的研究考据提供了宝贵资料。

3.1.10 清代陶瓷

在清朝时期,中国瓷器艺术达到了巅峰。凭借数千年的积淀、景德镇的优质原料、督陶官的精心管理,以及康熙、雍正、乾隆三代的政治稳定与经济繁荣,加之皇帝的重视与推崇,瓷器制作技艺和装饰艺术均取得了卓越成就。这一时期,不仅官窑瓷器精美绝伦,各地民窑也蓬勃发展,且受西风影响,陶瓷外销带动了西洋原料与技术的传入,进一步丰富了陶瓷业态。然而,量产与仿制之风也带来了一定程度的匠气化,创意相对匮乏。

(一)粉彩

雍正时期的粉彩瓷器堪称一绝,其色调柔和淡雅,构图精细工整,又被称为"软彩"。采用白粉铺底塑造立体感,再施以色彩渲染,形成浓淡明暗的层次变化,作品清新透彻、温润平实,富有工笔花鸟的意趣和浓厚的装饰性。

(二)珐琅彩

乾隆时期继承了前朝的优良传统,瓷器作品秀丽精巧。此时期不惜工本,力求创新,将多种工艺技法融合于陶瓷制作之中,同时仿制了其他多种材质的产品。在彩绘方面,珐琅彩的成就尤为突出,它最早采用进口颜料烧制,因此也被称为"洋彩"。珐琅彩的材质色泽晶莹、质地厚重,用作装饰时,花纹呈现出微凸的立体感。景德镇的瓷胎被运送至宫廷后,由画院工匠进行精细彩绘,多为"内廷秘玩",装饰画法极尽精细华美,宫廷气息浓厚。加上宫中的"古月轩"款式,使得这些瓷器成为名贵的古月轩瓷。

（三）紫砂

宜兴紫砂在清代也迎来了大发展,产量大幅提升,名家辈出。除了制作宜兴壶外,还涉及碗盘、花瓶、花盆等日常用品的制作,保持了紫砂的本色与古朴意趣,同时各种色陶也展现出独特的创意。

3.2 陶瓷的一般鉴定方法

自古以来,陶瓷器一直存在仿制现象,因此,要从浩如烟海的陶瓷作品中准确地鉴别出某件陶瓷的生产年代、生产窑口、真伪以及艺术价值的高低,实非易事。这项任务不仅要求鉴定者具备专业知识,同时还需广泛涉猎历史、文学、艺术及理化等多个学科领域。

众多古代陶瓷窑址出土的陶瓷样本、现代考古工作发掘的带有明确纪年信息的古代陶瓷,以及大量传世且标有生产年份的古陶瓷,均为古陶瓷鉴定提供了可靠的参照标准。这些珍贵的资料为确定古陶瓷的生产年代、辨别真伪以及解答疑难问题提供了科学的依据。

鉴定陶瓷,应着重注意以下几个方面:

3.2.1 依据造型

不同历史时期因其独特的审美观念、生活方式和技术水平,所产出的陶瓷器具有各异的造型特征,这些特征为陶瓷鉴定提供了重要线索。

首先,我们需对各个历史时期的陶瓷器造型有所认知,并理解其演变趋势。如春秋战国时期的原始青瓷,其造型多仿照青铜器,展现出古朴刚劲的风格;三国至南北朝的瓷器则从粗矮向瘦高演变;唐代瓷器形态浑圆,彰显出雍容华贵之气;宋代瓷器修长轻盈,透露出勃勃生机;而元代瓷器则一反宋代风格,器型高大、厚重粗犷;至明代,瓷器造型又变得秀丽古拙,给人以清新之美;清代瓷器则形态多样,工艺精巧。

除了了解各代瓷器造型的基本特点,还应掌握观察造型的细致方法。通过对陶瓷器的口、腹、底足乃至附属部分如耳、流、柄、系等进行仔细观察,总结其规律。只要我们对这些特征有了足够的认识,就能轻易识别出伪造品,如同手握一把精准的尺子,能够准确度量真伪。

3.2.2 依据胎釉

在陶瓷鉴定领域,不同时代、不同窑口所生产的瓷器,其胎体与釉层的化学成分以及烧制条件的差异,直接导致了成品的质地与釉色的独特性,这在陶瓷鉴定中是关键性的依据。

对于胎质的鉴别,核心在于对器物底足、口沿露胎部分及器身缩釉区域的细致观察,这些区域往往能够直接反映胎体的本质特征。无论时代如何变迁,通过对这些区域的分析,均可获得关于胎质特性的关键信息。

釉质的鉴定则侧重于釉色、光泽度及气泡分布等微观特征的考察。以宋代为例,福建建阳建窑所产黑釉瓷,其胎料富含铁质,导致胎色深沉,呈紫黑色调,且胎质紧密细腻;相比之下,江西吉安吉州窑的黑釉瓷,尽管部分器型和釉色与建窑相近,但因制胎原料的差异,其胎色呈现出米黄或黑中带青的色调,胎质则显得相对疏松。此类差异对于区分不同窑口具有重要意义。

进一步而言,即便在同一时代、同一品种内部,通过细致的胎釉观察,亦能发现细微差别。如明代永乐、宣德年间景德镇所制青花瓷器,其釉色白皙细腻,釉面肥厚且带有微妙的橘皮状凹凸感,釉中散布着大小不一的气泡;而明末时期的青花瓷器,其釉色则转变为轻薄透亮,呈现出截然不同的风貌。这些细微差异为陶瓷鉴定提供了更为丰富的信息维度。

3.2.3 依据工艺

陶瓷的制作过程中,成型技术、装载与烧制方式、烧制氛围及所使用的燃料等差异,均会在陶瓷器物上形成独有的特征,这些特征构成了陶瓷鉴定的重要参考依据。举例而言,宋代定窑瓷器运用了覆烧技术,其烧制成的瓷器口沿部分不施釉,这被通俗地称为"芒口";相对地,宋代汝窑瓷器则采用支钉支烧技术,其烧制成的瓷器全身施满釉料,仅在器底留下微小的芝麻状支钉痕迹。这些不同的工艺特征为陶瓷的鉴定提供了有力的线索。

3.2.4 依据纹饰

陶瓷表面的纹饰,无论是题材选取还是表现手法,都深刻地映射出当时社会的审美观,因此每个历史时期都有其独特的艺术风格和特征。以元代青花瓷器为例,其纹饰布局繁复紧密,层次丰富,少则二至三层,多则可达七至八层;然而,发展至明代永乐年间,纹饰风格则逐渐趋向简洁疏朗。此外,龙纹作为中国瓷器装饰的常见元素,其形态在各个时代也呈现出不同的变化,各具特色。

3.2.5 依据彩料

瓷器釉彩随时代变迁而各具特色,即便采用相同呈色原理的彩料,亦因成分比例、制备工艺及烧成条件的差异,导致釉彩色彩迥异。以明代宣德年间青花瓷器为例,其普遍采用进口青料,该青料因锰含量较低而铁含量较高,在烧制过程中易形成自然分布的黑疵斑点,此独特现象成为宣德青花瓷器的重要标志之一。相比之下,清代雍正时期对宣德青花的仿制,由于采用不同青料,难以精准复刻宣青的独特风貌,尤其是青花上的黑疵斑点,需借助人工多次点染以模拟,细心审视之下,可辨识出人工干预的痕迹。

3.2.6 依据款识

款识是镌刻、刻画、印制或书写于陶瓷器表面的文字标识,承载着丰富的历史信息,如时代背景、窑口归属、制作者或使用者等,是陶瓷鉴定的重要依据之一。各时代之间,款识的书写方式、书体风格、笔法运用乃至其所在位置均有所差异,这种差异性反映了时代的变迁与文化的演进。以清末民初时期仿制的清代康熙官窑瓷器为例,虽器底刻有"大清康熙年制"字样,但细究其字体形态、笔触特征,与康熙时期原品相去甚远,显然为后世仿造之物。

陶瓷的鉴定需综合考量其造型、胎釉质地、制作工艺、纹饰图案、釉彩应用以及款识等多个方面,这些元素共同构成了陶瓷鉴定体系的多维度依据。然而,任何普遍规律之中均可能蕴含特殊情况,因此在鉴定过程中应保持审慎态度,避免机械套用既定标准。以宣德青花为例,尽管大部分作品以黑疵斑点为显著特征,但亦存在无此斑点之例,不能单凭此点即否定其宣德窑的身份。鉴定之时,应全面搜集各项证据与信息,进行综合分析与反复验证,最终做出慎重而准确的结论。

3.3 陶瓷的作伪

常见的作伪方法有以下几种:

3.3.1 做旧

做旧技术,旨在通过一系列手法使仿制陶瓷的外观近似于历经岁月沧桑的传世品或出土文物。常用的做旧方法有以下六种：

1. 打磨去光法：运用兽皮、布料、细粒度砂纸乃至砂轮等工具，对陶瓷表面进行物理打磨，以消除新瓷的光泽并模拟使用痕迹。然而，这种方法往往会在釉面留下不自然的、较为生硬的磨损迹象，与真实传世品因长期使用而形成的细腻痕迹相去甚远。

2. 人造土沁法：针对出土瓷器常见的土锈渗透现象（即"土浸"），造假者采用胶水、油脂等黏合剂将土壤附着于陶瓷表面，或直接将陶瓷埋入土壤中以期自然渗透。尽管部分仿品能呈现出较为逼真的效果，但真品土锈的粉块状质地及其与器身的紧密结合，是赝品难以完全复制的。赝品土锈可能轻易脱落，或因化学胶剂的过度使用而难以去除。

3. 药品浸蚀法：将仿制品置于腐蚀性化学溶液中浸泡，以去除新瓷特有的"火光"，但此方法常导致釉面失去自然光泽，显得呆板不自然。另有一些尝试使用中草药或浓茶液进行浸煮，以追求更自然的旧化效果，但会在未施釉处留下棕红色痕迹。

4. 烟熏法：模拟传世品因长期烟熏而形成的外观变化，将仿制品置于农村土灶等烟熏环境中。这种方法会使釉面发黄并带有油腻感，难以精确控制烟熏程度，可能导致效果过于夸张或不自然。

5. 手磨去光法：通过雇用大量人手，对仿制品进行长时间的徒手摩擦处理。此方法因人力成本高昂且效果自然，通常仅应用于高端仿制品。需注意的是，尽管这些"高端"仿制品在艺术价值上可能达到相当高度，但若以欺骗为目的进入古董市场，其性质即转变为高端赝品。

6. 人造海捞瓷法：针对外销瓷的特定历史背景，造假者将仿制品置于富含海带、扇贝等海产品的水域中，利用自然环境在瓷器表面附着生物并析出盐分，以模拟海下沉船中发现的外销瓷特征。然而，这种方法在生物附着和盐分析出的自然程度及分布上仍难以达到完美。

3.3.2 旧胎后挂彩

此仿制手法主要可分为两种：

一是在白釉古瓷上增加如三彩、红绿彩、粉彩等装饰，通过再次烧制，使其由普通的白瓷变为珍贵的品种。例如，民国时期造假者会在金代白瓷上增加红、绿彩，制作出花卉纹碗。

二是将品质较差、价格低廉的古陶瓷釉面磨掉，重新上釉，二次烧制后再进行彩绘或单色釉的施加。鉴定此类仿品时，查找做旧痕迹是关键，因此熟记真品釉彩的特性至关重要。这种伪造手法自民国时期就已存在，至今仍然盛行。一旦发现时代特征不符的器物，应首先考虑到这种情况。

底釉，即瓷器纹饰下的素地，具有多样的特性，如松紧、老嫩、厚薄、颜色和亮度等。

釉面的质感可以是紧绷或疏松的。例如,康熙瓷器的底釉紧绷,而光绪瓷则相对疏松。仿制品的底釉往往火气十足,真品则展现出历经时间沉淀的温润光泽。经过化学处理的仿品,釉面会显得暗淡。底釉的白色也有多种变化,如泛黄、泛灰、闪青、透绿等。

不同时代的底釉特征各不相同,只有通过大量的观察和总结,才能摸索出其中的规律。例如,明代瓷器中,早中期官窑青花瓷的釉面最为莹亮,而嘉靖、万历时期则光亮度减弱。从底釉的厚薄看,元青花釉面薄润,明初青花釉面厚亮,清康熙瓷则有亮青、亮白两种底釉。

为了识别仿制品,必须深入了解真品的特性。粗制滥造的仿品容易识别,但制作水平较高的仿品则增加了鉴定难度。因此,了解仿品的来源、制作方法和特征非常重要。现代电窑烧制的瓷器与古代柴窑产品相比,火气过重。古代瓷器使用的彩料为纯天然矿物,而当代则多为化学颜料。要参照实物,记住彩料的搭配方法和使用年代。例如,不同时代的青花料色差不同,这种差异具有时代特征。彩瓷色彩也有时代特征,当代仿品的彩料纯度高,过于鲜艳。如果一件器物上出现不同时代的彩料特征,必是仿品。

从瓷面纹饰上看,要仔细观察笔触,因不少仿品上的纹饰是临摹图录而成的,运笔不太流畅。还有就是纹饰风格要符合时代规律,只要时代风格元素混搭,必是仿品。所以牢记各时代、各窑口的釉彩和纹饰特征非常重要。通过这些细节的观察和比对,我们可以更准确地识别古陶瓷的真伪。

3.3.3 真假拼接

这种作伪手法是将已破损但款识或底足保存尚好的瓷器部分嵌入新制作的瓷器中,并通过重新烧制以完成整合的手法。此外,还存在着使用古老的印花模具的手法,然而以其制成的产品,在胎体、釉质、工艺技术和造型上却完全是新制的现象。这种真假拼接的造假技术自民国时期便已存在,并一直流传至今。

在进行鉴定时,需要对瓷器的底足部分进行细致的观察。特别需要留意底足与器身胎体、釉质衔接处是否存在异常,如衔接不自然、釉质色泽突变等,这些都可能是拼接伪造的迹象。这种鉴定方法要求鉴定者具备丰富的实践经验和敏锐的观察力,以便准确识别出这种古老而精湛的伪造技术。通过这种方式,可以有效地辨别出瓷器的真伪,确保收藏品的真实性和价值。

3.3.4 后仿款

在仿古与伪造领域,存在大量模仿古代款识的产品,因此,深入了解和牢记真实款识的书写风格至关重要。在明清时期,官窑瓷器有专人负责款识的书写,这意味着同一时代、同一窑口的产品,其款识很可能出自同一书法家之手。即便有数位书法家参与,由于时代、环境及制作规定的共同影响,款识的字体风格仍展现出高度的一致性。后续仿制者往往在字迹上难以达到原作的神韵,形似而神不似,易于辨识。

此外,市场上还存在一些臆造的款识,如"景德年制"或"洪武年造"等。只要具备基础的陶瓷历史知识,这类虚假款识便不难被揭穿。

瓷器作为一种文化艺术品,其器型、烧制技艺以及纹饰都承载着丰富的历史文化内涵。仿制和伪造之所以在历史上屡禁不止,一方面源于人们对古物的欣赏与怀旧情怀,另一方面也受利益驱使。伪造瓷器的手法层出不穷,且技艺高超,有时甚至能达到以假乱真的地步。因此,我们不仅需要了解这些伪造手法,更要对历代瓷器的典型特征有深入把握,以此作为鉴别真伪的重要依据。

3.4 精品鉴赏

 蛋壳黑陶杯

【作品背景小提示】

蛋壳黑陶器皿是山东龙山文化独特的标志性艺术品,体现了我国古代制陶工艺的最高水平。这种被形容为"黑如漆,亮如镜,薄如纸,硬如瓷"的蛋壳黑陶杯,在考古界享有"四千年前地球文明最精致制作"的美誉。龙山文化在制造蛋壳黑陶时,选用的陶泥均经过精细的多次淘洗,确保陶胎纯净无杂质。其精细坚硬的质地和低渗水率,彰显了龙山文化时期陶工在陶土筛选和烧窑技术上的卓越造诣。即便在今天,研究人员尝试复制这种轻薄的陶器也颇具挑战,这进一步印证了掌握蛋壳黑陶烧制技艺的龙山文化工匠,无疑是那个时代的精英。

蛋壳黑陶杯(新石器时代,现藏于山东省博物馆)

【作品赏析】

此高柄杯,高度达 22.6 厘米,口径则为 9 厘米,系泥质黑陶精制而成,其表面展现出乌黑且高光泽的质感。设计上,其具备宽斜口沿、深腹杯身之特征,并配以细管形高柄与圈足底座,整体造型和谐统一。杯腹中部巧妙地装饰有六道凹弦纹,不仅增添了美感,更体现了工艺的精湛。细柄中部设有一鼓出部分,内部中空且布满细密的镂孔,形成一笼状结构,内置陶丸一枚。当手持杯子轻轻摇晃时,陶丸与笼壁碰撞发出清脆声响,而静置时,陶丸则起到稳定重心的作用,这一设计构思极为精妙。

从结构上分析,此杯可分为三大部分:上部为敞口、侈沿、深腹的小杯;中部为透雕中空的柄腹;下部则为覆盆状底座,三者通过一根细长且坚固的管形柄巧妙连接,形成浑然一体的艺术造型。其形态纤巧而不失雅致,线条起伏得宜,展现出独特的节奏感和韵律美,整体烧制过程中未见丝毫变形,足以证明当时制陶技艺之高超与成熟。

此外,器身上细密的旋纹,乃是采用陶车快速成型时留下的痕迹,这些自然形成的纹理不仅体现了制作工艺的精湛,更赋予了器物一种别样的韵味与意趣。蛋壳黑陶杯的质地尤为细腻坚硬,通体乌黑光润,器壁均匀而超薄,最薄处竟达到0.2至0.3毫米,可见蛋壳之薄,即便是在现代科技高度发达的今天,复制如此精致的陶器亦非易事,可见其历史价值与技术含量之高。

【真伪辨析要点】

该陶杯采用轮制法精心制作而成,确认其独特的宽斜口沿、深腹杯身、细管形高柄与圈足底座设计,以及整体造型的和谐统一,是辨识真伪的重要特征。特别是杯腹中部装饰的六道凹弦纹,不仅增添了美感,也是古代精湛工艺的体现。

此外,蛋壳黑陶杯的器壁超薄,最薄处达到0.2至0.3毫米,质地细腻坚硬,通体乌黑光润。这种超薄器壁与坚硬质地的结合,是蛋壳黑陶杯的显著特点,也是制作难度所在。陶杯的胎体表面经过长时间的细致打磨,使得石英、云母等反光物质颗粒得以沿同一方向整齐排列。这种处理方式将原本漫反射的光线转变为平行反射,从而使得器表散发出熠熠光彩,再辅以精巧的镂孔设计和纤细的划纹装饰,达到了中国古代制陶史上的巅峰。

 人面鱼纹彩陶盆

【作品背景小提示】

彩陶是以赤铁矿粉和氧化锰为颜料,在陶坯上绘制图案后烧制而成的艺术品。由于窑炉非完全密封,橙红底色上主要呈现黑、红二色。彩陶工艺是中国新石器时代原始工艺艺术的重要组成部分。仰韶文化(距今约7000～5000年)是新石器时代的代表性文化,其彩陶工艺达到了极高的水平,成为原始彩陶工艺的典范。人面鱼纹彩陶盆,20世纪50年代出土于中国西北部陕西省西安市半坡遗址,是仰韶彩陶工艺

人面鱼纹彩陶盆(新石器时代,现藏于中国国家博物馆)

的杰出代表之一。

【作品赏析】

1955年发掘于陕西省西安市半坡遗址的人面鱼纹彩陶盆，其高度为16.5厘米，口径则达到39.8厘米，属细泥红陶类。该盆内壁以黑彩精湛绘制了两组对称的人面鱼纹图案，展现出极高的艺术造诣。人面图案呈圆形，其中额头左侧以黑色涂绘，而右侧则形成黑色半弧形，这一特征或可视为古代纹面习俗的遗留。人物面部表情通过细长之眼、挺直之鼻与安详之态得以生动刻画，嘴角两侧巧妙融入变形鱼纹，鱼头与人嘴轮廓相融，加之两侧相对的小鱼装饰，共同构成了一幅独特的人鱼合体意象图，彰显了创作者非凡的想象力与创造力。值得注意的是，人像头顶饰以尖状角形物，或可解释为古代发髻的象征，并辅以鱼鳍形装饰，使得整体造型更显威严与华丽，是研究古代人类审美观念与制作工艺的珍贵实物资料。

【真伪辨析要点】

依据其纹饰：人面鱼纹彩陶盆内壁以黑彩技法绘制了对称的人面与鱼纹图案，展现了独特的艺术风格。人面以圆形为基础，头顶三角形发髻，额头涂黑，留出弯镰形空白，双眼细长，鼻梁简练勾勒，口中衔鱼，两侧有小鱼簇拥，生动有趣。人面之间，大鱼同向游弋，彼此追逐，以三角形勾勒身形和鱼头，圆形表现鱼眼，斜方格呈现鱼身鳞片，简约而不失生动。鱼身以对称菱形图案装饰，打破传统，赋予图案律动感与生命力。整体图案古拙简洁，蕴含奇幻怪异元素，展现了古代匠人的艺术创造力与对自然的深刻理解。

【相关知识点提示】

人面鱼纹彩陶盆可能是一种葬具

经过研究发现，人面鱼纹彩陶盆是一种古代葬具，具体应用于儿童瓮棺的棺盖之上。其内壁以精湛的黑彩技艺绘制出两组对称且富有象征意义的人面鱼纹图案。人面形象被高度概括为圆形，额头部分施以黑色涂料，此特征或与当时盛行的纹面习俗紧密相关。在人面图案的周围，嘴部与耳部巧妙融入两两相对的鱼纹，形成了一种独特的人鱼合体形象，其构思之巧妙、形态之奇特，引人深思。关于头顶上的尖状角形物，学术界普遍认为其可能代表着某种宗教仪式中的化妆形象，具有深远的宗教文化内涵。而人面鱼纹本身，则被视为一种人格化的神灵象征——鱼神。在古代社会中，鱼作为丰产的象征，常被原始居民寄予祈求丰收、种族繁衍的美好愿望。因此，人面鱼纹彩陶盆上的这一图案，不仅是对自然界中鱼类的艺术再现，更是原始居民精神世界与宗教信仰的深刻体现。

涡纹彩陶罐

【作品背景小提示】

在中原地区，仰韶文化彩陶逐渐衰退，马家窑文化的彩陶却持续繁荣，历经数百年，将彩陶艺术推向了一个崭新的高度。值得一提的是，马家窑文化在彩陶绘制技艺上的创新尤为显著，其中毛笔作为主要的绘画工具被广泛采用，线条成为塑造形象的主要手段，而黑色则成为其艺术作品的主导色调。这些特点不仅彰显了其独特的艺术风格，更为后来中国画的发展奠定了坚实的历史基石，确立了以线描为核心的基本艺术表现形式。可以说，彩陶不仅代表了中国深厚的文化底蕴，更是中国绘画艺术的源泉。马家窑文化的彩陶画作，无疑就是史前时期丰富而神奇的"中国画"瑰宝。

涡纹彩陶罐（新石器时代，现藏于中国国家博物馆）

【作品赏析】

涡纹彩陶罐是马家窑文化中期彩陶的杰出代表作，以其精美的纹饰和典型的造型，被誉为"彩陶之王"。此罐腹部饱满，整体造型规整，器壁厚度均匀，体现了高超的制陶技艺。为方便携带，设计者在腹部巧妙地添加了两耳。罐身以黑色为主色调，精心绘制了四个大型漩涡纹和八个小型漩涡纹，底部则环绕着一圈醒目的水波纹。从罐口和肩部向下观看，整幅图案尽收眼底，生动展现了当时人类与水的紧密联系。三坪遗址毗邻黄河，这些漩涡纹正是对黄河汹涌波涛的生动写照。流畅的线条仿佛带着节奏和韵律，让人感受到旋转的水涡和波涛的涌动，其绘画技巧已相当成熟，充满动感和视觉张力。

【真伪辨析要点】

依据其纹样：鉴别此类彩陶的真伪，关键在于其纹样特征。真正的涡纹彩陶罐，其罐身应采用黑色绘制漩涡纹与水波纹，具体包括四个大漩涡和八个小漩涡。这种抽象的几何纹饰，是马家窑文化彩陶的标志性特征，其灵感来源于先民对自然现象的深刻观察和丰富想象，如蜗牛壳的纹理、旋转的风、波动的水流以及四季更替和日月星辰的循环等。

【相关知识点提示】

马家窑文化的彩陶

马家窑文化,作为新石器时代晚期黄河上游地区的重要文化遗存,距今约 5000 至 4000 年,被视为仰韶文化向西发展的地域性变体。其主要分布范围涵盖黄河上游以及甘肃、青海境内的洮河、大夏河和湟水流域。马家窑文化的陶器制造业极为发达,其彩陶在继承仰韶文化庙底沟类型风格的同时,更展现出精致而绚烂的艺术特色。这些彩陶多采用泥条盘筑技术制成,陶质呈现橙黄色,表面经过精细的打磨处理。在我国所有已知的彩陶文化中,马家窑文化的彩陶占比最高,且其内部彩绘也格外丰富多样,图案的时代特色极为鲜明。

跪射陶俑

【作品背景小提示】

秦兵马俑坑发现于 1974 年,位于今西安市临潼区秦始皇陵以东 1.5 公里处,是秦始皇帝陵的一部分陪葬坑,在已发现的三座俑坑里出土了大量的兵马俑。

1987 年,秦始皇帝陵被正式收录进世界文化遗产保护名录。至今,已经有超过 200 位国家领导人亲临参观,这一古迹已然成为中国古代文明辉煌成就的重要标志,同时也被誉为世界考古史上的重大发现之一。

跪射陶俑(秦代,现藏于陕西省秦始皇兵马俑博物馆)

【作品赏析】

跪射俑,高度 120 厘米,发掘于二号坑东部。这类俑手持弓弩,与立射俑共同构建了弩兵军阵。在此军阵配置中,立射俑部署于阵列外围,而跪射俑则位居阵列核心。

详细观察跪射俑的装扮与姿态,可见其身着战袍,外层再覆盖铠甲,显露出战士的英勇身姿。其头部左侧梳有一发髻,足部穿着方口齐头翘尖履。姿势方面,左腿呈蹲曲状,右膝贴地,上体稍微向左侧倾斜,双手在身体右侧上下交错,仿佛正紧握弓箭,生动展现了一个士兵单兵操练的瞬间。

跪射俑的雕塑细节尤为引人注目,特别是其鞋底的刻画。鞋底上疏密有序的针脚,被工匠精湛地雕琢出来,这不仅体现了雕塑的精湛技艺,更彰显了雕塑家对真实细节的严谨追求。这种高度的写实精神,使得后人在观赏这些秦代武士雕像时,能够深切感受到那个时代的生活气息,仿佛穿越时空,亲历其中。

【真伪辨析要点】

依据其外形：跪射俑，其装束包括战袍与铠甲，头顶左侧梳有一髻，体态呈现左腿曲蹲、右膝触地的射箭姿势，双手置于身体右侧，仿佛正紧握弓弩，随时准备发射。相较于常规的陶俑，跪射武士俑的塑造显得更为精细。此跪射俑是众多陶俑中保存状况最为完好的一尊，且未经任何人工修复，保留了其原始状态。经仔细观察，其衣纹与发丝均清晰可见，细节精致。其面部表情、发髻、甲片以及履底等部分，均被刻画得栩栩如生，且原有的彩绘保持良好，为我们真实再现了秦军作战的历史场景。

【相关知识点提示】

秦兵马俑

至今，秦兵马俑坑已出土并清理了超过 1000 尊陶俑，其中除跪射俑外，其他陶俑均遭受了不同程度的损害，需进行人工修复。唯独这尊跪射俑，保存状态极为完好，且未经任何人工修复，其细节之精致令人赞叹，即便衣纹和发丝也清晰可见。

跪射俑能如此完好地保存，得益于其独特的低姿态设计。秦兵马俑坑采用地下道式土木结构，一旦棚顶塌陷，首先受到冲击的是高大的立姿俑，而低姿的跪射俑受损相对较小。此外，跪射俑的蹲跪姿势，通过右膝、右足、左足形成的等腰三角形支撑，使其具有出色的稳定性。相较于两足站立的立姿俑，这种设计使其更不易倾倒或破碎。因此，经过长达两千年的岁月洗礼，它仍能完整展现在世人面前。

击鼓说唱俑

【作品背景小提示】

俑是一种随葬品的艺术形式，其起源可追溯至战国时期，是替代活人殉葬古老习俗的体现。至秦汉时期，俑的使用率显著上升，成为丧葬制度与礼仪的核心要素之一，同时也深刻反映了古代社会的政治架构、经济状况、生活习惯以及服饰风貌。汉武帝时期以后，"视死如生"的观念逐渐盛行，促使俑的制作更加注重对死者生前生活场景的全面呈现。在此背景下，汉俑的创作题材广泛多样，内容丰富，涵盖了从家仆至厨师、自侍女至军人的各个社会阶层，展现出强烈的写实主义倾向。击鼓说唱俑便是这一艺术风格下的杰出范例，它以生动的形态和细腻的刻画，是

击鼓说唱俑（东汉，现藏于中国国家博物馆）

汉代社会对于生活细节的忠实记录与再现。

【作品赏析】

这件击鼓说唱俑，通高达56厘米，是由灰陶通过捏塑工艺精制而成。该陶俑以一位老年艺人为原型，其体态略显丰腴，头部比例较大，凸显了艺术家对人物特征的细腻捕捉。艺人头戴一顶小巧的软帽，围巾绕头一周，在前额处巧妙地打了一个花结，生动展现了当时的服饰风尚。他坐在一个泥塑的圆形垫子上，全身心地投入说戏的表演中，面部表情极为丰富，笑容满面，眉飞色舞，手舞足蹈，仿佛正处于表演的高潮。其右臂平伸，右手的拇指和食指轻巧地夹着一根鼓棒，其余三指自然握起，左臂则向内弯曲，夹持着一面扁形鼓，整个造型充满了动态感和生活气息。

此作品在造型艺术上展现了极其大胆和夸张的构思，主要聚焦于说唱者在表演达到高潮时的瞬间神态，生动逼真。它不仅代表了东汉时期雕塑艺术的高水平，更成功地塑造了东汉匠人活泼、诙谐且充满魅力的形象。此外，该陶俑还为研究和欣赏汉代民俗、陶塑艺术、乐舞艺术以及民间艺术提供了宝贵的实物资料，具有极高的历史和文化价值。

【真伪辨析要点】

依据其形态特征：这件说唱俑的显著特征在于其深刻的"笑"的表达，甚至其额头上的皱纹也似乎在传递着欢乐的气息。此陶俑的笑容具有强大的感染力，使观者在内心深处自然而然地构建出一幅观众围绕、气氛热烈且充满欢声笑语的场景。

东汉陶船

【作品背景小提示】

经过考古发现的确证，我国古代南越民族长期在南海生活，他们擅长造船技术，能够打造出技术水平高超的大型船只。1975年，考古学者在广州市发现的一处秦代造船遗址便是有力的证明。该造船场始建于秦

东汉陶船（东汉，现藏于中国国家博物馆）

始皇一统岭南之时，直至西汉文、景年间（公元前179年至前141年）才被废弃。从造船场的宏大规模、对造船木材的精选以及船台结构的合理性等方面来看，足以彰显出我国在2000多年前便已拥有相当高的造船技术和强大的造船能力。值得一提的是，南海地区还是全球最早使用船舵和船锚的地方。这件陶船模型不仅见证了汉代我国在造船和航海技术方面的成就，更映射出当时南海贸易的繁盛景象。

【作品赏析】

这件陶船模型于 1954 年在广州的一座东汉墓葬中被发现，其历史可追溯至近两千年前。该模型尺寸为高 16 厘米，长 54 厘米，其存在揭示了我国古代水上交通的发达程度。

此船模型精心设计了前、中、后三个舱室。前舱设计适宜作为货物存放区域；中舱则略高于前舱，其形态为方形，两侧均设有门以供人员通行；后舱即舵楼，其高度显著，且相较于前两个舱室更为狭窄，这样的设计便于舵手掌控航向并俯瞰前方，因此也被称为"望楼"，三个舱室均配备有篷盖，船尾部分还巧妙地设计了一间低矮的尾楼。此外，后舱的右侧附加了一间小房间，并设有门以便通行，我们推测这间小房在古代可能是作为船上的"洗手间"使用。关于"舵"的发明，无疑是我国古代人民对世界造船技术的一大重要贡献，早于西方造船技术中舵的出现。此外，该船模型的甲板上还整齐地布置了六组矛和盾，这些武器与嘉峪关 3 号魏晋墓壁画中的"宿营图"所描绘的极为相似，该船模型代表的可能是一艘配备有武装保护的内河航船。

【真伪辨析要点】

依据其外形：该陶船模型配备了船锚与舵，两者设计均十分精巧。船舵下部设计为宽扁形，这有利于稳定控制船舶的行驶方向；而其上部则设计为窄圆形，便于舵手操作与把握。值得注意的是，舵的下端与船底保持齐平，这意味着在水浅的区域行驶时，无需提起舵。这一设计细节充分展现了古代广州人民在船舶制造方面所掌握的高超技术。此外，船上塑造了六个船工的形象，根据这些人物与船身的比例推算，真实船舶的长度应介于 15 至 20 米之间，高度则约为 4 至 5 米。其载重量可达 5 吨，显示出该船不仅设备完善，而且具有在内河及浅海区域航行的能力，同时适用于客运和货运。更为重要的是，这艘船已经具备了一定程度的远航能力。

◎ 青瓷羊形器

【作品背景小提示】

三国时期，青瓷在产量、种类和质量上都有显著提升，以浙江宁波、绍兴等地为主产地。其原料主要采用风化程度高、富含高岭石的伟晶花岗岩矿，此种瓷土铁质丰富，非常适合烧制青瓷。与石灰石配制的釉料结合，瓷器光泽良好，透明度高。青瓷羊形器釉色均匀，突显了原料选择的进步；其

青瓷羊形器（三国·东吴，现藏于中国国家博物馆）

造型简练而局部刻画精细,充分展现了羊的温顺特性,也反映了当时青瓷制作艺术化的追求。

【作品赏析】

青瓷羊形器,尺寸为长31.7厘米、宽15.5厘米、高24.9厘米,其设计独特,长毛披散,腰间饰有双翼图案,臀部附有短尾,四肢呈现卷曲状态。该器物的胎质呈灰白色,覆盖的青釉呈现出绿中泛黄的色调。根据其实体形态及历史背景分析,因东汉时期蜡烛已被使用,故此类背部或头部带孔的羊、狮等造型器物,很可能作为烛台使用。由于多从墓葬中发掘,这些器物亦被视为随葬品。青瓷羊形器的精湛工艺备受赞誉,自民国时期起便有仿品出现。然而,民国仿品的釉色偏黄,羊形体态不够丰满,且缺乏原作的刻画纹饰和插孔设计,仅作为雕塑品存在。现代仿品则采用石灰碱釉配方,釉层较厚,缺乏原作的石灰釉玻璃质感,虽造型相似,却已失去早期青瓷羊的独有神韵。

【真伪辨析要点】

依据其原料:此青瓷羊形器采用的胎土主要由石英、长石和高岭土构成,且以高岭土为主要成分。经过分析,该青瓷羊的氧化硅含量超过77%,非常适合在还原焰条件下进行烧制。此外,其表面施加的青釉含有石灰石成分,即主要成分为二氧化钙的釉质。鉴于早期青瓷普遍采用石灰釉,此种条件下烧制的青釉质地均匀无瑕疵,堪称青釉技术的典范。

青瓷神兽尊

【作品背景小提示】

青瓷兽形器源于青铜兽形尊的传统,西晋墓葬中常见。然而,其功能已发生变化,转变为孔子所言"知丧道也,备物而不可用也"的明器,即仅具象征意义而无实际使用价值的陪葬品。这些陶瓷兽形尊(灯)仅在墓葬中被发现,而从未在建筑遗址中出土,这表明它们并非为日常使用而制作,而是专为丧葬仪式烧制的明器。

【作品赏析】

西晋青瓷神兽尊是南京博物院及江苏省的国宝级文物,具有极高的艺术和历史价值。该神兽尊高27.9

青瓷神兽尊(西晋,现藏于南京博物院)

厘米，口径13.3厘米，形状略似梨形。其肩部与腹部各布有三只横系，以作品字形排列，平底且微向内凹。神兽被精心堆塑于尊的腹部，其双目突出，口含圆珠，呈现出独特的形态。青釉色泽微灰，质地润泽，但因烧制过程中火力分布不均，导致釉色有所不均。尊身遍布刻画的蓖纹、戳印纹及堆贴纹，用以表现神兽的鬃毛、羽翼及胡须等细节。底部镌有"东州"铭文。此青瓷神兽尊不仅体积庞大，而且神兽形象生动，全身纹饰繁复，既展现了独特的艺术风格，又体现了西晋瓷器的典型特征。

【真伪辨析要点】

依据其造型：此青瓷神兽尊呈现独特的造型，具体为盘口、短颈、削肩、鼓腹及平底。其器表自肩部至腹部精心堆塑了面目狰狞的神兽纹饰。神兽首部高昂，双眼凝视上方，鼻孔朝向天空，口中含珠，舌头外露并露出牙齿，颌下的长须垂至腹部。神兽的四肢紧密贴合在前胸与下腹，前肢上扬，后肢则贴地蹲坐，两侧刻有双翼纹饰，而背部则耸立着五撮脊毛。通过线条刻画的手法，双翼与翎毛被简洁地勾勒出来，使得神兽毛发的轻柔质感栩栩如生。

白瓷龙柄鸡首壶

【作品背景小提示】

鸡首壶，以壶嘴模仿鸡首形态而著称，是西晋至唐初时期盛行的瓷壶形制。其演变轨迹显著：西晋时，器型小巧，圆腹肩部饰鸡首，鸡首或通或实，肩部附系，底部平整。东晋时期，鸡首壶圆腹盘口特征延续，但鸡首添短颈，喙部圆润，冠饰高耸，鸡尾隐去，柄部上移，肩部增设桥形方系。南朝时，壶体增高，鸡颈拉长，盘口加深，柄部随之加高，肩部多采双系设计。隋代，壶身更显挺拔，鸡颈进一步延长，呈仰首啼鸣态，鸡尾柄演变为龙首柄，系部构造更为繁复。

【作品赏析】

1957年在陕西省西安市李静训墓出土的白瓷龙柄鸡首壶，展现了唐代白瓷的精湛工艺。壶身高27.4厘米，口径5.9厘米，形态别致，颈部细长，肩部丰硕，腹部渐收。壶颈饰以弦纹，肩部一侧为栩栩如生的鸡首，对侧则为生动的龙柄。流、柄间设有对称环式耳，肩腹部刻画弦纹，整体装饰精美。瓷胎洁白如雪，通体施白釉，底部无釉，表面覆盖着细密的冰裂纹，体现了白瓷的卓越艺术价值。

白瓷龙柄鸡首壶（隋代，现藏于中国国家博物馆）

【真伪辨析要点】

依据其造型：此壶造型优雅修长，以鸡首为流，昂首挺胸，生动逼真；龙柄曲颈伏首，别具匠心。壶腹微鼓，线条流畅内敛。壶身除底部外均施白色釉料，彰显隋代艺术之典雅风范。其结构简洁古朴，仅肩部鸡首与龙柄蕴含装饰之美。盘口细颈设计，洗式口沿外展，束腰长颈配以两道弦纹，肩部丰满，壶腹渐收，平底微撇，流与柄间饰以双环式耳，整体造型和谐而富有艺术感。

 三彩天王俑

【作品背景小提示】

中国古人信仰灵魂不灭，认为死者将在冥间继续生活，因此墓葬中常陪葬各类物品以供死者使用。同时，古人也惧怕阴间鬼怪对死者的侵扰。为了保护死者灵魂，震慑盗墓者，墓中常放置镇墓俑，包括镇墓兽、武士俑及天王俑。天王俑源自佛教护法神，原多置于寺院或佛像前。自佛教在汉代传入中国并逐渐本土化后，护法神的形象也演变为具有中国艺术特色的武士形象，不仅守护寺庙，亦被用于墓葬中以驱邪保护墓主。其象征意义已超越佛教范畴，成为正义与威猛的普遍象征。

三彩天王俑（唐代，现藏于中国国家博物馆）

【作品赏析】

这对三彩天王俑出土于陕西西安韩森寨，高度分别为61.5厘米和53.5厘米，展现了精湛的雕塑技艺。它们身披铠甲，足蹬长靴，体态高大威猛，面容冷酷，目光凶狠，彰显出强烈的震慑力。其脚下的夜叉形象成为识别天王俑身份的重要标志。作为唐三彩的代表，这对天王俑色彩鲜艳华丽，红、绿、蓝三色交融，展现出唐三彩的独特魅力，是唐代天王俑中的艺术珍品。

【真伪辨析要点】

依据其外形：这对天王俑通过显著的体型与形态对比，生动展现了天王的高大威猛与夜叉的猥琐狰狞。工匠们巧妙运用夸张手法，进一步强化了天王俑在驱邪镇恶方面的威慑力。此外，此对俑作为唐三彩的杰作，其色彩鲜艳且华丽，红、绿、蓝三色交融流淌，呈现出独特的艺术美感。值得注意的是，其制作工艺有别于其他唐三彩，头部不上釉,而是采用彩绘方式精细描绘面目,包括画眉、点唇、画发等步骤,使俑的形象更为栩栩如生。

【相关知识点提示】

唐三彩

唐三彩是一种多彩低温釉陶器,采用细腻的白色黏土为胎料,用含铅、铝氧化物为熔剂,并添加含铜、铁、钴等矿物的着色剂。其釉色多样,包括黄、绿、蓝、白、紫、褐等,但多数作品以黄、绿、白三色为主,甚至有的仅采用其中一种或两种色彩,统称为"唐三彩"。在古代,唐三彩主要用作殉葬冥器。随着新中国成立后对唐三彩的关注度的提升,以及其复原技术的进步,唐三彩逐渐成为文房雅玩的热门选择,亦是亲友间馈赠的佳品。

八棱秘色瓷净水瓶

【作品背景小提示】

在法门寺地宫未被发掘之前,秘色瓷对今人而言一直是个未解之谜。然而,1987年陕西扶风法门寺塔的意外倒塌揭示了其下的地宫,一批珍贵文物的出土引起了全球轰动。其中,包括了佛教徒深为崇敬的佛骨舍利,以及唐懿宗奉献给法门寺的众多金银器、瓷器、玻璃器和丝织品。尤为关键的是,同时出土的物帐碑详细记录了所有出土器物的信息,为文物考古专家提供了明确的名称指引。物帐碑上刻写的"瓷秘色"字样,令古陶瓷研究领域的专家们为之一振。

八棱秘色瓷净水瓶(唐代,现藏于陕西省法门寺博物馆)

【作品赏析】

该八棱净水秘色净水瓶,高21.5厘米,最大腹径11厘米,口径2.2厘米,颈部高11厘米,重615克。其形制独特,小口圆润,颈部细长,圈足低矮,颈部下方有三道平行凸棱,肩部饱满,腹部呈瓜棱状,肩腹间有八条纵向凸棱。胎质青灰致密,釉质青绿,内壁现细碎冰裂纹,整体线条流畅,造型优雅。此瓶作为佛家法器,专为供奉圣水而制,体现了佛教文化的深厚底蕴与精湛工艺。

【真伪辨析要点】

根据其釉色:此瓶胎壁薄且匀称,瓷釉呈湖水般的淡黄绿色,晶莹剔透,如玉似冰,其匀净幽雅之态令人陶醉。依据法门寺所出"秘色瓷"的研究,"秘色"指的是一种青中透湖绿的独特色调,在越窑青瓷中极为罕见。此色泽的成功烧造,对烧成后期的窑内还原气氛与温度控制要求极高。唯有精准调控这些因素,方能将胎、釉中的氧化铁还原为氧化亚铁,从而赋予瓷器独特的青绿色调,使釉层滋润透亮,展现出玉石般的质感与美感。

【相关知识点提示】

秘色瓷

秘色瓷是我国唐宋时期浙江上林湖地区越窑烧制的一种青瓷。"秘色瓷"一词最早见于唐陆龟蒙的《秘色越器》诗,"九秋风露越窑开,夺得千峰翠色来。好向中宵盛沆瀣,共嵇中散斗遗杯"。诗中描绘的釉色青翠欲滴,令人赞叹。尽管历史文献多有记载,但长期以来,秘色瓷的真实面貌一直是个谜。其命名有两种主流解释:一是专为皇室使用,民众无法接触,故称"秘色";二是其烧制工艺和釉料配方保密。法门寺地宫的发掘终于揭示了秘色瓷的真实面貌,它是越窑青瓷的巅峰之作,如陕西唐墓出土的八棱瓶和杭州吴越国钱氏墓群的秘色瓷,都展示了其高超技艺。秘色瓷自唐代起就成为皇室御用的茶具,也是法门寺地宫唐懿宗、僖宗供奉佛祖的遗物,五代时更是吴越国王的专享。"秘"字既体现了制作的艰难,也彰显了其高贵用途,更蕴含了千年的神秘与传奇。

官窑青釉暗龙纹洗

【作品背景小提示】

官窑是宋代五大名窑之一,包括北宋官窑与南宋官窑两种。据宋顾文荐的《负暄杂录》记载,北宋后期在汴京(今河南开封)自设窑烧造瓷器,命名为官窑,即现今所称的"汴京官窑"或"北宋官窑",其确切窑址尚未被发现。南宋时期,高宗南渡后在临安(今杭州)建立了新的官窑。南宋官窑包括位于杭州市凤凰山下的"修内司官窑"和位于杭州市南郊乌龟山的"郊坛官窑"。天津博物馆珍藏的宋官窑龙纹圆洗即为"郊坛官窑"的杰作。

官窑青釉暗龙纹洗(宋代,现藏于天津博物馆)

【作品赏析】

此龙纹圆洗高 5.6 厘米,口径 19.5 厘米,足径 12.3 厘米,呈现古朴大方的造型。其洗壁近直且微向外张,底部平坦,圈足宽阔而浅薄。全身覆盖灰青色釉,色泽宛如青玉,釉质厚重,表面布满自然形成的开片纹理。洗口镶有铜边,圈足部分露出褐色的胎质,显著展现了紫口铁足的特征。洗内底部印有一矫健的龙纹,线条精细,但因厚釉覆盖,仅在强光下隐约可见,更添神秘感。此洗不仅釉色纯正、造型经典,且印有罕见的龙纹,是官窑中的珍品。《中国陶瓷发展史》有载,故宫博物院亦藏有同款,曾受清代皇室青睐,底部还刻有乾隆帝的御题诗,足见其非凡价值。

【真伪辨析要点】

依据其烧制工艺:官窑青瓷在烧制过程中致力于追求玉质的触感与视觉效果。其工艺独特,先以低温进行素烧,形成基础坯体,随后施加三到四层厚厚的釉料,使釉层堆积如脂。经过高温烧制,最终制作出胎体轻薄、釉层厚重的青瓷。所得瓷器釉面宛如美玉,光泽亮丽且滋润,表面布满纵横交错的开片纹理,蕴含着无尽的艺术魅力。此外,由于青瓷的胎料中铁含量高达3.5%至5%,使得器物口缘釉薄部位呈现出灰紫色,而圈足底端露胎处则显现为黑褐色或深灰色,从而形成了独特的"紫口铁足"特征。

汝窑天蓝釉刻花鹅颈瓶

【作品背景小提示】

由于历史文献记载的不详尽以及遗址出土文物的稀缺性,汝官窑的确切位置长期成谜,这一直是中国古陶瓷研究领域的难题。自20世纪50年代起,研究者们便开始了对汝窑的探寻,然而直到80年代,才在河南省宝丰县有所发现。经过数十年的持续努力,中央及河南地方的文物考古专家最终在宝丰县清凉寺村定位了为北宋皇室专门烧制御用汝瓷的窑口。自1987年起,河南文物考古研究所对清凉寺汝窑遗址进行了试探性发掘,首次揭露了为北宋宫廷提供御用汝瓷的窑口,从而为这一长期悬而未决的历史问题找到了答案。

汝窑天蓝釉刻花鹅颈瓶
(北宋,现藏于河南博物院)

【作品赏析】

北宋晚期汝窑杰作——天蓝釉刻花鹅颈瓶,于1987年出土于河南宝丰清凉寺遗址,尺寸精准,高19.6厘米,口径5.8厘米,足径8.4厘米。该瓶造型优雅挺拔,敞口细颈,配以圈足,颈部与腹部精巧刻绘折枝莲花,釉色呈天蓝色,莹润光亮,满布自然开片,尽显釉质之美。其折枝莲花阴刻图案,清新雅致,深刻反映了北宋时期崇尚自然与简约的美学追求。2007年,此瓶在众多国宝中脱颖而出,荣膺河南博物院"九大镇院之宝"陶瓷类唯一代表,彰显了其非凡的历史与艺术价值。

【真伪辨析要点】

1. 汝瓷的釉色特质。汝瓷，作为宫廷御用瓷器，其独特之处在于制作工艺的精湛和釉料的特殊。玛瑙被巧妙地融入釉料，使得汝瓷的釉面呈现出温润如玉的质感，兼具纯净与柔滑。其色泽酥油般柔滑且透亮，多呈现乳浊或结晶状态。在显微镜下，可以观察到釉下寥若晨星的稀疏气泡，整体给人一种温润古朴的感觉。特别是天蓝釉汝瓷，更是珍贵无比，传世与考古发掘的作品都寥寥无几，每一件都是瓷器中的瑰宝。

2. 汝瓷的开片纹理艺术。汝瓷的另一大特色是其独特的开片纹理。这种纹理原本是高温烧制过程中釉面的自然缺陷，但汝窑的匠人们却通过精湛的工艺，将其转化为一种装饰艺术。开片细密且富有层次感，如同银光闪烁的鱼鳞或蝉翼般轻盈。同时，釉中自然形成的鱼子纹、芝麻花及蟹爪纹等细小沙眼，更是增添了汝瓷的艺术魅力。这种化腐朽为神奇的工艺，展现了人类智慧与自然之美的和谐共存。

【相关知识点提示】

汝窑

汝窑位列宋代五大名窑之首，是汉族传统制瓷技艺的瑰宝，滥觞于北宋晚期，因产地近汝州（今河南汝州、宝丰区域）而得名。其专擅青瓷烧造，釉中掺玛瑙，色泽青翠欲滴，釉质莹润如堆脂，享有"类玉非玉"之盛誉。汝窑虽仅存世二十载，却与官窑、哥窑、钧窑、定窑四窑并称为宋代瓷艺巅峰，存世真品稀缺，仅67件确证，每件皆珍贵非凡。历朝历代对其评价极高，明清时亦尊其为五窑之首，民间更有"万贯不及汝瓷一器"之谣，足见其艺术价值与历史地位之显赫。

钧窑月白釉出戟尊

【作品背景小提示】

钧瓷起源于河南禹州市神垕镇，为宋代五大名窑之一，烧造历史可追溯至唐代，历经宋、金元、明清，千年不息。禹州北宋钧窑遗址众多，神垕镇大刘山最集中。下白峪村等地出土的"唐钧"为宋代钧瓷之先声。靖康之变后，钧瓷受挫，金元时期复苏并广泛传播。元末明初战乱，钧窑生产衰退，明清时期几近停烧。清末再度复兴，至光绪末年，神垕镇已有十余家烧制钧瓷。民国年间，战乱与灾害频发，导致钧瓷生产受创，最终近乎停产。

钧窑月白釉出戟尊（宋代，现藏于上海博物馆）

【作品赏析】

宋钧窑月白釉出戟尊,高26.1厘米,口径22.1厘米,底径16.7厘米。此尊仿古代青铜器式样而成,广口外撇,鼓腹,高足呈台阶状外侈,颈、腹、足部堆贴出戟纹,造型端庄凝重、气势雄伟,纹样简练大方、典雅精细。器物胎骨厚重,胎质坚硬,通体施月白釉,釉面滋润肥腴,呈乳浊状,有"蚯蚓走泥纹"圈足,底部刷芝麻酱釉,似轻纱罩面,含蓄幽雅。器底壁部镌刻"五"字,是同类产品中不同尺寸的标记,从窑址采集的瓷片及传世器看:刻字由"一"至"十",数字越小尺寸越大,"五"是中型规格的产品。此类刻有标记的器皿是为北宋朝廷特意烧制的,传世完整器弥足珍贵,现仅存数件,分藏世界各地。器底有一小孔,是为避免胎体在烧造过程中开裂排气所用。

【真伪辨析要点】

依据其刻字:钧窑器皿的刻字工艺,通常在器物成型之后、施釉之前进行,数字被精心地刻在釉层之下,其字体展现出粗犷而有力的艺术风格。然而,后世的一些仿制品往往未能准确把握这一真品特征,它们多数在已经施釉的器物底部进行刻字,导致数字部分露出胎质,且其字体显得纤细而无力,与真品相去甚远。

【相关知识点提示】

钧瓷的烧制

钧瓷烧制技艺极为复杂,其还原过程的精确控制尤为困难。传统松木窑的使用加剧了窑温不均问题,极大地影响了釉彩的最终呈现,导致烧制过程中废品率高达七成,珍品更是凤毛麟角。钧瓷历史悠久,跨越1300余年,素有"钧瓷无价"之誉,历代皇室对其青睐有加,如唐玄宗禁其随葬,宋徽宗则将其列为御用,并命名为"神钧宝瓷",年产量仅限36件,严禁民间私藏,故墓葬中出土的钧瓷极为稀缺。尽管全球知名博物馆有所收藏,但其数量亦极为有限。

元青花釉里红开光镂空花瓷盖罐

【作品背景小提示】

1964年5月,保定市永华南路小学建筑工地的考古发掘中,意外发现了一处元代窖藏遗址,出土了包含11件珍贵元代瓷器的宝贵文物。尤为瞩目的是其中的两件青花釉里红开光花卉纹盖罐,它们不仅是元青花艺术的巅峰之作,更是瓷器史上的稀世珍宝。当前,这两件珍品分别得

元青花釉里红开光镂空花瓷盖罐(元朝,现藏于河北博物院)

到了妥善的保管与展示,一件被安置于河北省文物保护中心,另一件则珍藏于北京故宫博物院,共同见证了元代陶瓷艺术的辉煌成就。

【作品赏析】

此元青花釉里红瓷盖罐,高 41 厘米,具有元代瓷器特征。罐身为直口、短颈、溜肩、鼓腹,砂底无釉,配有狮纽伞形盖。胎体上薄下厚,工艺细腻,青花色彩鲜明,釉里红沉稳。全器饰青花釉里红纹饰,盖罐饰以青花莲瓣、卷草等纹样,肩部饰如意云头纹,内嵌青花水波白莲,腹部镂雕四季园景,釉里红与青花结合,呈现浮雕效果。整体纹饰和谐统一,展现元代瓷器艺术魅力。

【真伪辨析要点】

依据其装饰特征:此盖罐展现了元青花瓷器的典型多层装饰特征,其纹饰内容丰富多彩,层次井然,主题鲜明。颈部施以青花缠枝菊花纹,肩部则装饰卷草纹与醒目的如意云纹,云头内部运用蓝地白花技法细腻描绘水波莲花,而云头间巧妙点缀折枝菊花纹。腹部主体纹饰由四组菱花形开光构成,这些开光通过双层串珠精心堆贴,内部精心贴塑四季花卉与山石,青花巧妙渲染枝叶,釉里红则精致涂绘花朵与山石,整体装饰效果极为强烈。下腹部分则施以卷草纹与变形莲瓣纹,增添艺术韵味。此盖罐融合了青花与釉里红两种精湛工艺,其中青花以氧化钴为呈色剂,色泽稳定,而釉里红采用极易挥发的氧化铜为呈色剂,对烧成温度与窑室气氛要求极为苛刻,因此烧成难度极高,成品稀少,更显此罐之珍贵。

明宣德青花蓝查体梵文出戟法轮盖罐

【作品背景小提示】

青花蓝查体梵文大罐在宣德御瓷中极为稀有,其独特的造型与纹饰深具宗教意蕴。西藏自古便是中国不可分割的一部分,明代朝廷与西藏保持紧密的联系,曾多次派遣使节并册封地方官吏。同时,御窑厂也特制了一批蕴含密宗元素的瓷器作为国礼相赠,如西藏博物馆所藏的宣德斗彩莲池鸳鸯高足杯即为一例。此罐不仅是佛教仪式中的重要法器,亦是御窑厂专为皇室打造的佛教用具,体现了明代宫廷对宗教文化的尊重与融合。

青花蓝查体梵文出戟法轮盖罐(明代,现藏于北京故宫博物院)

【作品赏析】

青花蓝查体梵文出戟法轮盖罐的尺寸引人瞩目,其高度为28.7厘米,口径为19.7厘米,盖口径和底径分别为22厘米和24.7厘米。此罐设计独特,直口、平肩、硕腹,并附有圆盖,肩部装饰着8个长方形平面扳手,底部微微内收。罐体胎质厚重,釉色展现出青白之美,青花色彩浓烈且略带黑疵,通过渲染手法巧妙绘制纹饰。罐身层次分明地装饰着海水纹、八宝、蓝查体梵文以及莲瓣纹,每一层都充满了艺术韵味。罐盖上的纹饰同样精致,盖面以云纹和蓝查体梵文相间装饰,其中五个梵文代表佛种子字,外围的海水纹增添了神秘感。盖内顶面的设计也别具一格,莲瓣纹环绕,每瓣之上都书写有蓝查体文字,中央双线圈内的"大德吉祥场"五字篆书与罐内底面相对应,寓意深远。此罐的梵文组合图案被密宗信徒尊称为"法曼茶罗",体现了深厚的宗教文化内涵。整个青花蓝查体梵文出戟法轮盖罐不仅是一件艺术品,更是宗教信仰与陶瓷工艺的完美结合。

【真伪辨析要点】

依据其外形纹饰:此器洋溢着浓厚的佛教氛围,其形制从俯视角度观之,宛如法轮之象征。其内外壁遍布梵文密咒,作为文字装饰,彰显宗教神秘。花纹装饰方面,莲花瓣、莲枝、莲叶等元素遍布罐体,从底至盖,无一不体现出对佛教艺术的深刻致敬。罐内底部雕饰有仰莲纹九瓣,腹部则巧妙融合折枝莲花与轮片莲花,共计二十四枝,寓意深远。盖内亦饰有仰莲纹九瓣,与整体设计相呼应。此系列莲纹设计,均为我国佛教艺术中的核心主题,展现了古代工匠对佛教文化的深刻理解与精湛技艺。

斗彩花鸟纹高足杯

【作品背景小提示】

斗彩,亦称逗彩,滥觞于明代成化年间,是釉下青花与釉上彩精妙融合的独特装饰技艺。其工艺繁复,先在约1 300℃高温下烧制青花瓷器,再以矿物颜料细致地进行二次彩绘,巧妙地填补青花图案的留白,精细润饰轮廓内部,之后在小窑中以约800℃的低温烘烤成成品。斗彩瓷器以其斑斓多彩的色调,辅以沉稳深邃的色彩层次,展现了极高的艺术美感,与明代审美趣味高度契合,从而在瓷器艺术史上熠熠生辉,成为一颗璀璨的明珠。

斗彩花鸟纹高足杯(明代,现藏于台北故宫博物院)

【作品赏析】

此明成化斗彩花鸟纹高足杯,高约 7.7 厘米,口径约 6.7 厘米,足径 3.6 厘米,乃当时艺术之精粹。杯外侧绘金秋硕果之景,苹果盈枝,双鸟栖息,一似鹦鹉,一似喜鹊,文献中雅称"鹦鹉啄金杯""太平双喜"。胎质轻薄,造型别致,敞口深壁,高足中空外撇,底部镌有"大明成化年制"六字楷书款识,笔法流畅生动。色彩斑斓,红黄绿赭青花交织,翠叶间果实泛红泛黄,双鸟嬉戏,一啼一鸣,一派生机盎然之景,传递出质朴天真之美感,尽显成化斗彩之艺术魅力。

【真伪辨析要点】

依据其造型:成化斗彩多以小件为主,缺乏大型器物。以本件斗彩花鸟纹高足杯为例,其尺寸小巧,高约 7.7 厘米,口径约 6.7 厘米,足径 3.6 厘米,充分体现了斗彩器的精致玲珑特点。此杯不仅尺寸适中,更展现出端庄圆润、清雅隽秀的美学特质。深入观察其造型,可见轮廓线条柔韧且流畅,直中带曲,曲中显直,从而赋予了整件作品独特而优雅的风貌。

【相关知识点提示】

"斗彩"名称的由来

"斗彩"这一称谓在明代文献中并未出现。根据现存明清文献记载,"斗彩"这一名词最早可能是在大约 18 世纪成书的《南窑笔记》中被提及。由于该书作者身份不详,其成书时间存在争议,有学者推测为雍正年间,亦有观点认为是乾隆之后。然而,清宫档案显示,雍正时期仍然使用"成窑五彩"来指代成化斗彩。

关于"斗彩"的理解,普遍观点认为它是以釉下青花勾勒出轮廓,再在釉上填充各种色彩,经烧制后形成釉下彩与釉上彩相互辉映的效果,因此得名"斗彩"。然而,也存在其他解释。有人认为"斗彩"应为"豆彩",因其绿色类似豆青。还有观点提出,"斗彩"可能是"逗彩",意指釉下与釉上彩似乎在相互逗乐。另有一种说法,"斗"在江西方言中意为"凑合",因此应写作"兜"。这些不同的解读,展现了"斗彩"这一术语的丰富内涵与多样性。

珐琅彩婴戏纹双连瓶

【作品背景小提示】

瓷胎画珐琅,是珐琅彩瓷的正式称谓,指将画珐琅技艺应用于瓷胎上形成独特的釉上彩瓷。该技艺专为清代宫廷御用,偶尔也用于赏赐功臣。雍正、乾隆时期,珐琅彩瓷达到顶峰,成为宫廷专享的珍品。制作流程包括由景德镇御窑厂特供白瓷胎,运至京城后在清宫造办处彩绘、烧制。图案由造办处如意馆设计,皇帝御览后定夺,宫廷画师依样绘制。珐琅彩瓷起源于康熙末年,清代后期烧制场所移至景德镇。

珐琅彩婴戏纹双连瓶(清代,现藏于北京故宫博物院)

【作品赏析】

珐琅彩婴戏纹双连瓶,高21.5厘米,口径分别为9厘米和5.2厘米,足径为10厘米和6厘米。瓶身双连式,洗口溜肩,下腹内敛,近足微展。配有双联盖,彩绘垂叶纹饰。口沿、足部饰以淡绿彩折枝菊纹,肩部和圈足装饰以璎珞纹与磬纹。腹部绘婴戏图,一面四婴三羊寓意"三阳开泰",另一面九子嬉戏,象征"福在眼前"。瓶底青花篆书"大清乾隆年制",显示宫廷御用。珐琅彩与粉彩结合,工艺精湛,是清代瓷器珍品。

【真伪辨析要点】

依据其造型和纹饰:此珐琅彩婴戏纹双连瓶,造型独特,采用双连式设计,亦称"合欢瓶",顶部配备双钮联盖,设计精妙。全器施以珐琅彩,纹饰繁复细腻。腹部为主视觉焦点,绘有两组婴戏纹,其一为四婴戏三羊,婴孩或肩背梅花,或手持灵芝,或骑羊背,或执画卷,寓意"三阳开泰",吉祥之兆;另一组则绘九子嬉戏,其中一婴怀抱宝瓶,瓶口逸出五蝠,群婴雀跃,共庆"福在眼前""多子多福"。两组图案均展现高超画工,运用浓淡阴阳手法,营造出强烈的立体视觉效果,尽显清代宫廷瓷器之艺术精髓。

【相关知识点提示】

"婴戏纹"

婴戏纹,以婴儿为主角,展现钓鱼、玩鸟、蹴球等多种儿童活动,充满生机与趣味,亦被称为婴戏图或耍娃娃。作为古代陶瓷装饰的经典主题,婴戏自唐代初现以来,便因其对儿童天真烂漫的精准捕捉及与中国传统民俗文化的深度融合,而在陶瓷装饰中占据重要地位。此外,婴戏纹的装饰常融入西番莲与绍良花等地域特色植物图案,进一步丰富了其文化内涵与视觉表现。

长沙窑诗文瓷（一别行千里）

【作品背景小提示】

1998年"黑石号"沉船在印尼被打捞出水，人们在船上发现了5万余件长沙窑彩瓷，这一发现震惊了世界。长沙窑彩瓷凭借契合用户需求的艺术创新畅销海外，是海上丝绸之路曾经繁荣昌盛的重要证明，是中国与世界各国进行文明交流的重要纽带。不同于一般的文人诗，长沙窑诗文瓷上的诗句通常以装饰为主要目的，同时因为要作为商品销售，上书的诗词内容很少控诉人生苦难，没有太多的沉郁情绪，即便是写，也写得直白坦荡，没有太多千回百转的愁思和隐喻。

长沙窑诗文瓷（一别行千里）
（唐代，现藏于长沙博物馆）

【作品赏析】

青釉褐彩诗文瓷尺寸高25.1厘米，口径11.1厘米，底径13.3厘米。瓷身言诗为："一别行千里，来时未有期。月中三十日，无夜不相思。"诗句作为装饰使用。此诗是怀念诗，诗字迹清晰，以草书书成，笔意酣畅，一气呵成，顺势随形，挥洒自如，诗词内容坦荡直白地表达了离别和相思。其造型为长沙窑诗文瓷常见的酒壶样式，壶口敞开，背装执手，短流突出，便于倒酒。酒壶造型设计简单，成本低廉，朴素美观，用于寻常百姓家，瓶身上的诗句也因此其广为流传。

【相关知识点提示】

长沙窑

长沙窑是唐代中晚期崛起的典型商业性窑场，兴起于安史之乱后社会环境相对稳定的南方。此时期，市民阶层兴起与壮大，推动了商品经济的高度繁荣，长沙窑所产诗文瓷因此广泛流通于国内并远销海外，成为时代经济与文化交流的见证。该窑址坐落于长沙望城区石渚湖彩陶源村区域，时称"石渚窑"，被后世誉为"长沙窑"。尽管长沙窑的烧造历程相对短暂，却开创了彩瓷先河，并首创瓷绘艺术融合书画传统之先河，其影响深远。据统计，全球范围内已藏有长沙窑瓷器逾七万件，尤以"黑石号"沉船打捞的五万六千余件长沙窑瓷器最为集中，彰显了其在国际陶瓷史上的重要地位。

第四章

家具鉴赏

　　中国历史文化悠久，有着丰富的传统文化。在漫长的社会实践中，我们的先辈们用他们勤劳的双手制造工具，通过这些工具获取生活资料，同时也创造了家具工艺和家具艺术。家具文化作为这一艺术宝库的重要组成部分，经过数千年的发展演变，形成了许多具有独特风格的作品。通过研究历代家具，我们可以从中窥见当时的生产技术、生活习惯、思想观念以及审美趣味。中国家具的艺术成就不仅在东方文化中占据重要位置，而且对西方家具艺术也产生了深远影响。

4.1 中国古典家具的产生和发展

4.1.1 什么是中国古典家具

家具是中国文化中不可或缺的组成部分，有着深厚的历史。在历史发展的长河里，中国家具为世界留下了宝贵财产，它代表着中华民族宝贵的文化遗产之一，这些宝贵遗产共同铸就了灿烂辉煌的中华文化。中国古典家具作为生活的物件，满足了人们的日常起居。具有浓厚中国古典风情的家具主要有仿古家具、宫廷风格家具、软木与硬木家具、漆木家具及雕刻家具等。通常所说的中国古典家具指的是民国时期的旧款家具，具有典型古典家具特点，不包括近现代制作的仿古家具。

根据不同时期的文化背景和社会制度下形成的不同风格，中国古典家具的发展分为八个阶段。

4.1.2 夏、商、周时期的早期家具

中国古典家具的萌芽阶段可追溯至夏商周时期。这一时期，青铜器的兴起标志着科技和文化的显著进步。然而，受到科技发展限制，当时人们仍然怀有强烈的迷信情绪，他们将丰收与福祉的希望寄托于神灵的庇护。因此，祭祀活动被赋予了至高无上的地位，使得礼器成为当时最为关键的器物之一。在这个时期，一些青铜礼器实际上已经具备了早期家具的雏形。就像"俎"以及"禁"是指用来宰杀家畜且放置祭祀品的案子和支撑酒器的台子。当时的家具整体比较简陋，制作粗糙，早期家具作为日常器物同时也兼具家具的功能。

4.1.3 春秋战国时期的家具

在春秋战国时期，随着社会生产力的显著提高和生活环境的改善，家具制造水平也得到了提升。锯子等相关工具的出现，特别是炼铁技术的发展，极大地促进了木材加工技术的革新，锯、斧、钻、凿、铲、刨等工具的使用使得木材加工更为高效。

春秋战国时期的家具总体特点是低矮，完全符合当时人们席地而坐的起居习惯。家具设计低矮灵活，可根据场合自由布置，具备了礼器功能。漆器家具成为主流，展示出漆绘、划痕、贴金银箔等精湛工艺，并配有镀金铜饰，显得华丽精致。尽管种类较少，

但每件家具都蕴含艺术性和文化内涵,既是生活用品,又是身份象征。

床的普及使得人们不再只是坐或跪在地上,人们的居住方式明显改变,而能够舒适地休息和睡眠。从考古发掘的彩绘大床可以看出,楚国在家具制造方面有其独特的风格。屏风的使用至少可以追溯到床出现前,甚至在西周时期就已有使用记录。

4.1.4 秦汉时期的家具

秦朝实现统一后,施行了一系列重大改革措施,在政治、经济和文化领域取得了显著成就。壮丽的阿房宫成为秦始皇兴建工程的象征,然而后来被焚毁,如今只能依靠历史记载和文学作品来想象当时的辉煌。

汉人的日常生活仍是席地而坐,室内家具主要包括床和榻。在这一时期,床不仅是睡觉的地方,它们还广泛用于用餐和交谈,这些场景在汉代的画像砖和画像石上都有描绘。床与榻的主要区别在于床较高且更宽敞,床上的帐幔不仅装饰了室内环境,还展示了主人的身份地位,夏天避蚊虫,冬天御风寒。几在汉代是社会等级的象征,根据不同等级有所区分,如皇帝使用玉几,而公侯则只能使用木几或竹几。案同样有着重要作用,是日常人们起居中十分常见的家具,它可以作为用餐的桌子,也能用来放置书籍和文稿。

胡床作为一种新的坐具传入中国,它的引入为后来的"垂足而坐"方式奠定了基础。人们改变了"席地而坐"的习惯,自东汉时期开始,随着与西域等交流更加密切,"垂足而坐"的方式逐渐被接受和采用。

4.1.5 魏晋南北朝时期的家具

在东汉初年,佛教开始从西域传入中国,商僧们的翻译和讲法活动非常活跃,成为历史上各民族文化融合的重要时期之一。这次文化融合也对汉民族的起居方式产生了深远影响,带来了第二次重要变革。

随着垂足坐姿的普及,家具设计出现了多种高型坐具。从敦煌、龙门等地的石窟造像和壁画可以看出,新型的高型坐具开始进入人们的生活,如椅子、凳子、坐墩等的出现,使传统的席地而坐不再是唯一的选择。除了东汉时期传入的胡床外,还出现了椅子、凳子、坐墩和双人胡床等。中国的居住方式发生了变化,这标志着家具的重要变革开始。高型坐具主要在上层社会和僧侣中受欢迎,尚未普及到更广泛的群体中。

同时,床榻的新形式不断涌现,如三扇屏风床榻、四扇屏风床榻,在贵族家庭中颇受欢迎。床榻的高度和尺寸也明显增加。家具装饰上开始出现与佛教相关的纹样装饰,如莲花瓣等,漆家具仍然是高档家具的主流,新的装饰技艺如斑漆、绿沉漆、漆画等也逐渐兴起。

4.1.6 隋唐五代的家具

隋朝仅存在了37年,在家具领域,几乎没有什么特别显著的成就。

唐代是家具繁荣的时期,在"贞观之治"和"开元之治"期间,社会整体稳定且繁荣,人们安居乐业,更加关注生活,因此唐代是中国家具发展的重要时期,特别是豪门贵族使用的家具,注重装饰效果,但总体上,在工艺技术和家具品种上变化少。文人士大夫以素雅简洁为追求,立屏和围屏通常为简洁的无装饰款式,床榻类家具的形式变化不显著,保留着前朝的形制。唐代将传统席地而坐的习惯逐渐废弃,流行垂足而坐,在家具形态上的发展逐渐由低矮向高大发展。

晚唐至五代时期,许多的士大夫和名门望族追求奢华的生活方式。重大的宴会和活动都有专门的画家记录,这些画作为我们提供了当时家具的形态样式。如顾闳中的《韩熙载夜宴图》中就清晰地描绘了当时家具的使用情况,家具种类丰富,主要有屏风、直靠背椅、床、榻等。

4.1.7 宋辽金元时期的家具

从10世纪晚期开始,宋朝展开了经济繁荣和城市发展的盛世。在宋代,高型家具普遍出现,如高桌和高案等,"垂足坐姿"也成为当时的主要坐姿。随着社会的繁荣,人们兴建了大量高档宅院及园林,房屋的家具也就成为生活必不可少的一部分,间接地促进了家具的发展。

宋朝及其后的辽、金时期,家具行业经历了高潮期,家具体系逐渐完善,家具种类也变得更加丰富,整体风格更显雅致和大气,在这一时期,桌类家具有饭桌、酒桌和方桌等,它们各自满足不同的需求。饭桌强调实用性,酒桌则较为华丽以显品位,方桌因其简洁而多功能,广泛适用于各种场合。宋代时期,出现了中国最早的组合家具——"燕几",这一创新设计展示了家具设计的灵活性,为后来的家具发展奠定了基础。燕几的出现体现了宋代社会对生活精致化的追求以及对高品质生活的向往,它由不同大小的单件组成,可根据需要自由组合成多种格局,是世界家具史上最早的组合家具之一。

宋代家具风格给人挺拔秀丽的感觉,延续了五代时期的特点,当时椅子的设计较为成熟,靠背板支撑人的倾斜重量,后腿升高,圈椅则有圆形靠背,适应人体的曲线。胡床在宋朝发展改进为交椅。几类家具衍生出了高几、固定几、直腿几等多种形式。元朝统治者在外时间短,整体上还是继承了汉族传统,政治和经济体制沿袭了宋、辽、金时期的遗风,家具的工艺技术和造型设计也未有大的变革。

4.1.8 明代家具

明代是中国古典家具发展的成熟时期,形成了独特的风格,后世称之为"明式家具"。这种风格的形成与当时的社会背景是分不开的。明初推行了振兴经济的政策,促进了社会经济的复苏和生产力的提升。手工艺活动得到鼓励,陶瓷和家具等手工业取得了显著的成就,如《天工开物》《髹漆录》《鲁班经》等,被誉为中国手工艺的宝库。随着经济的繁荣,城市中园林和宅邸的兴建蓬勃发展,推动了对家具的大量需求。南洋地区的高级木材如花梨、紫檀大量运输回国,进一步促进了细木家具的繁荣发展。

在明代,许多文化名人对家具工艺进行了深入研究和审美探索,他们的参与和推动使得明式家具的风格日臻完善。漆木家具开始广泛流行,同时更加推崇硬木家具。《云间据目抄》中表明即便是普通人哪怕是奴隶,也都使用上乘的细木家具,显示了当时文人雅士追求品位和文化典雅的风尚。

明代的家具种类繁多,造型丰富,艺术风格逐渐成熟。明代细木家具选用坚固耐用的硬木制成,因而留存至今的珍品不少。故宫博物院就收藏了许多明代家具实物,而且还有许多散落在民间的私人收藏品。明代家具的风格大致可细分为四点:

1. 设计简练,线条为主,注重局部与整体的比例协调。不追求多余的装饰,整体以线条的巧妙组合展现出简约、质朴、典雅、大方的美感。

2. 结构严谨,工艺精细。明代家具采用榫卯结构,设计科学,无需使用钉子,胶水使用较少,装饰的设计不仅美观,还起到加固作用。经过几百年的岁月洗礼,仍然保持坚固稳定的特性。

3. 装饰适度,繁简相宜。明代家具以适度的装饰而著称,多样化的装饰手法包括雕刻、镶嵌和描金等技艺,广泛运用竹、象牙、玉石和螺钿等各种装饰材料。装饰从不过于堆砌或过分精细,而是根据整体形态恰到好处地进行点缀,使整体更加完美和谐。

4. 选材讲究,纹理优美。明代家具制作充分利用木材的天然纹理,自然的纹理美给人留下无限遐想。硬木家具常用的材料包括黄花梨、紫檀、鸡翅木、铁力木和榉木等。除了精湛的工艺外,这些家具通常不加漆装饰,也不过度装饰,展现出独特的审美趣味。

4.1.9 清代家具

清代是中国古典家具发展的重要时期,其家具品种丰富,与明代相比有显著的发展和变化。清代家具在形式上显著不同于前代,以其大量使用优质材料、庞大的体积、精美的雕刻和雄伟的气势,展现了明显的时代特色。

清代家具大致可分为三个显著历史阶段:首先,清初时期,其家具继承了明式家具的特点和风格;其次,康熙末期到嘉庆时期,随着生产技术的提升,清代家具发展在结构、品种、造型都有了重点创新,是清代家具发展的黄金期;最后,雍正时期,清代家具引入了多种新品种,如折叠书桌和炕书架等,同时在装饰上运用了新的艺术手法,如掐丝珐琅和黑光漆面嵌入螺钿。乾隆时期,清代家具达到了制作的巅峰,以其精湛的工艺和华丽的装饰闻名,多种材料和工艺的结合,使得家具的用料宽绰,尺寸加大,体态丰硕,展现了当时盛世的社会和文化风貌。清朝后期,随着国力的衰退和外来影响的增加,家具艺术逐渐走向衰落,传统风格也发生了变化。因此,所谓的"清式家具"主要指康熙末至嘉庆初的中期清代家具。

在清代家具艺术中,可以区分为苏州作、广州作和北京作三种艺术风格。普遍认为,苏州作保留了明代风格,广州作代表清代风格,北京作则介于两者之间。

4.2 中国古典家具的用材

中国古典家具之所以能达到如此高的水准,主要归功于采用了花纹华美、色泽幽雅、坚硬致密的珍贵木材作为关键材料。在这里不一一介绍,只讲黄花梨、紫檀、鸡翅木和铁力木以及榉木五个主要品种。

4.2.1 黄花梨

中国古典家具在明清时期,首选的材料是黄花梨木。这种木材色泽不张扬,恰到好处,其纹理隐约或明显,变化多端,因此深受众多家具爱好者的喜爱。

黄花梨木的颜色从浅黄到紫赤不等,其木质坚硬,呈现八字形纹理,花纹精美。在锯解的时候,散发出芬芳的香气。中国海南产的黄花梨木被认为是最优质的,其特点是木材表面常见鬼脸状的树结子,而花纹粗糙、颜色较浅的木材则被视为次品。另外,黄花梨木的心材和边材之间差异显著,心材通常呈现红褐色至深红褐色或紫红褐色,有时带有黑褐色条纹,色泽差异明显,边材则为黄褐色。黄花梨木最初并不是"黄花梨"这一名字,而是被称作"花梨"或者写作"花榈"。后来才用"黄花梨"的称呼,主要是为了与现代广泛用于家具制造的所谓"新花梨"做出区分。由于海南花梨木在明朝末期几乎被完全采伐,因此现在市场上的花梨木大多来自缅甸等东南亚国家,种类繁多,质量参差不齐。

4.2.2 紫檀

紫檀木在众多硬木中以其细密的质地和沉重的重量脱颖而出。当将紫檀木花放入白酒中时,木花会立即转变成粉红色,并与酒结合成一种黏稠的胶状物,倒出时形成连续的线条。紫檀木主要分布在印度以及中国的云南、广西和广东等地,紫檀木属于豆科植物,全球大约有 15 种,多生长于热带地区。

紫檀木分为两种主要类型:小叶檀和大叶檀。小叶檀较少产生大型材料,其木料直径通常不超过 20 厘米,超过此尺寸则可能会出现空洞而无法使用的情况。小叶檀木的纹理不明显,色泽为深紫黑,有些甚至呈现漆黑色,几乎看不出明显的纹理。相较之下,大叶檀的木纹较为粗糙,色泽较浅,经过打磨后会出现明显的木纹,即棕眼。古代中国长期以来视紫檀木为最珍贵的木材之一。由于其稀有和珍贵,紫檀制作的器物数量远低于黄花梨。尤其对于大型家具而言,因其材料难得,更是被视为珍品。尽管紫檀木的外观没有黄花梨华美,但其独特的静谧和古老气息,是其他木材所无法比拟的。

4.2.3 鸡翅木

鸡翅木属于红豆科树种,主要生长在福建。全球有四十至六十种类似木材。它的纹理层次丰富、花纹细腻,因此在家具和工艺品制作中非常受欢迎。北京的工匠普遍认为,鸡翅木可分为新鸡翅木和老鸡翅木两种。新鸡翅木的木质较为粗糙,呈现出紫黑色交替的特点,木纹不清晰,木质相对较硬,缺乏旋转的纹理,有时会出现木丝翘裂或裂缝。而老鸡翅木则具有细致紧密的纹理,颜色从深紫褐色到浅色不等,特别是在纵切面上,木纹细腻,呈现出闪耀的光泽,如同禽鸟的头部和翅膀。从清代中期开始,家具制作逐渐减少使用老鸡翅木,而新鸡翅木的使用则一直延续至今。目前市场上大多数鸡翅木家具所用的木材主要是新鸡翅木。

4.2.4 铁力木

铁力木,又称为"铁犁木"或"铁栗木",是几种硬木中最为高大的一种,但价格相对较为低廉。由于铁力木材料体积大,常被用于制作一些大件家具的背板或抽屉内部。铁力木有时会呈现出类似鸡翅木的纹理,但相比之下较为粗糙,因此在过去有家具商将其冒充为鸡翅木进行销售。

铁力木是一种大型常绿乔木,树干笔直,可以长达十多米,直径可达一丈余。我国广东和广西地区有分布。其木质在颜色和纹理上和鸡翅木相似,但质地较为粗糙,棕色的眼点较为显著。在热带地区,铁力木被广泛用于建筑材料,而在广东地区则用于制造家具,因其极为耐用而闻名。

4.2.5　榉木

榉木属于榆树科，又称"大叶榆"或"榉榆"，主要产自江浙等地，老龄木材带有赤色，因此有"血榉"和"红榉"之称。这种木材用途广泛，因其色泽柔美，质地坚硬，纹理优美，展现出层峦叠嶂的美丽大花纹，被苏州木工称为"宝塔纹"。尽管在硬度上不及某些名贵木材，但在明清家具制作中却占据重要地位，深受老匠师和明式家具爱好者的喜爱，其艺术价值和历史价值不可低估。

4.3　中国古典家具的一般鉴定方法

对于中国古典家具的鉴定是一件非常有难度的事情，这里只罗列几项作为参考，要做出更为科学的评判，鉴赏者需要具备广泛的知识和深厚的修养，通过直观的整体感受来做出经过深思熟虑的结论。

4.3.1　通过古家具上的题款

在古家具中，题款极为罕见，年款最为少见，名款和堂款居多。因此，以题款来确定其制作年代，是一种直接有效的方法。让人惊讶的是，有时候家具上的年代与其所处时代家具风格并不相符，这常常让人困惑。

其中一种情况是，后世制作家具的工匠，出于对古代器物的敬仰，在家具上刻上早期年款，如在乾隆风格的家具上标注"万历"年款，并非为了欺骗，而是希望表达对古代风格的怀念和敬意。这类题款可以视为"怀古款"，其特点是"看起来晚但款项早"。

另一种情况是，当后人购置古家具时，他们可能会在家具上刻上购买的年份，以突出其历史意义和荣耀感。这种做法可能使家具看起来比实际购买的时间更为古老，从而造成"款项与风格不符"的问题。这类标记应被视为"置办款"，即后来的所有者加上的标记，而非家具最初制作时的日期。因此，了解这些标记的背景对于准确识别家具的真实年代非常重要。

还有一种情况是，一些古代家具样式在特定地区长期流行和传承。在制作新的仿古家具时，有时会在其上标注较晚的年代，导致"年款晚于风格"的现象。

最常见的情况是，历代经营者为了获取更高的售价，会在仿制或改造的家具上胡乱标注古代年款，以此来增加其市场价值。这种混乱现象非常普遍。古家具上的题款虽然有助于鉴定其历史和制作年代，但在解读时需谨慎，应考虑可能存在的各种情况和背景信息。

4.3.2 通过考古资料

考古学家通常通过考古资料来确定古家具的年代。不同于古陶瓷的明确窑口,古家具主要出土于墓葬中。明清以后,汉地的墓葬中少见实际使用的家具,多为模型冥器。这些冥器家具往往制作简洁、细节粗糙、结构简陋,与实际使用的家具有显著差异。因此,它们大多数情况下并不能作为可靠的研究或鉴定样本,仅具有一定的参考价值。考古学者在分析时应仔细观察冥器家具的各个细节,确保理解其制作时的真实程度,以便判断其是否适合作为可信的研究和鉴定对象。

明代之前的墓葬中发现了一些实用家具,尽管大部分已损坏,但仍具有重要的研究价值。研究发现,这些家具在形态、装饰和结构上都很简化且存在不实之处,推断可能是为了下葬而临时赶制的葬具。因此,我们在分析这些资料时需保持谨慎,避免受到误导。

4.3.3 通过古建筑的年代

通过判断古建筑的年代来判断陈设的古家具年代是一种较好的方法,但也容易使人陷入误区。古祠、古寺等建筑经历了丰富多彩的历史变迁,常历多次重建。在这些变迁中,容易受损或遗失的家具被后人用新家具替代,因此,尽管古建筑本身历史悠久,其中的家具可能是后人添加的,其年代不一定与建筑本身相同,我们不能简单地将两者的年代画等号。

相反,古寺庙经过修复或重建后,可能会把别处的古家具充填其中,形成"新房子装老家具"的情况,这也是合理的现象。鉴定者在进行评估时,应该依靠文献资料,仔细检验实物,谨慎作出判断,避免陷入"想当然"的误区。

此外,古塔中的家具可能来自不同年代,因为在修复或祭祀时,可能会放入新制作的家具。这种情况被称为"老塔装新家具",可能使塔内家具的实际年代与塔本身的建造年代不一致。准确判断家具年代需要结合其特点、工艺风格和相关历史记录,而不能仅仅依赖建筑的年代。如果没有经过严格的考证,可能导致错误的结论。

4.3.4 通过形制

通过家具的形制来推断其制作年代是被广泛接受的有效鉴定方法之一。某种特定的家具形式或制式如果在某一时期非常流行并得到广泛接受,往往会持续一段时间,直至被新的流行风格所取代,这成为我们评定家具年代的基础。然而,有些经典的家具制式可能长期受到人们喜爱,流传至今,这可能会对基于形制判断年代的方法造成困惑。

此外，尽管某种形制的家具在大部分流行的地区可能已经退出历史舞台并逐渐消失，但在原产地或某些偏远闭塞地区，仍可能保留并流行。这种现象与地理环境、气候条件、历史文化以及审美习惯等都密切相关。中国古代家具的发展和流行具有一定时空上的异步性，评估者在鉴定时需注意这一点。

4.3.5 通过家具用材

确定家具的年代和产地常采用的方法之一是通过分析所选用的木材。在历史上的某些时间和地区，经常会选择同一种木材来制作家具，并形成一种传统做法。只有当这种木材几乎用尽或被更受欢迎的木材所替代时，才会改变这种做法。因此，通过辨认古家具上所用的木材，我们通常可以推测其制作的大致年代。这是古玩界初学者的基本技巧。然而，这种方法虽然常见，却并非绝对的规律，不可敷衍地套用。一些木材尽管可能不被世人所喜爱或广泛用于制作家具，却在其原产地或特定环境中持续使用，可能会给鉴定者带来困扰。例如，按常规理论，黄花梨木在清初已经枯竭，因此，黄花梨家具一般被认为是明代的产物。然而，在海南地区，直到清末民国时期，依然在使用黄花梨木制作家具；广西地区的铁力木也一直使用到清末，同一般认为的明末清初就停止使用的理论有所不同。这些例外情况需要引起鉴定者的注意。

因此，虽然木材鉴定方法在很多情况下是有效的，但鉴定者也需要灵活运用其他信息和判断方法，避免盲目依赖某一单一标准而误导判断。

4.3.6 通过家具的某些工艺特色

家具的特定工艺特征也能反映出当时的年代及风格流派。家具上的审美也会随着时代发展而改变，如家具线脚线型的种类和曲直程度，明代使用的是"皮条线打洼"工艺，而在明清过渡期则采用了"眼珠线"，清代则发展为"圆珠线"。这些不同的线条风格展示了各个时期的独特特点。在家具的榫卯结构上，早期使用"出头榫"，而到晚期则转变为"闷榫"，早期的"破头楔"也逐渐演变为"竹销"。这些变化体现了家具设计的时代特征，反映了古家具结构演变的普遍规律。然而，某些地域的特定工艺传统有时会超越时代审美的影响，打破一般的发展规律。例如清末时期的苏作家具，仍采用"皮条线打洼"工艺，并使用了"出头榫"这种传统结构形式。这些都是需要鉴定者特别关注的特例。

因此，鉴定古家具时，除了考虑通用的时代特征外，也需要注意特定地域的传统工艺可能对家具形制产生的影响，以免仅凭一般规律而误判。

4.3.7　通过古家具上的雕刻图案和装饰符号

在家具中的各种雕刻图案和装饰,能带给我们直观的感受,这些雕刻图案和装饰符号揭示了不同历史时期的文化特征。比如,明代的"螭龙杂宝"象征财富与权力,清代的"夔龙拐子"反映了对龙的崇拜,而清末的"花篮蝙蝠"则代表了对福气和繁荣的期望。这些装饰不仅反映了当时的风俗和审美,还在鉴定古家具的年代和来源时发挥了重要作用。

然而,也存在一些特殊情况。有时候,一些相对较晚流行的图案题材出现在明显具有古老外观的家具上,给鉴定工作带来了一定的挑战。针对这种情况,我们需要深入探索和理解中国古代社会中祥瑞图案发展的特殊情况和渐变历程。有些图案可能在某些地区早已出现,但却需要较长时间才被广泛接受并传播,最终成为某一时代普遍流行的吉祥符号。对于这种"器老花晚"的家具,我们应该将其视为罕见的例外,予以特别珍视。

另一种情况是,一些外观较为接近现代风格的家具却有着古老的装饰图案和装饰。这可能是因为在制作古家具时,木工采用了当时流行的框架风格,而雕刻师仍然遵循较古老的设计样式,导致家具的款式和装饰风格产生了差异。还有一种情况,可能是由于古家具破损或者腐烂后,将部分可使用的组件雕刻取出,将这些装饰嵌入现代新款家具中,形成了"器晚花老"的独特现象。

4.3.8　通过古家具上的工具痕迹

通过观察古家具上的细节,以在家具上留下的工具痕迹来判断年代,是鉴定者的一项重要技能。按理说,在明代之前,家具部件通常通过使用锛、锭、斧、铲等工具加工制成,而在明清时期,多数家具则采用手推刨子来削木材,只有在现代才可能出现电动刨子。这些工具留下的痕迹,可以作为判断家具制作年代的依据。观察这些工具痕迹的差异有助于识别古今之间的变化,也更方便区分真伪。

然而,有时在一些明显带有晚近特征的旧家具上,却能发现清晰的"锛""锭"痕迹,这种异常情况需要引起注意。实际上,一些木材的湿度或者特定部位并不适合使用手工刨子来加工,而需要采用"锛""锭"等工具,因为它们更省力、更快速。因此,许多明清时期的民间家具并非完全依赖刨子进行加工。在鉴定家具时,专家不应只凭工具痕迹,而应考虑家具本身所传达的重要信息,避免被单一的标志所误导,从而误判家具年代。

4.3.9 通过观察古家具外观

评估古家具的外观造型、装饰风格、色彩和包浆是否协调一致,以此判断其品质优劣,是普遍应用的鉴定方法。审视一件家具时,如果观察到家具的部分材质、线条、结构、比例、雕刻或色彩存在明显的不协调,通常可以推断它可能是由多个不同家具残件拼凑而成的伪造品,类似于"插旁车"或"杂八凑"。

然而,也有一些情况例外。如某些古家具在其主体部分可能非常雄壮豪放,而其他部分则显得简约含蓄,或者相反的情况也可能存在。尽管在艺术风格和装饰手法上有显著差异,但在结构、材质、漆色和包浆等方面的岁月痕迹却显示出相对协调,这种情况常常让人感到困惑,使人难以理解当初制作者的初衷。

我们可以理解为,这种非常古老的家具在经历损坏后,可能被后来的修复者采用简化和适应残损部分的便捷修复方式进行修补。修复者可能并没有严格按照原设计来恢复,而是加入了个人喜好和当时的审美趣味。随后的岁月中,这种修复可能反复进行,经过漫长时间的使用和年代变迁,使得古老家具上同时存在多种不同风格的装饰。

这种风格混搭现象在非常古老的家具上更为常见。家具记录着其历代主人的历史背景和相关的文化及审美需求,记录着家具的款式流行以及变迁的轨迹。因此,在研究家具发展史时,这些古家具拥有巨大的文献价值及研究意义。

总结来说,古家具鉴定是一门深奥的学问,我们要对其各方面进行判断。在使用目前公认的各种鉴定方法时,鉴定者还要多思考多观察,并且持有谨慎的态度。

4.4 中国古典家具的作伪

不法商贩为了获利,大量生产伪造品,这些伪作混入市场,导致辨别真伪变难。这不仅损害了市场公平,也影响了古董家具的价值,因此加强监管和鉴定变得十分重要。现今的仿作大多粗制滥造,几乎是一眼假的程度。然而,历史上清朝晚期和民国时期的古家具仿制现象较为普遍,仿明式家具的相对来说具有一定的水准,比较难分辨。只要能带来利润,就有人投机仿制。作伪的手段非常之多,在此大概罗列一些。

4.4.1 以劣充好

由于硬木家具材料的辨别不易,一些商贩会利用这一点,用较劣质的木材冒充优质木材制作家具,混淆视听。

4.4.2 移花接木

随着时间的流逝,许多古代家具因长期日晒雨淋或者未得到适当保存,其构件遭受严重损坏或者残缺。因为修复至原貌异常困难,一些人开始采用移花接木的技巧,将不同类型的残余结构移植并拼凑在一起,这样形成了一些难以明确界定、风格不一的古代家具。

4.4.3 以多充少

由于"罕见"是古代家具价值的关键所在,许多家具商将那些广为传世但价值不高的家具,如半桌、大方桌和小方桌,改造成更为稀有的抽屉桌、条案和围棋桌。

4.4.4 拆一组两

为了获得高额利润,把完整的古代家具分解成多个部件,再以此来制作多件仿制品。这种做法包括将一件古代家具拆解,按照原件的样式将旧的部件拆下嵌在新的仿制品中,通过重新组装,仿出多件或者一件家具,这些仿制品往往包含部分原件。

4.4.5 改头换面

有些投机者会随意改动原有的结构和装饰。例如,他们可能误以为外观简单(没有装饰或雕刻)的明式家具年代更久远。因此,有些人故意去掉珍贵的装饰,试图伪装成更早期的家具。

4.4.6 杂材其中

在清代中期,为了节省珍贵木材,将薄层高档木材贴在普通木材上,使家具看起来更高档。这种包镶技术在苏式家具中广泛使用。而现代市场中的"硬木"家具也使用类似技术,用薄层硬木皮覆盖普通木材,提升外观。

4.4.7 偷梁换柱

在古代硬木家具中,软屉由木材、藤条和棕榈等材料制作,主要用在凳子、椅子和床榻的座面或靠背上。其弹性和透气性提升了舒适度和耐用性。工匠将这些材料编织成网状,固定在木框架上,提供良好的支撑,并防止潮湿。它具有舒适柔软的特点,但相对容易受损。随着时间的推移,许多历经岁月的珍贵家具上的软屉大部分已经破损。然而近些年来制作软屉的工匠们几乎绝迹,所以许多古家具中的软屉被改为硬屉。

4.4.8 改高为低

为了适应现代生活方式中对低型家具的需求,许多传世的古代家具被改造成低矮的形式。现代社会中,沙发、椅凳和床榻等家具已经普及到普通家庭。为了适应这种变化,许多古代椅子和桌案经过改造,降低了高度,以便于放置软垫或作为沙发桌使用。购买这些改造后的低型古代家具的人们,有时会误认为这些家具天生适合现代生活方式。

4.4.9 刻意做旧

一些古旧家具的仿造者,为了营造岁月沧桑的效果,采用各种手段在家具表面制造痕迹。他们可能使用钢丝球擦拭表面,模拟长期使用形成的磨损痕迹;或者在上漆后,用茶杯或锅子留下印记,甚至用小刀刻出痕迹。此外,他们还会特意在仿造家具的易磨损部位使用细砂纸进行精细打磨,再上蜡,以制造出老旧的外观。

4.4.10 速成催老

有些仿古家具通过人为手法"催老",以假乱真。他们会将新仿制的家具用茶叶水或者淘米水涂抹,然后将其放置在室外的泥土地上,让其经历日晒和雨淋。经过数月的反复处理,木材表面自然开裂,油漆开始龟裂剥落,木色变暗,仿佛经历了长时间的风雨侵蚀。特别是桌椅等家具,他们会把家具的腿埋在泥土中,使其自然褪色并形成水渍痕。

4.4.11 伪作包浆

包浆作为古玩界的专业术语,是指古器物表面形成的风化痕迹。尤其是木质器物特别容易形成厚实的包浆层,这种包浆常被形容为"皮壳",触感非常柔和,表现出木质纹理的内外透视和苍老的色泽,宛如宝石般的质感,一旦擦拭便会呈现出独特的光泽。

相比之下,仿制和作假的旧家具常使用漆蜡或其他劣质材料制造假的包浆。这些伪造品的光泽显得呆板和粗糙。用手触摸时,真正的古代皮壳光滑而温和;而伪造品则常有一种黏腻的感觉,触感上有明显的不适,甚至会有黏手的感觉。

4.4.12　虫蛀家具

为了使仿制的家具看起来更真实,有些造假者会故意制造出被老鼠咬过的痕迹,或者用虫蛀的办法来营造古木料的效果。甚至有些制假者会特意饲养蛀虫,让它们在家具上留下独特的蛀洞。一些买家看到家具有这样虫蛀的痕迹,便会愿意支付高价,认为自己捡到了便宜。

4.4.13　老料新作

近期,古家具市场上有一种似乎经历了木纹开裂、积尘包垢、灰尘覆盖的"古董家具"。这些家具表面上展现出了岁月磨损的迹象,很容易迷惑那些对此不太了解的购买者。然而,这些看似古老的家具实际上是由老房子中拆除的建筑材料拼凑而成的,是一些卖家故意设下的陷阱。

4.5　精品鉴赏

 黄花梨螭纹联二橱

【作品背景小提示】

闷户橱是一种造型独特的家具,尽管其名字带有"橱"字,但它在橱类家具中显得格外特殊。它融合了承载物品和储藏物品的功能,外观类似于条案,有典型的案体结构,与常见的桌案高度相同,因此它同时具备了桌案的使用功能。闷户橱的设计中,橱面两端有时会翘起,橱腿和橱面通常使用插肩榫连接。在桌面下方设有抽屉,抽屉下方则设有一个箱体,用于更多的物品储藏,这种设计被称为"闷户橱"。在使用时,要先打开抽屉才能够存取物品,这种家具在南方地区较少见,而在北方则较为普遍。根据抽屉的数量不同,设有两个抽屉的闷户橱称为"联

黄花梨螭纹联二橱(明代,现藏于上海博物馆)

二橱",设有三个抽屉的称为"联三橱",设有四个抽屉的称为"联四橱"。与带有抽屉的书案不同,闷户橱在抽屉下方设有门仓,这是它与其他家具的根本区别之一。这种设计不仅外观独特,而且极具实用价值,因此深受许多人的喜爱和青睐。

【作品赏析】

黄花梨螭纹联二橱,长112厘米,宽59厘米,高89.5厘米,工艺精湛,雕刻细致,展示了高超的雕纹技艺。正面装饰着螭龙纹,唯独抽屉脸中间的雕刻留有空白,设计用于安装铜饰件。面叶设计窄长,与通常见到的圆形、方形面叶不同,显示了其独特之处。这件联二橱每个部分都雕刻精美,尤其是螭龙纹和优雅的龙尾,充分展示了明代风格的特色。抽屉面板上的浮雕设计精致,中央留有足够空间供铜制饰件和把手使用,二者完美配合。

【真伪辨析要点】

依据其纹样:此联二橱的正面各部位都雕刻有螭龙纹,只有牙条上雕刻了缠绕的莲花纹。这些螭龙纹酷似草龙,其尾部随意卷曲,填满了构件的空间。门仓和抽屉采用了落堂踩鼓的工艺,使得雕纹显得生动丰富。抽屉正面中间留有一片空白,设计用于安装铜制饰件,这一细节显示了制作者的精细考量。

【相关知识点提示】

闷户橱:殷富之家嫁女的必选

"良田千亩,十里红妆",这句话经常用来形容嫁妆的富丽堂皇。在古代,富裕家庭的女儿嫁妆非常丰厚,包括床榻、桌案、各种器皿、箱子、被褥等等,无所不包。尤其是在南方的江浙一带,即使是普通家庭,也会准备像八仙桌、闷户橱以及架子床这样的家具作为嫁妆。

过去,小康家庭常将两个顶箱柜并排靠墙,中间放置一个较矮的闷户橱,这样的布局正好填满整面墙,提供了充足的储物空间。带抽屉的闷户橱被称为"柜塞",显示出其重要性。在北方地区,类似的小型家具称为"炕橱",尺寸较小,通常放置在炕旁,以适应当地的生活习惯和空间要求。

王世襄在《明式家具研究》中解释了"嫁底"这一称谓,说明了闷户橱在传统婚嫁中的重要作用。过去,嫁女时会带一至两件闷户橱作为嫁妆,显示其在新婚家庭中的核心地位。闷户橱不仅用于储物,其顶部还可摆放箱子、掸瓶、时钟等物品,并用红头绳固定,兼具实用性和装饰性。因此,"嫁底"这一称谓突显了闷户橱在婚嫁习俗中的重要性。

黄花梨插肩榫翘头案

【作品背景小提示】

翘头案是一种具有独特设计的桌案，案面两端造型优美，有像羊角一样翘起的"飞角"，所以又被称为"翘头案"。这种案的长度较长，因此也被称为"条案"。明代多使用花梨木或铁力木制作。夹头榫翘头案结构标准，面心为整板，下有穿带。案腿方材，腿足端外撇。案腿侧面设平行的方材横枨，止于足端以成框架，安装雕版。通常翘头案被放置在靠墙的位置，用来展示文房四宝和挂画。

黄花梨插肩榫翘头案（明代，现藏于上海博物馆）

【作品赏析】

这件黄花梨翘头案采用插肩榫工艺，尺寸为长 140 厘米、宽 28 厘米、高 87 厘米。案面由一整块黄花梨木雕刻而成，厚度为 3.5 厘米，增强了耐用性。边缘装饰有牙条纹和灯草线，腿部中央刻有"两炷香"图案，展现了传统工艺的精湛技艺和古代对吉祥的祝愿。整体上，这件家具兼具实用性和艺术价值，体现了黄花梨木的优雅。插肩榫的两侧，在牙条上各雕刻有卷曲的云纹，这些云纹稍微向内倾斜，底部又生有小钩尖。如果卷云被调整为正直，或者去掉钩尖，就会显得这件翘头案少了些许独特之处。案的底部在肩部下方，用雕刻出的花叶轮廓，精确地安置了两根横枨。足端雕刻着卷云纹，与南宋时期画作中出现的案足相似。

【真伪辨析要点】

1. 依据其造型

案型为典型明式代表作，案面是 3.5 厘米厚的独板，面下插肩榫是常见案型结体榫卯之一。然而，在传世的黄花梨条案中，这种牙条和腿足的形式只有这一例，与其他明式家具相比并没有太多相似之处。

2. 依据其纹样

牙条上的如意云形镂空被称为"猫耳工"，它们对称挖掘，略微向内倾斜，形成了边缘起始饱满的阳线，与腿足无缝相接。方形的直足中央浮现出花叶形的轮廓，周围环绕着双翻卷的云纹。腿子正中间则起伏着两炷香阳线，分别向下转折成卷云，最终与牙条上的阳线相接，如同一气呵成，犹如百转千回。

3. 依据其装饰特色

这件明式家具展示了"线脚"装饰的特点，通过在边框、腿部或面板边缘雕刻线条，提升了视觉效果和细节层次。线脚不仅增添了优雅外观，还改善了设计的协调性，体现了工匠对细节和美学的关注，使家具既实用又具艺术感。这件家具的牙子和腿足边缘都雕刻有灯草线，腿足正面则有"两炷香"阳线，这些线条虽然简洁，却使得整体轮廓更显柔和与雅致。原本平淡的外观因此呈现出独特的变化和优美的形态。

【相关知识点提示】

"插肩榫"

插肩榫是案类家具常见的一种连接结构，它通过在腿部斜削出八字形的肩部，使其能够精确地插入与框条相对应的榫眼中，从而实现稳固的连接。这种接头称为"插肩榫"。尽管外观上同夹头榫有所不同，但实质上的结构相似，都是足部或腿部顶端凸出的榫头，与框条或案面底部的卯口相对应。上部也有开口，用于嵌入牙条。然而，足部或腿部的顶端斜削出肩部，牙条与足部相接的位置开凿出槽口，使得牙条在与足部嵌合时能更紧密地对齐表面。这种榫头的优点在于，当牙条受到上方压力时，与足部的斜肩榫结合更为紧密。这种结构不仅适用于鼓腿彭牙式的家具，也可以广泛应用于其他常见的家具样式中。

黄花梨木四出头官帽椅

黄花梨木四出头官帽椅（明代，现藏于上海博物馆）

【作品背景小提示】

官帽椅是由于像古代官吏所戴的帽子而得名。倘拿官帽和它相比，尤其是从椅子的侧面来看，扶手略如帽子的前部，椅背略如帽子的后部，二者有几分相似。也有人认为椅子的搭脑两端出头，像官帽的展脚（俗称"纱帽翅"），故有此名。

【作品赏析】

这把明黄花梨制作的四出头官帽椅，以其简约的装饰而著称。靠板上雕刻了一朵浮雕花纹，云朵和双螭围绕其中。此外，壶门式卷口牙子上还有微小的浮雕，雕刻了一小朵云。然而，这款黄花梨四出头官帽椅的独特之处不仅在于其装饰，更在于其构件的精细和弯曲度的大胆展示。为了做出这种细长且弯曲的构件，制作者必须使用较大尺寸的木材，并进行精细的挖空和雕刻。本来这把椅子可以设计得非常厚实，但制作者不计成本，将其精细削减，呈现出纤细柔美的形状，从而达到了独特的视觉效果。此款椅子的另一个特点在于前后腿采用一木连做,后腿直接延伸至搭脑,而前腿则支撑着鹅脖。

【真伪辨析要点】

依据其造型:这款黄花梨制作的四出头官帽椅代表了明式家具典型的风格,它造型特别简洁且富有严谨的法度感,比例恰到好处。外表看似平凡,实则蕴含了精巧的设计与精湛的工艺,每一个细节都经过精心考量和精细雕琢。设计师充分运用了造型语言,线条交错曲直有致,结合了方正与圆润的美学元素。例如,搭脑的处理非常委婉柔和,没有过多的线条和角度显露,却展现出端庄和清晰的外观;四出头的设计则简洁利落,完美展现了其刚柔并济的风格。此椅充分展示了黄花梨木材优良的特性:木质坚硬光滑,颜色既不过于鲜艳也不过于暗淡,纹理时隐时现,充满生动和多变的特质。明式家具的设计理念体现了中国美学中动与静的和谐统一,刚与柔的完美结合,强调"无为而治"的美学理念。

【相关知识点提示】

"四出头"

"四出头"指的是椅子的搭脑两端或扶手前端的突起设计,这一术语源自民间木工传统,常被用来形容这类家具的特定结构。从平民到雅士,此后这一称谓已经成为这类椅子的标准叫法。此外,如果只有扶手的前端突出而搭脑不突出,则被称为"两出头",这也是民间的通用说法之一。四出头官帽椅形式的家具起源自宋元时期。四出头椅子作为典型的明式家具,昔日象征着高贵身份,这一象征在今天依然延续。正如前文所述,尽管都是四出头椅子,但其风格和韵味却各有高低之分。

黄花梨小座屏风

【作品背景小提示】

座屏是古代汉族传统手工艺品的精品之一。在古代中国,座屏常被用作主要座位后面的屏障,以展示高贵和尊严。随着时间的推移,人们开始更多地将座屏放置在室内出入口位置,将其作为进门时的装饰,具有遮挡的作用和效果,类似于现代的"地屏"。座屏适合放置在大空间的建筑内,通常在大厅中,正中的座屏通常是固定在地面上的墙屏,而较小的座屏

黄花梨小座屏风(明代,现藏于上海博物馆)

则摆放在桌案上,如所谓的"砚屏",颇为知名。座屏的制作越来越精细,其屏扇的装饰也愈加复杂,制作技术更加娴熟。座屏的屏扇形式多样,分为三扇和五扇式的,并且还有独立的扇子以及可装卸的底座,被称为"五扇式"和"插屏式"以及"山字式"座屏。

【作品赏析】

这件黄花梨小座屏风,尺寸为长73.5厘米、宽39.5厘米、高70.5厘米,用作案头装饰,是大型屏风的缩小版。在故宫景仁宫的大门内,有一幅明代的白石座屏风,其规模宏大,几乎像照壁一般。这两者在外框的设计上十分相似,都将屏风的中部分割为上下各三块绦环板,在两侧各有一块竖板,小座屏风的墩座则雕刻如意头抱鼓花站牙,这与清代的常见做法非常相似。原本屏心使用的大理石板因破碎而被迫撤下。

【真伪辨析要点】

依据其造型:尽管尺寸较小,这件小座屏风仿效了故宫景仁宫内明代白石座屏风的设计。它的造型简洁质朴,符合传统的形式美学。这件黄花梨小座屏风通过精美的雕刻与木材纹理相结合,展现出古风韵味。装饰与木材自然纹理的融合,形成了优雅的视觉效果,体现了传统艺术的精髓,展现了典型的明式家具风格。

【相关知识点提示】

座屏的风水理论

屏风作为经典且优雅的装饰品,广泛应用于各类场所。它提升了大厅的美感,优化了空间布局,同时调整风水和创造私密环境。在政府机关、企业厂矿、军队学校、科研院所和酒店宾馆中,屏风因其装饰性和实用性被广泛使用。它帮助区分功能区域,增强隐私保护,并提升室内美观。

座屏具有灵活变动的特性,能够调整室内空气的流动和质量,起到活化气场的作用。座屏不但可以让人心境平和,同时可以作为引导气流到室内的通道。

黄花梨木折叠式镜台

【作品背景小提示】

明式镜台,也称为梳妆台,通常分为宝座式、折叠和屏风式三种。宝座式镜台起源于宋代的扶手椅式镜台,它们在装饰上通常较为复杂,属明式家具中罕见的华丽风格的器物。折叠式梳妆台的

黄花梨木折叠式镜台(明代,现藏于上海博物馆)

上部由托盘和支架组成,托盘组装成格子结构。托盘和支架均在两端设有轴,可以插入底座的插孔,使托盘能够旋转并支撑直立,或者折叠平放并藏于底座内。托盘底部设计成荷叶形状的底座,可以上下移动,以适应支架上的青铜镜子,极少数器物设有盖子。

【作品赏析】

这款黄花梨木镜台长49厘米,高60厘米(支起时),放平时高25.5厘米。镜台可以平放,也可以支起来60度斜面,镜台分作三层八格,可以上下移动,中心设计有开口,这件镜台设计独特,镜钮上的丝条垂到背板后方,展示了精细工艺。格板饰有螭纹雕刻,板材厚实,经过"处刷槽"处理,使图案更为立体和饱满。此处理提升了装饰效果,彰显了镜台的艺术价值和工艺水平。底部有两扇开门的箱体,中间设有三个抽屉,四条腿内翻且呈蹄形,造型低矮而有力。

【真伪辨析要点】

依据其风格:这件黄花梨镜台整体的装饰精美,有很强的韵律感,在背板上重复使用螭纹浮雕,镜台中间有云纹雕刻,设计巧妙有虚实之美。设计遵循传统美学的审美原则。整体设计既富丽又灵秀,充满了典雅的女性气息,展现了明式家具的典型风格。

黄花梨圆后背交椅

【作品背景小提示】

交椅起源于胡床,其前腿上部,即座面后方的角落,装有弧形的栲栳圈,中间支撑有背板,使坐者能够舒适地向后倚靠。这种椅子在室内的摆放显示了较高的档次。此类交椅不仅适合室内陈设,也便于携带外出使用。交椅有直背和圆背两种,均流行于明代,然而,直背交椅的样式并不常见。圆背交椅的背板和扶手采用了三节或五节榫接的方式,展现出流畅的曲线设计。这种直背交椅的特点是其有光滑的背板,两条腿交叉并设置了脚踏。它是一种没有扶手、背板呈直线的交椅,在清朝后期逐渐不再被制作。

黄花梨圆后背交椅(明代,现藏于上海博物馆)

【作品赏析】

这把明代黄花梨圆后背交椅高 112 厘米,座面高 58 厘米,宽度 70 厘米。交椅是一种可折叠的椅凳,这种椅子在宋朝就有雏形,靠背板由三段拼接而成,上部雕刻有螭纹开光,中间雕刻有麒麟以及灵芝等图案装饰,底部为卷草纹。座面前方的立面装饰着双螭纹,构件交接处均用铜饰件精心包裹。

此交椅曾由王世襄收藏,后来王世襄于 2009 年因医治无效病故后,转手给了上海博物馆,现在由上海博物馆收藏。

【真伪辨析要点】

依据其造型:圆后背交椅以其简约的几何形态和交织的空间美感展现了视觉上的吸引力。它精心设计了线条和面的结合关系,形成了一个坚固的整体结构;从顶视角观察,交椅呈现半圆形,内部环绕着一个长条形,有着"天圆地方"的象征,内部结构朴实且清晰;在侧面视角,这件椅子具有优雅的设计。其"S"形靠背曲线贴合脊柱的弯曲度,提供舒适支持。底部交叉撑腿形成稳固的三角形结构。扶手和搭脑在正视图中融为一体,弯曲扶手自然延展,椅圈如张开的怀抱,线条流畅,提升舒适性和美观度。

【相关知识点提示】

交椅的功能

在战争中,交椅扮演了重要角色,供官员休息之用,因此也被称为"行椅"。在《三国志·魏书·武帝纪》的《曹瞒传》中,描述了赤壁之战后,曹操撤退至河边,前方队伍正在渡河,马超突然赶到。曹操或许因意外或假装镇定,坐在那里一动不动,"公犹坐胡床不起",即他没有立即起身,曹操最终被随从紧急拉上船过河,之后感叹道:"今天差点被这小贼击败。"

交椅在古代还有第二个用途,即作为打猎时的便椅,因而也有"猎椅"的别称。每当皇帝打猎时,侍从扛着椅子,只有皇帝才允许坐下休息,在相关的清代宫廷绘画中,我们能看到皇帝在打猎时坐在交椅上,周围站着侍从的画面。

因此,交椅逐渐成为权力的象征,常用"坐第一把交椅"来表示领导地位。这一说法源于《水浒传》,描述了排座次、召开山寨会议时使用交椅的场景。这些描写反映了交椅在社会生活中地位的转变,逐步演变为权力和地位的象征。

黄花梨月洞式门罩架子床

【作品背景小提示】

从明清以来,随着生活方式的改变,那些高大且难以移动的家具往往最容易被改造或损坏。因此,像这种工艺精美的大架子床,即使在今天,保存完好的也寥寥无几,在全国范围内都十分罕见。黄花梨制成的月洞式门罩架子床源自山西,最初由古玩商人夏某购得,后来捐赠给故宫博物院。了解情况的人士称,清代晋中的商贾经常从江浙地区购买家具,并将其运回家乡。床的左后角的一根立柱不是用黄花梨制成的,而是采用榉木配制,这可以视作产自苏州的一个证据,因为当时苏州地区盛产榉木。

黄花梨月洞式门罩架子床(明代,现藏于故宫博物院)

【作品赏析】

黄花梨制作的月洞式门罩架子床,长247.5厘米,宽187.5厘米,高227厘米。门罩由三扇组成,整体围子和横楣子均采用了"攒斗"工艺,形成了四合云纹,中间以十字花相连,图案错落有致,表现出繁复精致的效果。床的面积较大,图案连续相接,给人以规整匀称之感。该床的腰部装饰有束腰,短柱上镶嵌着绦环板,并且板上雕刻着精美的缠枝花纹、花鸟纹以及草龙。在横楣子的牙条上雕刻着生动的云鹤纹。这件床是明代家具中体积宏大、结合了多种精湛雕刻技法的杰作之一。

【真伪辨析要点】

依据其装饰:此床的四块门罩、三面的围子及挂檐均用镂空雕法,透雕草龙纹。床面下高束腰,分段嵌装绦环板,壶门牙板雕云龙纹,三弯腿,内翻云纹马蹄。此床大气古朴,包浆自然,是大富大贵人家之卧具。

【相关知识点提示】

架子床

架子床是汉民族传统的一种睡具,通常由四根柱子和四根横杆构成床身架构。有些架子床在床的两端及背面都装有栏杆,设计多样,结构精致,装饰华丽。其装饰图案常以历史传说、民间故事、花鸟山水等为主题,寓意着平安、和谐、吉祥以及多福和多子。整体风格呈现出古朴典雅或庄严富丽。

与西式床的整体搬运不同,架子床采用榫卯结构,每个部件都可拆卸,相对来说组装起来也不复杂,架子床就像积木一样,可以通过拼插接等方式完成组装,比现在的床复杂,但是,这样的架子床操作简单,自己动手就可以操作,在组装的过程中充满乐趣。

黄花梨高束腰六足香几

【作品背景小提示】

黄花梨高束腰六足香几(明代,现藏于北京故宫博物院)

明式家具种类多样,如香几、矮几、茶几和蝶几。其中,香几最具特色,可以用来焚烧香熏,也可以用来插花摆放花卉。一般来说,香几的造型修长而优雅,给人以亭亭玉立的美感。从香几的比例来看,接近黄金分割,因此这些家具给人们留下了优雅而美丽的印象。明代香几一般较高,从几面造型来看,多圆形和花瓣形,几面或用大理石、玛瑙石等,腿子多为三弯式,几腿具有外翻的特征,卷叶纹或者带有球状足部,整体造型修长柔美,同时又富有弹性。在明代,工匠们将这种风格称为"螳螂腿",从腰部以下开始向外膨胀,拱肩部分在几的外沿最宽处有明显突出。插肩榫与几腿相连,足部设计有"托泥",底部还设有矮脚与地面接触,从而使整体家具更显稳固,体现了明式家具的高超工艺。

【作品赏析】

黄花梨高束腰六足香几,长 50.5 厘米、宽 39.2 厘米、高 73 厘米,几面呈扁圆形,边缘凹凸不平,形如初次漂浮水面的落叶。底部高耸的束腰分为上下两层,上层束腰上嵌装透雕云纹绦环板,中植竹节形的立柱,下层束腰上嵌装镂开鱼门洞形开光的绦环板,束腰之下的牙子分段相接,做出倒垂的枝叶状,线条回转流畅。香几腿造型明显,卷曲度高,尾端有花叶雕作,下部有小圆球。这款香几选用了清新淡雅的黄花梨木作为材料,雕刻工艺精湛而生动,造型独特,展现了工匠们的独特匠心,富有永恒的魅力。它是一件稀世明代家具珍品,难得一见。

【真伪辨析要点】

依据其风格特点:这件用黄花梨制成的高束腰六足香几,其高耸的束腰设计灵感源自唐代的须弥座,而牙子部分采用了门式牙子,装饰风格深受佛教艺术影响。整体造型线条和装饰纹饰都采用了流畅的曲线形式,呈现出一种和谐统一的视觉效果。

【相关知识点提示】

香几的使用

在清代以前,香几是非常受欢迎的一种家具,是唐宋日常生活中使用的家具。香几的用途广泛,从"焚香沐浴"以及"焚香操琴"等词,可以看出香几主要是用来放置一些焚香,是庭室中不可或缺的一部分,这是理所当然的。不过,香几有时也有其他用途。

黑漆嵌螺钿花鸟纹罗汉床

【作品背景小提示】

罗汉床是北方特有的床榻,设计为床面四周有围栏(两侧和背面),不带床架,展现庄重和古朴美感。通常放置在厅堂中,宽敞床面和高围栏增添庄严感。有三屏、五屏围子,最简单的围子由光滑的整块木板构成,有些围子可能在板上添加了浮雕图案。复杂的围子设计包括透空结构和框架,中间部分雕刻了各种几何图案和花纹,如万字形状、十字形状等。罗汉床的腿部设计也多种多样,有直腿、三弯腿、马蹄足、兽形状等结构,甚至带有束腰、四面平或鼓腿彭牙的变化,每种都展示了独特的工艺和风格。

黑漆嵌螺钿花鸟纹罗汉床(明代,现藏于北京故宫博物院)

【作品赏析】

这张罗汉床长 182.5 厘米、宽 78 厘米、高 86 厘米,木胎制成,家具的设计庄重而对称,三面围子高低有致,装饰着折枝花卉、团花、牡丹和蝴蝶等螺钿图案。床面和腿部也镶嵌着螺钿花纹,整体风格精致而优雅,展示了传统工艺的卓越以及古典家具的典雅之美,这些设计元素使得整个家具兼具功能性和艺术美感。

【真伪辨析要点】

依据其造型:床身采用四面平式设计,整体漆成黑色,嵌入精美的硬质螺钿花鸟图案。床面采用活屉板,左右及后部配有三块整块木板围子,牙条和腿部都镶嵌折枝花卉,腿部内翻呈马蹄状。在明代,制作黑漆镶嵌螺钿装饰的家具颇为流行,如椅凳、桌案等。这张罗汉床最早是在 20 世纪 50 年代从山西琉璃厂的一家古玩店中购得,目前已被故宫博物院收藏。

【相关知识点提示】

罗汉床的来源

"罗汉床"这一名称,历史上始终没有获得广泛认可的解释。有人猜测或许和明代被称作"弥勒榻"的大型坐具相关。弥勒榻作为坐具,尺寸较大,适合坐不适合卧。罗汉床更多的是作为坐具而非卧具使用。古代隋唐之前,人们习惯席地而坐,宋代后演变为坐在脚下的方式,盘腿打坐的传统在中华文化中占据重要地位,弥勒榻和罗汉床则是为了传承这一习惯而保存下来的经典家具类型。罗汉床可能源自汉朝的汉榻,随着家具的逐渐演变,最终在明清时期成为象征皇权的"宝座",体现了家具设计和社会文化的演变过程。在明清时期,罗汉床设计变得更为精致,装饰豪华,成为贵族和宫廷的重要家具。相较于早期简朴的汉榻,罗汉床不仅具备更高的装饰性和复杂结构,还适应了不同场景的需求,一些小型罗汉床类似现代沙发,用于休息和接待。这些变化反映了罗汉床的多功能性和象征意义。

填漆戗金云龙纹方角柜

【作品背景小提示】

方角柜,又称立柜,由于它像一部有函套的线装书,故又叫做"一封书"式柜。柜身四边和腿足俱为方棱,无柜帽,腿足部分无向外撇出的侧脚。方角柜的柜门一般为对开硬挤式门,由合页与柜柱相连,有的有门闩杆,有的无门闩杆,有的设柜膛,有的不设柜膛。方角柜以四面平样式最为精致。

填漆戗金云龙纹方角柜(明代,现藏于北京故宫博物院)

【作品赏析】

这件明代填漆戗金云龙纹方角柜,尺寸为高174厘米、横124厘米、纵74.5厘米。柜子四面均为平整的方形结构,门分为两扇对开,该柜涂黑漆,配有活动立栓和铰链,含两层屉板。柜门饰有菱花形开光和龙戏珠纹样,下为鸳鸯戏水图。柜子的四周边框和中间栓部分装饰有戗金彩色开光的花朵图案。侧面采用戗金彩色云龙和海水江崖样式,边缘的开光内装饰有填彩花卉图案。柜子背面上部装饰有戗金彩色牡丹和蝴蝶图案,下部装饰有填彩松鹿和串枝牡丹图案,并雕刻有戗金"大明万历丁未年制"的楷书款。这件柜子展示了精湛的工艺,是明代漆器家具的典型代表作品。

【真伪辨析要点】

依据其造型：此立柜四角笔直，呈"一封书"样式。柜门为六扇落地，该柜配有闩柱和屈戍穿锁，拉手呈环状，类似晚明民间家具的铜饰。柜门使用合碗式铰链，工艺精细，仿古《长物志》记载的旧式铰链。柜身满是填漆戗金的云龙花鸟纹，工艺卓绝。背部刻有"大明万历丁未年（1607年）制"字样，明确了其制作年代，彰显了独特的历史价值。

【相关知识点提示】

明代最费工的漆饰工艺——填漆戗金

正宗的填漆戗金家具主要产自明朝宫廷，属于御用漆器。其彩色花纹是填充在漆地中的，具有一定的厚度和极为平滑的耐用性。填漆戗金工艺制作的前期步骤与剔红略有相似之处，都需要多层涂漆，为确保漆层足够厚以便于雕刻，剔红工艺在漆层雕刻完成后基本完成，步骤较为简单。而填漆戗金工艺则需要在雕刻漆层后多次填充彩漆，通过推磨使表面平滑，然后进行戗划锦地，再用彩漆填补，最后加上戗划纹理和金色装饰。这一工艺十分繁复，成本极高。清代时期这种技艺已不常用，通常仅在锦地中填入彩色漆，而主要装饰则以彩绘为主，而非填漆。

明紫檀有束腰带托泥宝座

【作品背景小提示】

所有专为皇帝设计的座椅统称为"宝座"。尽管宝座与罗汉床的形态各异，但其在造型和结构上几乎无异，主要区别在于宝座尺寸通常较小。有人觉得宝座源自罗汉床，此说有理。宝座通常放置于宫殿的正殿中央，专供皇帝使用，也可能置于配殿的显眼位置或中央。大型宝座一般单独摆放而非成对。它们常用珍贵的硬木制造，并且装饰有复杂的云龙等雕刻图案，甚至涂以金漆，显得非常华丽和富丽堂皇。传世的明代宝座并非普通家庭的日常用品，多见于宫廷、府邸和寺院。今明代宝座实物极罕见，主要靠壁画和卷轴传世。

明紫檀有束腰带托泥宝座（明代，现藏于北京故宫博物院）

【作品赏析】

明紫檀有束腰带托泥宝座，高度109厘米，座面高度55厘米，宽度98厘米，深度78厘米。扶手和后背形成了七屏风式的围子，除了座面和束腰部分外，整体都精细雕刻着浮雕的莲花、莲叶和蒲草，密密匝匝，没有任何空隙。雕刻工艺圆润流畅，没有明显的棱角，刀法类似于元明时期的剔红器，以及张成制作的水禽、莲花和菰蒲雕漆盘图案，具有相似之处。尤为难得的是花叶的姿态栩栩如生，枝梗错落有致，与宝座的整体造型巧妙融合，毫不勉强，展现出制作者精湛的技艺和设计理念。座前还设有同样花纹的脚踏，同样制作精细。

【真伪辨析要点】

依据其造型：该宝座座面宽深比是5∶4，四角为圆形，束腰部位深凹，四条腿呈内翻马蹄状，上部有膨牙修饰，底部平稳着地。椅背（围子）采用板式结构，由后背板和两侧扶手板组成。其顶端外翻呈阶梯状，两侧逐步下降，这种设计被称为"七屏式"，体现了传统工艺的特点，并赋予了独特的视觉效果。座椅前方配有荷叶形脚踏，提升了舒适性，并与整体风格相一致。

除了座面和束腰外，宝座的其他部分都装饰有精美的浮雕花纹，以写实的莲荷为主题，展现了工匠对细节的精致雕刻。莲荷图案不仅蕴含传统文化，还体现了工艺师的高超技艺。整体设计在形式和装饰上均表现出高水平的艺术价值，使宝座不仅具备实用性，还具有较高的观赏价值。

【相关知识点提示】

紫檀家具

紫檀木为世界珍贵木材，主要产于南洋群岛热带地区，次为东南亚。中国两广也有少量分布。俗语"十檀九空"，其产量少，大紫檀木径仅20厘米，极珍贵。木材呈紫黑色，类似犀角的光泽，散发出淡淡的香气，显得深邃而典雅。心材呈血红色，光泽艳丽，具有回纹条纹，年轮呈螺旋状，棕眼紧密排列，无明显疤痕。浸泡后呈紫色，具有黏附性。其树脂、削片和锉末可用于药物中，有助于治疗疮毒。

研究古典中国家具的学者们根据流传下来的对古代紫檀家具的研究发现，许多使用的大块木材与传统的"十檀九空"描述不符，实际特征更像"蔷薇木"，如红檀。这引发了一个问题：这些家具是否真的使用了紫檀木？为解决这一问题，需要对古代家具的木材进行详细的科学分析，包括物理和化学性质，以准确判定其材质及历史背景，这对于研究和保护古代家具至关重要。学界目前尚未有明确的认知，也未能完全区分它们之间的差异。

黄花梨透雕靠背玫瑰椅

【作品背景小提示】

典型的明式家具通常以简约朴素为主，尽管如此，其纹饰风格仍可以概括为三种类型：繁复、点缀和光素。右图中玫瑰椅的纹饰应归类为繁复风格。明朝初期推崇节俭，但到了万历年间，明朝国力开始衰退。1567年海禁放宽后，大量硬木家具材料涌入，为明末的奢华风格奠定了基础。玫瑰椅的尺寸较为紧凑，设计包括方形的低靠背和直立扶手。通常，方形边框上饰有精美雕刻，顶部可能配有卷边装饰，这一基本样式受到小竹椅的影响。这件明黄花梨透雕玫瑰椅恰如其时地反映了当时社会的风气。

黄花梨透雕靠背玫瑰椅（明代，现藏于清华大学艺术博物馆）

【作品赏析】

这件明代黄花梨透雕玫瑰椅，座面尺寸为长61厘米，宽40厘米，高87厘米。靠背板上雕刻着六条螭龙捧寿纹，扶手下方装饰有螭龙牙子，横枨下部饰有螭纹卡子花。座面下方配有门牙子，三面券口牙子均经过精细雕琢。尽管雕刻繁复，整体设计在简洁与复杂之间保持了平衡，雕刻艺术与椅子的线条相得益彰。

【真伪辨析要点】

依据其雕饰：这把玫瑰椅拥有复杂的雕饰。靠背上雕有六只龙捧寿的图案，而座面下方的三面券口牙子则饰有精美雕刻。这把椅子生动展示了明代家具在基本型式上逐渐增加装饰细节的过程。

【相关知识点提示】

玫瑰椅

玫瑰椅是一种小型的扶手椅，具有方形座面、靠背以及低矮的扶手。靠背和扶手与座面呈垂直状态。在北方，这种椅子被称为"玫瑰椅"，而在南方则被称为"文椅"。有人认为"文椅"名称来源于它在文人中的受欢迎程度，而"玫瑰椅"则可能因其女性化的风格而得名。这种椅子因其轻便灵活而受到青睐，背部矮小不会遮挡视线，适合室内使用，并且处处得宜。缺点是这种黄花梨透雕玫瑰椅不适合长时间休息，更适合用于写作。这把椅子由黄花梨制成并饰有精美的花纹，而且靠背板和扶手上都装饰有精致的透雕工艺。

铁力木五抹门圆角柜

【作品背景小提示】

圆角柜的顶部和柜柱脚都设计成了圆弧形，柜体四角的脚部是外圆内方的结构，底部比顶部宽,形成了"收分"的特征。通常,圆角柜的柜门使用门枢结构进行开合,而非传统的合页。这种柜子完全采用圆形的材料制作,顶部有突出的圆形线脚(柜帽),不仅四条腿是圆的,四个角也是圆的,因此得名"圆角柜"。它也被称为圆脚柜、木轴门柜或面条柜,是中国传统家具中设计最精巧华丽的类型之一。

【作品赏析】

铁力木五抹门圆角柜长94厘米、宽50厘米、高187.5厘米,柜顶的长度为98厘米,宽度为52厘米,底部的长度为97厘米,宽度为51厘米。铁力木五抹门圆角柜的柜门分为四段,每段由五根抹头构成,配以攒框装板。柜门的开光设计为长方形,角落处采用委角装饰,突显了其独特的格调。柜膛内部通过竖立的两根柱子之间的面板分隔,进一步增强了装饰效果,并展示出桦木独特的纹理美。

铁力木五抹门圆角柜(明代,现藏于北京市文物局)

【真伪辨析要点】

依据其造型:该圆角柜的柜门分为四段,每段由五抹头攒合而成。其中三段嵌入桦木框架,用薄板制作圈口,中间开有镂空,露出桦木板,部分圈口已有脱落现象。柜内有柜膛,膛内有两柱支撑,分为三段装饰。

分段攒门常常通过开光来增添装饰效果。圆角柜的整体形状呈现上大下小的特征,通常只有使用整块板材作为柜门才能展现其精致之处。如果使用华美花纹的厚板剖开为两扇门,使得纹理对称,将显得非常巧妙。在这里,使用五抹门只是为了展示一种设计风格。

紫檀四面平式加浮雕画桌

【作品背景小提示】

桌子是生活中必不可少的家具之一,因其用途的多样性而衍生出各种不同的造型和称谓。根据器物的大小和形状,可以分为桌、几、案三大类。根据型式的不同,桌子有圆桌、方桌、半桌、条桌等不同的款式;根据用途的不同,

紫檀四面平式加浮雕画桌(明代,现藏于浙江省博物馆)

又有酒桌、茶桌、炕桌、书桌、画桌等多种分类。无论是从何种角度来区分,桌子的类型和用途都是多种多样的。

【作品赏析】

画桌,顾名思义是以写字作画为主要用途的桌子。紫檀四面平式加浮雕画桌,高81.3厘米,桌面长173.5厘米,宽86.5厘米,以较为名贵的紫檀制作。画桌的结构和造型与条桌相似,都是狭长型的家具,但画桌相比条桌要宽大许多。这是因为如果太窄,就不适合挥毫作书或展卷绘画,从而失去了画桌的实用价值。画桌通常不设抽屉,因为在使用过程中打开抽屉会造成不便,反而成为负担。此件画桌黑漆面,深沉典雅。大面及腿足皆浮雕螭纹,刀工圆润,花纹雅致奇古,不落俗套。四条腿足,中部设计有凹陷,保留了壸门床的痕迹。这种工艺制作的紫檀画桌在国内无与伦比。其价值不言而喻,实为国之珍宝。

【真伪辨析要点】

依据其造型:画桌的造型是四面平式的。这里的"四面平式"指的是桌子的大边没有浮雕装饰,也没有束腰,这也是从实际需要出发而这样做的。此桌整体造型简练纤巧,线条活泼,充分体现出明式家具的特色。

【相关知识点提示】

传世的紫檀四面平式加浮雕画桌

这张画桌的流传历史颇为曲折。它原本是20世纪初著名藏家萧山朱翼盦先生书斋中的一件珍品。朱先生当初是从古玩商荣兴祥的主人贾腾云那里购得此物,而贾腾云则是从满族古琴名家佛尼音布(字鹤伏,号荷汀)手中买来的。佛尼音布又是从海淀的汉军旗人朱某那里得到的,而朱某则是明成国公的后裔。所以,这件传世品流传有绪,是明代紫檀家具中之重器。

鸡翅木台座式榻

【作品背景小提示】

榻的名称最早出现于汉代,服虔在《通俗文》中提到,"三尺五寸曰榻……八尺曰床"。可以看出榻与床只是有大小的区别,榻是和床对比而言的。而榻具体是什么样子呢?《释名·

鸡翅木台座式榻(明代,旧藏于美国加州中国古典家具博物馆,现藏地不详)

释床帐》对床榻的描述为:狭长且低的称为榻,意指其接近地面。此外,书中提到小者称为独坐,主人的座位仅供一人使用。所以,后世也把榻称作"小床"或"独坐"。在汉代和汉代以前,中原汉文化圈古人室内的床、榻等家具及地面就坐之处皆铺席,编席的材料有灯心草、蒲草、竹。汉代人在室内就座以跪坐为礼仪的标准,所谓"跪"则是以膝着席后,直腰耸体的姿势。榻以一人独坐为尊。《语林》曰"(杜)预征吴还,独榻不与宾客共也"。可以说,榻是低矮的箱形的台座,在古代中国作为贵族公卿等地位尊崇人士的坐席。

【作品赏析】

鸡翅木台座式榻,长 184.7 厘米,宽 89.2 厘米,高 44 厘米。"榻"在《中国古典家具博物馆藏珍品》(英文版 Masterpieces from the Museum of Classical Chinese Furniture)一书中叫做"daybed",直译就是"白天用的床"。书中将这款榻的式样称为"box-construction style",可能在作者看来,这个榻就像是三个箱子框架拼在一起的样子吧。实际上,这款榻是从胡床演变而来的,像箱子框架的结构应该叫做"壸门"。此款式在唐代极为流行,现在很少有了。明代以前的此类床榻,多为软木制作,几乎没有留存至今的。明代中后期,硬木广泛用于家具制造业,大量家具得以流传至今,我们今天才有福消受诸多经典。

长边、抹头、腿脚均为鸡翅木,面板为四拼楠木,式样古朴,造型简洁,线条流畅,作者对此榻评价极高,说它可能是明末清初"箱子式床榻"的孤本。

【真伪辨析要点】

依据其造型:这张榻子的设计主要采用了攒框分格和券口,顶部饰有交圈边框,底部则配有托泥式足。这种工艺的榻子在现存的家具中极为稀少,其风格古怪奇特,与台北故宫博物院收藏的宋人十八学士图相类似。在明代家具中,这种风格特征包括光滑的表面和简化的曲线装饰,特别是在鸡翅木家具中更为常见,显示了文人追求突显木材纹理的设计理念。而且,鸡翅木台座式榻底部托泥遗失了,现在我们看到的是修复之后的。仔细看,底部颜色与上部还是有细微差别的。

第五章

漆器鉴赏

漆器是一种将天然漆料涂覆在木、陶瓷或金属物品上的工艺品，具备美观性与耐用性。在古代中国，漆器制作工艺复杂，包括表面打磨、多层涂漆和干燥固化，形成坚固光滑的漆层。漆器具备防水、防腐和耐磨的特点，同时蕴含丰富的文化和艺术价值，是中国传统工艺的重要部分。在古代中国，漆器使用的漆料是从漆树上提取的天然树汁。漆树产于中国，树龄约10年可割取树液——生漆。生漆又称大漆，初流出时呈乳白色，但暴露在空气中后会逐渐氧化成褐色，进一步氧化后变为黑色形态。漆器的制作过程繁复精细，涵盖了胎体制作、涂漆、雕刻及镶嵌等多个环节，不仅展现了匠人的高超技艺，也反映了当时社会经济发展和审美观念的演变。正是这些特性不仅使漆器成为实用的家居器皿，也让其成为珍贵的艺术品和文化遗产。作为一种古老而精致的工艺品，漆器的历史源远流长，承载着丰富的历史文化内涵和艺术价值，是民族文化的瑰宝。

5.1 漆器的产生和发展

5.1.1 什么是漆器

漆器源自中国古代,是一种用生漆涂覆在各种器物表面制成的艺术品和日常用具。生漆由漆树提取,含有漆酚、漆酶、树胶质等成分,经过多道工艺加工(如抛光、彩绘、雕刻等)赋予漆器耐久、美观等特性,并能配制出多种色彩,哪怕经过几千年,依旧能呈现出绚丽的光泽。漆器不仅在外观上光洁如瓷,还具有较强的耐潮、耐高温、耐腐蚀等功能。

中国漆器工艺历史悠久,早在几千年前就已有记载,是世界上最早认识和使用漆的国家之一。漆器制作精良,不仅具备实用功能,更展现出深厚的艺术成就。漆器作品不仅在中国艺术史上占据重要位置,也是世界文化宝库中不可或缺的一部分。通过漆器,人们不仅可以窥见古代文明的辉煌,还能感受到艺术与工艺的完美结合,彰显出中国文化的博大精深和独特魅力。

5.1.2 新石器时代的漆器

漆器作为中国古代最早应用的器物之一,其起源可以追溯到史前时期。在史前时期,树木是最早被应用的材料之一,木质易于处理,可以制成各类器物,使用广泛。木器制作的发展可能早于原始陶器的制作,或者两者的发展时间差不多。人们开始在木质生活用具上涂抹漆液,从而演变出了原始的漆器。而漆液的应用则为这些木器增添了新的功能与美感。漆液来源于漆树,这种植物广泛分布于中国的黄河流域、长江流域及太湖流域等地区。将漆液涂抹在木质器物表面,不仅增强了器物的耐久性,还使其外观更加美观。

在浙江余姚河姆渡文化的第三文化层中出土的朱红色木碗,其涂料的物理特征与传统漆料相似,这表明古代使用的涂料可能采用了类似的制作工艺。同时,在江苏吴江新石器时代中的棕色彩绘陶器经过检测,确认其使用的涂料为漆,这为我们了解古代彩绘技术和早期装饰工艺提供了新线索。这些都展示了漆器在早期社会中的重要地位和技术成就。特别是敖汉旗大甸子古墓的朱漆觚形器,更是证明了漆器在古代已经具备了较高的制作水平和艺术表现力。这些古代漆器不仅是实用的生活用具,也是当时人们审美与技术结合的杰作,显示出古代人类对自然材料与工艺的深刻理解和创造力。

5.1.3 夏商周时期的漆器

进入夏代,漆器已成为夏文化的一个重要象征。考古研究显示,夏代漆器的新发现已经浮现。自 20 世纪 50 年代起,河南的"二里头文化"遗址中出土了一系列漆器,这些发现对研究夏文化的制度具有重要的参考价值。在这些出土的墓葬群中,许多棺木上都留有红漆痕迹。

商代漆器的最早考古证据可以追溯到 1928 年在河南侯家庄西北岗的商王大墓中发现的雕刻精美的漆棺,漆棺装饰有饕餮纹、雷纹和虎纹等复杂图案,展示了高超的工艺水平。商代漆器用途广泛,涉及日常用具、兵器以及马车装饰,反映了社会地位和工艺水平。随着时间的推移,漆器的装饰变得越来越复杂,使用了龟甲、蚌片、牙齿、动物角和绿松石等多种材料,有些还贴有金箔,体现了商代对漆器制作工艺的高度重视。

西周时期,在装饰上不仅延续了前代使用的彩绘、金箔贴片和绿松石镶嵌技法,还出现了一些新发展,如创新了一种新的髹漆工艺,即嵌入蚌泡。例如,在陕西长安普渡村的西周一号墓中,曾发掘出镶嵌蚌片的漆器碎片。

5.1.4 春秋战国时期的漆器

春秋时期,我国漆器工艺经历了渐进发展的过渡阶段。在湖北地区发现的漆器种类和数量相对较少,主要以木胎为主,包括漆簋、盨、豆、方壶、俎、瑟和镇墓兽等。这些器皿的造型和装饰纹样展现了当时独特的艺术风格和技艺特点。

到了战国时期,漆器工艺及其艺术在我国古代漆器史上具有重要意义。不论是制作技术、器物造型,还是装饰图案和技巧,都达到了新的高峰。尤其是楚国的漆器工艺,在这一时期尤为突出,位居当时各诸侯国之首。在湖北地区发现的战国漆器种类多达 70 余种,数量超过 5000 件,该地区是全国范围内同时期漆器的最大集中地。这些漆器形态各异,色泽鲜艳,不仅是楚文化的珍贵遗产,也是我国古代艺术宝库中的重要组成部分。

这些战国漆器不仅令人赏心悦目,更展示了我们祖先在艺术创作方面的非凡才华。它们为当今艺术创作提供了丰富的启发和借鉴,为我们理解和传承古代文化艺术贡献了重要的历史见证。

5.1.5 秦汉时期的漆器

秦汉时期,漆工艺经历了空前的发展,成为中国漆工艺史上的一个辉煌时期。无论是数量和品种的繁多、制作的精美还是生产地域的广泛,都达到了前所未有的水平。

到了秦朝,同以往朝代相比,这个朝代的漆器制作更加规范和精致,器物形态和种类也更加丰富,生产量显著增长。其中,云梦睡虎地秦墓中的漆器具有代表性。此外,在20世纪90年代的江陵扬家山墓中也有许多保存良好的漆器,显示了秦代漆器工艺的繁荣。尽管秦代的历史相对较短,但在漆器发展的历史进程中起到了承前启后的关键作用。

汉代是漆器发展的高峰期,种类丰富,包括耳环、碟子、碗、筐、箱子、尺子、唾壶、面罩、棋盘和几等,极大地丰富了漆器的型式。此外,汉代还创新了多彩漆、铜扣、堆漆、针刻、玳瑁片、镶嵌等新工艺。图案设计上,漆器以粗犷简练的线条或复杂精美的构图表现,增强了人物或动物的动态感和力量感。特别是黑红互置的色彩组合,产生了光亮优美的独特效果,营造出富有音乐感的艺术风格,展示了一个充满神秘和神奇的世界。

秦汉时期纹样内容多样,其主要包括动物纹、自然景象、神话故事和叙事画等和几何纹几类。几何纹常用作器物的边缘,展示了抽象艺术的发展;动物纹分为写实与夸张变形两种,反映了对动物形象的艺术处理;自然景象主要以动态的云气纹为特色,表现了自然景观的艺术表现;神话故事图案涵盖了怪物、飞龙等,融入了神秘及宗教象征;叙事画继承了楚国的传统,还增加了历史故事的题材。整体来看,汉代漆器装饰展现了统一的风格和时代特征,体现了工艺的创新和文化的深度。

5.1.6　三国两晋南北朝时期的漆器

三国两晋南北朝时期继承汉代传统,逐渐展现出多样化的发展趋势,工艺装饰技法也变得更加精细和复杂。

这一时期,高水平的士大夫绘画对漆器绘画的发展产生了重要推动作用。与汉代不同,这个时期的漆画内容和艺术风格变化显著。例如,从东吴朱然墓出土的漆画特征来看,人物故事成为主要题材,人物刻画更为传神和写实。在器物如盘上,盘心常绘制人物故事,而周壁则装饰着流畅生动的云气、鱼水图案,同时还出现了回曲连续的植物纹图案,这些构图风格与南北朝时期流行的忍冬纹相似。

相比汉代的拙朴风格,这一时期的漆器构图更为生动多变,不拘泥于呆板的对称,突出主要人物,注重人物之间的情感表达和关系,强化故事情节的表现,具有清秀空灵的艺术特色,给人以清新雅致之感。

战乱频繁和朝代更迭的背景使得佛教和道教在这一时期得到广泛传播。西域佛教的传入和本土道教的发展不仅丰富了漆器的题材,还促使漆器艺术与宗教教义相结合,呈现出浓厚的宗教色彩和超然静穆的艺术气质。漆器的纹样也由以动物为中心逐渐转向以植物为中心,反映了当时美学思想的变迁,如莲花纹、忍冬纹开始在漆器装饰中流行。三国两晋南北朝时期的漆器艺术不仅在技艺上有所创新和深化,而且在主题和风格上也展现出了鲜明的时代特征,这一时期的漆器被赋予了深厚的宗教意蕴和独特的艺术魅力。当时出现了许多同时擅长雕塑和漆艺的工匠,他们创作了许多精美的佛像,令人赞叹不已。漆器艺术的宗教化也是当时漆器制作的一个显著特点。

5.1.7 隋唐五代漆器

隋唐时期,手工艺的发展极大地促进了漆器工艺的繁荣,使其在艺术造型和制作工艺上达到了与当时盛行的纺织品、金银器和陶器相媲美的水平。隋代由于统治时间短暂,漆工艺仍然沿用绿沉漆,多出现于甲胄和弓箭上,关于漆器的文字记载和出土实物相对稀少。而随着唐代国力的强大、经济的繁荣以及国与国之间广泛的交流,漆器工艺得到了显著的发展和提升,不仅在造型上丰富多样,还注重质量和完美的技术。漆器不但成为当时社会上的重要工艺品之一,而且被列为唐朝的税收实物。多地均以漆器作为贡品,表明漆器在唐代社会中占有重要地位。后来,随着青瓷制造工艺的不断进步,瓷器作为更普及的日常用品逐渐兴起,漆器逐渐从实用品向贵族专用的华丽装饰品转变。唐代漆器的装饰工艺达到了极为华丽的水平,出现了金银平脱、雕漆和螺钿镶嵌等新技法,使得漆器装饰变得更加精致和壮丽,展现出明显的时代风格。

第一,华丽的金银平脱工艺。在唐代,金银平脱工艺达到了顶峰,成为漆器装饰的巅峰之作。此技艺最初可追溯至商周时期,当时的漆器上常见金箔贴饰或镶嵌松石,这些做法标志着金银平脱工艺的初步出现。随着时间的推移,唐代的金银平脱技术显著进步,这种工艺不仅被广泛应用于竹木胎漆器,还用于铜镜制作,深受朝廷和官府的推崇。

第二,创新工艺雕漆。唐代漆器工艺的一个重要创新是雕漆的引入,也称为剔红。这种技艺先在漆胎表面逐层涂刷漆料,直至达到所需的厚度和光滑度,再用雕刻刀具雕刻出各种精细的花纹和图案,雕刻不仅要求技术娴熟,还需精准控制深浅与细节,使得漆面呈现出如同浮雕般的立体效果。根据《髹饰录》的描述,唐代的漆器多采用印板刻制,锦缎朱色,雕刻风格古朴值得欣赏,还有陷地黄锦的技法。这种表述突显了唐代雕漆工艺的观赏价值。它不仅在技术上达到了新的高度,还开创了漆器装饰的全新风格。唐代雕漆的制作过程追求"运刀快利",技艺虽显古拙,却能以简洁有力的刀法创造出富有生气和动态感的图案,特别是陷地黄锦等复杂装饰更是体现了技艺的精湛与创新,这与后来宋元时期藏锋圆润的风格形成鲜明对比。唐代雕漆工艺在后世继续发展并产生影响,其观赏性和独特风格为唐代工艺美术增添了新的光彩,并成为漆器制作的重要传统。

第三,发展中的螺钿工艺。螺钿,即利用贝壳片进行装饰的技术。唐代时期,螺钿工艺经过持续的发展和改进,在漆器制作中得到了广泛应用和推广。螺钿漆器以其独特的装饰效果和精湛的工艺,展示了唐代工艺美术的高度成就和审美价值。螺钿工艺要求选用质地优良、光泽良好的贝壳片,如螺、蚌、鲍等,经过精细加工后镶嵌在漆器表面。工匠们经过反复琢磨,确保贝壳片与漆面完美贴合,同时不损漆器的整体美观。通过贝壳的天然光泽和漆器的深邃色彩相互映衬，使整体装饰效果更加华贵高雅。这种对比营造出漆器的独特光泽和触感，使其在视觉和触觉上都展现出极致的艺术感染力。唐代延续和发展了早期漆艺的传统，即一色漆器，又称无文漆器。这类作品以统一的色调为特征，表面没有文字或装饰图案，依赖材料本身的美感和工艺的精湛。唐代在这方面的技术改进，为漆器的创作设定了新的标准。

在五代十国时期，战乱频繁，导致长达半个世纪的分裂局面，尽管中原地区手工业的发展受到阻碍，但江南地区相对保持了稳定，继续促进了手工业的发展。与此同时，统治者奢华生活风气盛行，使得官方和民间的漆器作坊都能够涌现出优秀的作品。总体而言，五代十国时期的漆器风格基本延续了晚唐的特点。值得一提的是，江苏苏州出土的螺钿花鸟纹经函，被视为该时期漆器的代表作品。在民间领域，漆器的生产也十分发达，主要以素面漆器为主，其中许多作品外表为黑色，内部则为朱红，色彩沉稳，漆层厚重。

5.1.8 宋元时期的漆器

过去，人们普遍认为两宋时期的漆器以单一颜色为主。然而，随着考古发现的增加，这一观点已被修正。最新的考古资料显示，两宋时期的漆器不仅限于单色，还包含丰富的装饰和工艺技术。例如，苏州瑞光寺塔出土的真珠舍利经幢底座上的狻猊和宝相花图案，采用了复杂的稠漆退塑工艺。这些新发现展示了宋代漆器工艺的多样性和精致水平，同时反映了当时对漆器装饰的重视和工艺师的创新。

宋朝漆器工艺展示了当时技术与审美的高度结合，具有独特而精致的特点。其主要表现在以下几个方面：首先，宋代漆器的制作常采用"底胎"技法即在木制器具上雕刻纹饰，再涂上数层漆进行表面装饰。这种技法不仅提高了漆器的耐用性，还能在细节上展现出高超的雕刻技艺。其次，宋代漆器的彩绘技法丰富多样，常见的有"雕填彩""绘墨彩"等技法。这些技法不仅赋予漆器丰富的色彩，还能在器物表面表现出精湛的艺术效果，反映出当时艺术家们的高超技艺和审美水平。此外，宋代漆器常以自然界为主题，如花卉、鸟兽、山水等元素经常出现在漆器的装饰纹样中。器形多圆润、端庄，整体造型简洁大方。最后，宋代漆器的用途非常广泛，主要包括餐具、盒子、屏风等，其中以食器和文房四宝最为著名。宋代漆器不仅在工艺技术上达到了高峰，还在艺术风格和实用性上展现出独特的魅力，对中国古代工艺美术有着重要的贡献和影响。

元代漆器以雕漆工艺见长，这是其最显著的特点之一。雕漆是一种在漆层上雕刻出立体图案的技艺，元代工匠们通过精湛的手艺，将复杂的纹饰刻画于漆器表面。漆层通常厚实，制作过程需要多次涂漆和刻画，每层经过精细打磨，最终呈现丰富圆润的花纹和质感。除了雕漆工艺，元代漆器还广泛应用彩绘和剔红技法，丰富了装饰形式。彩绘技法如雕填彩和绘墨彩，通过描绘各种图案和色彩，赋予漆器生动的艺术效果。剔红则通过刻画并填入红色漆料,在漆层表面形成对比鲜明的图案和纹饰,突出装饰性和视觉效果。例如,故宫博物院收藏的张成所制的栀子纹剔红盘、杨茂创作的剔红观瀑图八方盘,以及安徽博物院珍藏的张成造乌间朱线剔犀盒,是元代剔红技法的杰出代表。这些作品在造型上创意丰富,色彩和纹饰上展现出元代漆器独特的审美风格和高超技艺水平。

5.1.9 明清时期的漆器

明清时期是中国漆器发展的黄金时期,漆器不仅在实用领域得到广泛应用,而且在装饰艺术领域达到了前所未有的高度。漆器工艺逐步融入建筑、家具和陈设等领域,从最初的实用功能转变为主要的装饰用途,展现出丰富多彩的艺术风貌。

在明代嘉靖年间,云南雕漆艺术首次进入内廷,这一新兴的风格取代了之前流行的西塘派,为内廷雕漆艺术带来了革新。云南雕漆以其刀法犀利、线条不加修饰的特点著称,展示出独特的粗犷美感。然而,到了明末清初时期,雕漆艺术一度失传,直到乾隆四年(1739年),由苏州织造漆作成功仿制,才重新在宫廷中流行起来。此后,苏州成为宫廷雕漆的主要制造地之一。清代漆器的发展不仅局限于宫廷,民间漆器的普及也日益广泛。广东的描金漆器及螺钿漆器、阳江的实用漆器、北京的雕漆、福州的脱胎漆器等各具特色,展示出不同地域的独特风貌和工艺技法。贵州大方的漆器以马皮为基材,采用彩色填漆,展现了独特的民族风格。雕刻师如卢映之、卢葵生、王国琛等为漆器艺术的发展作出了卓越贡献。此外,四川漆器因其精致的彩绘而著称,其髹饰技法也越来越丰富,包括描漆、描金、脱胎、螺钿、百宝嵌、雕漆等多种工艺,每种工艺都有其独特的美学表现和装饰效果。

少数民族如彝族、傣族、高山族等也以其精湛的漆器工艺著称,制作出具有强烈对比色彩和粗犷风格的器物,如高脚盘、木勺、酒具、皮甲、皮盾、弓箭壶、马鞍等,反映了地域文化的丰富多样性。

宫廷漆器往往以金银箔、珠宝石等高贵材料作为装饰,表现出豪华和庄重;而民间漆器则更注重实用性和生活气息,装饰常常以山水、花鸟、人物等题材为主,色彩鲜艳、生动。这些漆器不仅是艺术品,更是明清社会文化和审美趣味的重要体现,为后世留下了丰富的文化遗产。

5.2 漆器的一般鉴定方法

由于漆器难以长期保存,流传下来的数量有限,因此高品质漆器的价格一直在上涨。这也导致市场上出现了许多以假乱真的仿制品,这里就介绍几种鉴定漆器的方法。

5.2.1 看漆色

漆器表面涂覆了来自天然漆树的树脂,这种漆具有卓越的抗湿、防腐、耐酸和耐热特性,同时为器物增添了独特的光泽。天然漆最初呈乳白色或黄色,氧化后会变黑。为实现多种颜色效果,天然漆常与朱砂、银朱、石黄等颜料混合。它的可塑性和黏稠性允许镶嵌贝壳、玉石等材料,并与金银箔等工艺结合,形成丰富的装饰效果。

鉴别漆器时,观察光泽尤为重要:传统漆器表面光泽温润细腻;而化学漆光泽刺眼、注漆产品光泽黯淡。朱漆器物因掺入朱砂,色泽厚重温暖;伪造品通常色泽较薄且不自然。天然漆的特性在漆器制作中至关重要,并且是辨别真伪的关键依据。

5.2.2 闻气味

生漆含有漆酚、漆酶、树胶质和水分等成分,其初期制作时会发出浓烈的酸香。随着时间的推移,这种酸味会逐渐减轻,而树胶的气味则会变得更加明显。新制漆器的气味较为浓重,但随着时间的流逝,气味会变淡或消失,这可以作为判断漆器年代的依据。市场上销售的注漆和化学漆制品则通常会散发类似橡胶的塑料气味,这与天然漆的酸树胶香味大相径庭。因此,气味可以有效帮助辨别漆器的真伪及其材料。

5.2.3 掂分量

漆器的胎质材料包括木胎、皮胎、竹胎、陶胎、脱胎和金属胎等。在北京地区,脱胎和木胎漆器较为常见。脱胎漆器是通过将麻布等材料逐层叠加,并用漆黏合而成,因此制成的器物较为轻便,即使是较大的器物也能单手提起。木胎漆器则由实木制成,通常较为沉重,手感坚实,适合制作需要稳固的器物。仿制漆器通常采用机械一次成型的方式,缺乏真实的胎质,手感较轻,与传统漆器的质感差异明显。通过对比这些不同的胎质材料,可以有效判断漆器的真实性及其工艺特点。

5.2.4 敲动静

漆器的制作工艺十分复杂,包含多个细致的步骤,使得最终的作品在每个细节上都展现精致。整个制作过程每一步都需要很高的工艺水平,以确保器物内外都体现精湛工艺。完成后的漆器不仅在视觉上令人印象深刻,还在触感和声音上显示出其工艺的精细。

拿在手中时，漆器的重量感能反映其制作水平。敲击器物的不同部位可以检验其均匀性和密实度。手工制作的天然漆器，敲击时发出的声音应该均匀且清脆，这表明其内部结构匀称。而仿制漆器和注漆制品则发出不均匀的声音，可能带有沉闷或空洞的感觉，这暴露了制作中的缺陷。通过声音的对比，可以有效判断漆器的真实性和工艺质量。

5.3 漆器的作伪

漆器的作伪手法很多，在这里主要总结四种：改款法、修补拼配法、做旧补缀法、仿造断纹。

5.3.1 改款法

改款是漆器伪造中常用的手法之一，主要有两种方式：一种是伪刻，即用漆覆盖原有的款识或刻上新的款识；另一种是改刻，包括增添或删减原有款识的内容。作伪者通常缺乏对历史款式的准确理解，有时新添加的内容可能不符合时代特征，如在明代漆器上增加不应存在的文字或年号，永乐年间的漆器通常标有年号款识，如"永乐年制"。有时，这些款识会被伪造或改动成其他年号，比如"大明乙未永乐年制"。这些伪刻与真正的款识在字体风格和刻工细节上有差异。伪刻或改刻的漆器可能存在修补痕迹或漆色的微小变化，这些细节在不同光线下可能会显现，有助于识别漆器的真实性。通过这些细节，专业鉴定者可以有效判断漆器的真伪。

漆器上的款识伪造问题非常复杂，特别是在明代宣德时期的漆器中，许多款识存在问题或令人怀疑。常见的伪造情形可以归纳为以下几种：真品伪款、伪品伪款、晚期器物标早期款、早期器物标晚期款。

真品伪款：这种现象指的是某些宣德时期的漆器虽然确实在那个时代制作，但其标识却与宣德时期的风格和特点不符，显然是后期添加的。这种情况通常发生在器物经历损坏或修复后，被后人刻上了不符合时代风格的款识。例如，乾隆时期有记录显示，修复过的宣德器物底部可能会被加上伪造的宣德款，这种现象在清代官方文献中也有所记载。

以北京故宫收藏的剔红庭园高士图圆盒为例，底部刻有"大明宣德年制"款，但该款识的字体为金色，装饰显然不符合宣德时期的标准。通过细致观察，可以发现原有的"大明宣德年制"款已被填平并覆盖，出现了双重款识的现象。这种情况也在故宫的其他作品中出现，例如剔红九龙纹大圆盒等。这使得原本的宣德器物变成了带有伪造款识的复杂品。

伪品伪款：有两种主要情形表明器物及其款识均非宣德年制。一种是"假器假款"，即漆器本身并非宣德时期的作品，但后来有人故意在其上加刻"大明宣德年制"的款识，以误导他人认为这是宣德时期的器物。

另一种情况是真正的赝品，即整个器物及其款识都是后期仿制的。北京故宫的雕漆花鸟纹长方盘，其装饰风格和雕刻技法实际为万历时期，但底部却刻有"大明宣德年制"的款识，这些器物实为伪造的假器和假款。

晚期器物标早期款：有些情况下，后期制作的漆器上会刻上旧的款识。例如，将元代的"张成造"款刻在永乐时期的漆器上，或者在明代宣德时期的器物上刻上永乐款；还有的将嘉靖或万历时期的器物上刻上宣德或嘉靖的款识等。这些行为都是为了增加文物的收藏价值，通过虚构的历史背景来吸引收藏者，实现经济利益。因为通常文物的历史时代越久远，其收藏价值和文物价值也越高。

早期器物标晚期款：在漆器领域，有一种特殊的伪造现象称为"早器晚款"，即将早期制作的漆器上刻上晚期的款识。这种伪造现象在明代宣德时期特别明显。例如，元代漆器可能被改刻成宣德款式。北京故宫的剔红观瀑图八方盘底部刻有后期添加的"大明宣德年制"款，但原有的"杨茂造"针划款痕迹仍可见。又或者，将永乐时期的漆器刻上宣德款式，例如故宫藏的剔红芙蓉花圆盒，其底部边缘刻有填金刀刻的"大明宣德年制"款，覆盖了原本的永乐款，但仍能在特定光线下隐约看出原款的存在。这种现象据称是为了规避法律制裁，通过伪造款识以达到目的。已有文物实例证实了这种现象的存在。

除了宣德时期，其他朝代的漆器也常见伪造款识的情况。例如，北京故宫的剔红双龙纹盘，其工艺风格明显属于明代万历时期，但底部却刻有"大明嘉靖癸巳年制"的伪造款。这个伪造款识是在后期刻上的，目的是掩盖原本的万历款。通过仔细检查，可以发现底部仍保留有万历款的痕迹。伪造这些款识通常是为了提升器物的价值或虚构其历史背景。这种伪造现象不仅影响了漆器的真实价值，也使鉴别变得更加困难。另外，还有漆器被刻上"乾隆年制"款的例子，有些款识在重新涂漆时后加的，是故意为之。举例来说，有一件剔红百花图长方盘，其内部装饰了方格锦纹和多种雕刻花卉。盘底涂有朱漆，上面刻有填金的"大明永乐甲午年制"款，而款下则刻有乾隆四十七年（1782年）弘历题写的诗句。然而，这款年款记录了干支年份，与永乐时期的款识标准不符，而且其雕刻风格更符合明代中期的特征，明显不是永乐时期的风格。字体和刻款位置也与明万历款识相符。因此，可以推断这件盘子是明代中期制作的作品，年款很可能是后来加刻的，而乾隆时期的诗文更进一步显示了与实际年代不符的情况。

故宫收藏的一套嘉靖时期的剔红三层套盘展示了伪造款识的情况。二层和三层盘底刻有乾隆五十五年（1790年）的诗句和"大明嘉靖年制"款识，表明这些盘子在乾隆年间被刻上了假冒的嘉靖年款。底部第一层则标有"乾隆年制"，旁边贴有黄纸签，标记着乾隆五十四年（1789年）修补的记录。这些细节表明，盘子在修补后被重新加刻了乾隆款,以提高其市场价值。这种伪造行为需要专业鉴定者仔细分析这些细节以判断其真实年代。

以上例子表明,漆器的款识异常复杂,因此无法仅凭现有的款识简单地判断其真伪。

5.3.2 修补拼配法

在故宫的漆器收藏中,常见到一些处理过的情况,例如,剔红双龙牡丹山石纹盒,其表面刻有精美的牡丹花卉和两条追逐火球的龙,雕工圆润丰盈,体现了永乐时期雕漆的精华。然而,盒底的漆色光泽如新,无任何款识,显然是后期重新处理的,原有盒底已经不存在。这种现象较为常见。

此外,故宫收藏的一些漆器还展示了不同期器物的拼配现象,尤其是器盒。有的盒子盖子与底部并非同一时期的,有的是早期的器配上后期的盖子,有的则是反之。这些器物上下部分的漆色和风格各异,即使时代相近,装饰纹样和雕刻风格也不完全一致。例如,剔红荔枝纹圆盒和剔红三狮纹小圆盒都显示了这种情况。这通常是由于原件的一些部件丢失或损坏,随后经过拼配修复而成。

5.3.3 做旧补缀法

在漆器领域,常见到一种做旧的手法,即"设骨剥",即在新制作的仿古漆器上故意制造剥落或断裂的痕迹,以模拟古旧的外观。这是仿古漆器中常用的一种技巧。

漆器的种类繁多,因此制造伪造品的方法也各有不同。金漆伪造也常从颜色入手,通常是在粗糙的漆面上涂抹一层"打金胶",再贴上金箔或金粉。随着时间的推移,金漆上的金色层会自然磨损,暴露出底下的漆地。然而,一些伪造的金漆故意局部磨损金层,以伪装其年代感。因此往往显得不够自然。总之,这些技术手法在制造漆器伪造品时经常被运用,需要谨慎分辨。

5.3.4 仿造断纹

漆器制造中常见的一种伪造手法是仿造断纹。漆器上存在多种断纹类型,如梅花断、冰裂断、蛇腹断和牛毛断等。牛毛断,也称为手皱纹,类似于手上的皱纹,是古老漆器常见的断纹,尤其在明代之前的器物上较为常见。另一种常见的断纹是蛇腹纹,呈现类似蛇腹的横向裂纹,这种纹路在古代漆器上也较为普遍,不论其年代远近,都可能出现这种断纹。

漆器上的断纹通常因气候变化和材料处理不当而出现,往往被视作缺陷。断纹的产生与底胎工艺和漆料的处理有密切关系。精细的底胎工艺可以减少断纹,而过厚的漆灰或底胎未干透则容易产生裂纹，特别是蛇腹纹。

古漆器上的细小裂纹，或称牛毛断纹，多为自然老化的结果，反映了器物的历史深度。人工仿制很难准确模仿这种自然纹路。在制作过程中，若漆器未干透即暴露于风日中，则可能形成长条蛇腹纹，这种纹路在古物和新作中都有可能出现，因此不能仅凭蛇腹纹来判断真伪。在仿古制作中，可能故意制造纹路和裂纹以模拟古物的真实感。范和钧在《中华漆饰艺术》中提到，裂纹的存在并不一定表明漆器的古老，仿古者可能制造裂纹以增加仿真度，但需注意裂纹的类型和位置，以免误判。范和钧先生的经验也为我们提供了对漆器仿制断纹技术的深入了解。总体而言，不论漆器的新旧，裂纹都会对其稳定性产生影响。

在仿古漆器领域，确实存在仿制断纹的情况。王世襄先生提到，民国时期，北京西郊海淀的某漆工仿造了许多明代漆器，其中的断纹仿制得非常细腻自然，几乎无法与真实的断纹区分。

此外，乾隆时期流行着对古代艺术品的仿古风气。漆器的仿古制作通常包括依样模仿，即在造型、装饰、款识和色彩等方面尽力再现古物的风格和韵味。有些仿古作品甚至会刻上之前朝代的款识，其仿制技术之高超，常超越了历代的仿制品。

5.4 精品鉴赏

彩绘虎座鸟架悬鼓

【作品背景小提示】

此器 1965 年在湖北江陵望山楚墓出土。出土时虎座、双鸟及鼓均已分散，并有残缺，拼合后经复制成了现在所见之物。它的设计独特而富有创意，通过漆工、雕刻和绘画三种工艺的精妙结合，打造了一款既实用又美观的乐器，实现了实用性与美观性的完美融合。

【作品赏析】

彩绘虎座鸟架悬鼓是战国时期楚国的乐器，直径 38.4 厘米，高 86 厘米，已有超过 2200 年的历史。这只鼓是荆州

彩绘虎座鸟架悬鼓（春秋，现藏于湖北省荆州市博物馆）

楚墓中出土的重要文物,展示了楚国的工艺水平和文化特色。它由楠木雕刻而成,表面涂有红、黄、黑三种颜色的漆,装饰有高大凤凰与矮小虎的图案。凤凰的昂扬姿态与虎的蜷伏造型,体现了楚人对凤凰的尊崇,对宁静生活的向往,以及勇敢征服的精神。这只鼓被用作音乐演奏,反映了楚国的文化和社会面貌。

【真伪辨析要点】

依据其造型:悬鼓底部的两只卧虎昂首卷尾、四肢屈伏,形象栩栩如生,具有夸张的表现力和力量感。其背面装饰有两只高昂长腿的鸣凤,正翘首高歌。在这两只背对而立的鸣凤之间,一面大鼓通过红绳悬挂在凤冠上。整个器物涂以黑色漆底,辅以红、黄、金、蓝等色彩绘制虎斑纹和凤凰羽毛。整体造型栩栩如生,色彩鲜艳华丽,此器物不仅是乐器,也是艺术精品。

【相关知识点提示】

凤鸟踏虎造型

该器作凤鸟踏虎造型,其实表现了楚人的特殊信仰和好恶观念。楚人对凤鸟始终怀有一种特殊的感情,楚国文物中的凤凰在众多文化中独具显赫地位。在楚国的诗文中,凤凰常被视为美好、正直和尊贵的象征,这源于鸟类自古以来就是楚人崇敬的象征。而虎,则是楚人心目中的宿敌,先秦时代,在楚国西面是巴人的居住区,巴人崇尚虎、祀虎。在巴人的遗物上,最常见的装饰是虎形纹饰,表明虎在巴人社会中具有特殊的图腾和象征意义。巴人与楚人多次交战,这些战争给楚国带来了巨大的苦难,直到春秋末期,楚国才最终征服了巴人。因此,凤鸟踏虎实际上是楚人战胜巴人的光辉记录。

彩绘乐舞图鸳鸯形漆盒

【作品背景小提示】

中国的油漆技术历史悠久,中国的漆器闻名世界。漆器是用生漆涂刷加工的。生漆是漆树分泌出的一种物质,它形成的漆膜坚硬而光亮,具有耐热、耐水、耐油和极好的抗腐蚀性能,这些优异特性是其他涂料无法比拟的。因此,生漆被誉为"涂料之王"。据历史文献记载,早在虞夏时代,即距今 4000 多年前,我国已经开始使用漆器。战国时期的《韩非子》记载,舜和禹是最早发明漆器并将其用作食器和祭器的人。考古研究表明,早在 7000 多年前的新石器时代,我国

彩绘乐舞图鸳鸯形漆盒(战国,现藏于湖北省博物馆)

就已开始出现油漆技术的初步形式。

【作品赏析】

彩绘乐舞图鸳鸯形漆盒具有独特风格,长20.1厘米,宽12.5厘米,高16.5厘米,外形如鸳鸯。其颈部设有一个圆形的榫头,插入器身颈部的卯孔中,从而使得头部可以灵活转动。此器物设计丰满,由两部分黏合而成,内部为空心,背部有一个长方形的孔洞,上面覆盖着一块长方形的浮雕着龙形装饰的盖子。翅膀轻微上翘,尾部水平伸展,足部呈蜷曲状。整个鸳鸯漆盒的基底涂黑漆,上面装饰有鲜艳的鳞纹、锯齿纹和菱形图案。在盒子的右侧,描绘了一个击鼓场景,鼓座以兽形为基础,上面放置着鼓,一侧的兽形乐师手握鼓槌在击打鼓面,而另一侧则有一位高大的武士佩剑跳舞。左侧描绘了撞钟的场景,两只鸟作为支撑,上部挂有两个钟,下部悬挂二磬,旁边站立着一位像人又像鸟的乐师,手持撞钟棒敲击钟鸣。这只漆盒已有2400多年历史,其装饰图案精致且造型独特、富有趣味,是战国时期漆器的杰作之一,此图为研究曾侯乙墓出土的乐器的演奏方法提供了形象的资料。

【真伪辨析要点】

依据其造型:这个鸳鸯形盒子由木材制成,内部空腹,背面有一个小盖子,可以打开注水。首颈与身体接口处有榫头,可以转动,拔出后,榫孔可用作出水口。整个盒子涂有黑色漆料,朱色和金色漆料描绘出鸳鸯的外貌和羽毛,盒身的两侧分别绘有撞钟击磬图和鼓舞图。这件盒子形状逼真,彩绘精细,漆画生动感人。

【相关知识点提示】

鸳鸯

鸳鸯象征着夫妻恩爱、相依相伴的美好情感,常被看作是爱情和婚姻忠贞不渝的象征。鸳鸯在中国文艺作品中被誉为纯洁爱情的化身,受到高度赞扬。

据传说,两千多年前,晋国大夫洪铺回乡建造林园,并聘请了外地的花匠怨哥。一天,怨哥在为罗汉松施肥时听到莲池传来求救声,怨哥毫不犹豫地跳入水中,救起了洪府千金映妹。然而,这一善举被误解为调戏映妹,导致怨哥被关进大牢。夜间,映妹为了救怨哥,送给他一件五彩宝衣。洪铺得知后更加愤怒,剥夺了怨哥的衣服,并将他投入莲池。得知怨哥被处决后,映妹伤心欲绝,最终也跳入莲池。第三天清晨,他们的灵魂化作两只奇异的鸟:雄鸟羽色斑斓,雌鸟则呈现出苍褐色。它们相依相伴,成了鸳鸯。从此,鸳鸯被视为吉祥的象征,代表着美满的爱情。

彩绘木雕小座屏

【作品背景小提示】

在战国时期的楚国漆器上,动物是一个重要的主题。这些漆器上常见的动物图案有龙、凤、鹿、虎、马、猪、狗、蟒蛇、青蛙、鱼、鸳鸯、鹤、孔雀,以及各种组合型动物,形态栩栩如生,姿态各异。

彩绘木雕小座屏(战国,现藏于湖北省博物馆)

【作品赏析】

这件彩绘木雕小座屏长51.8厘米,宽3厘米,座宽12厘米,高15厘米,形状别致。屏幕上方嵌有透雕动物图案,包括鹿、凤、鸟、青蛙、小蛇以及双凤争蛇。屏框饰有小蛇,座面雕刻有巨蟒。整个座屏涂有黑色漆,并用红色、黄色和蓝色描绘羽毛和斑纹,外框装饰有变形鸟纹。楚国工匠将55种动物图案精巧交错,展示了复杂的争斗场景,体现了高超的工艺水平和艺术性。这件小座屏展现了丰富的想象力和卓越的漆绘、木雕技艺,是我国古代木雕与漆工艺术的杰出代表作之一。

【真伪辨析要点】

依据其设计特点:这件木雕小座屏由座和雕屏两部分组成,设计精巧。屏幕中心以凤鸟为主题,运用透雕和浮雕技法,展现了55种生动的动物形象。主要描绘了凤、鸾、鹿与群蛇的搏斗场景,其中鸟类和鹿体型较大,象征胜利,而蛇体型较小,象征失败。凤与鸾代表优雅和善良,鹿象征灵巧与和谐,而蛇因其狡诈和毒性被视为不吉。此作品不仅展示了楚国工匠的精湛技艺,还蕴含了丰富的文化寓意。这幅作品生动地描绘了动物之间的竞争与斗争,深刻反映了大自然中生存法则的现实场景,是楚国雕刻艺术的杰出代表。

彩绘漆面罩

【作品背景小提示】

漆器在邗江拥有悠久的历史,作为古老的工艺品,为扬州增添了独特的艺术风采。特别是面罩,这些漆器面罩曾在邗江县的汉代墓葬中出土,共发现了六具,表明它们在古代被广泛使用。这些面罩从西汉中期到东汉初期,延续了两百年之久。它们在扬州地区具有独特性,反映了地方性的丧葬习俗和文化传统。面罩的装饰和制作工艺展示了古代工匠的高超技艺,并在丧葬仪式中具有重要的象征意义。这些漆器面罩不仅为我们提供了古代习俗的重要线索,也彰显了邗江工艺的杰出成就。

彩绘漆面罩(西汉,现藏于江苏省扬州博物馆)

【作品赏析】

漆面罩以木胎为基础,主要分为素面和彩绘两种类型。彩绘漆面罩又细分为三种风格:一种是镶嵌鎏金铜饰的;另一种是结合鎏金铜饰和粉彩木雕的;还有一种是贴金银箔的。1987年4月,考古学家在黄珏乡的汉墓中发现了一具完整的彩绘漆面罩。这件面罩精美的工艺和装饰反映了古代工匠的高超技艺,对研究古代丧葬习俗和扬州地区的文化有着重要的价值。面罩保存状态良好,色彩鲜艳,光泽如新,高度34至36.5厘米,总长度62厘米,宽41.5厘米。主体为方形,顶部有半圆形结构,与前端的翘舌连接。下方有三块立板,左右顶侧有马蹄形孔洞,与耳朵对接,后部有一个长方形孔,对准头顶。前端翘舌遮盖胸部。面罩内嵌三面"昭明镜",象征日月光辉,体现了光明与生命的寄托,设计美观且富有文化内涵。

【真伪辨析要点】

依据其纹饰:这件漆面罩装饰华丽,表面覆盖了生动的彩绘,展示了70多种图案,包括羽人、长尾鸟以及各类动物。面罩后部的主板上,长方形孔周围绘制了衔珠的凤鸟,两侧凤鸟对称排列,孔下方有羽人戏狐的场景。云气纹环绕,形成了优美的天人合一画面。此面罩不仅反映了古代工艺的高超技巧,也表现了其独特的艺术创造力。

龙纹"君幸酒"漆耳杯

【作品背景小提示】

在马王堆一号汉墓中,共出土了90件漆耳杯,这些杯子形状相似但尺寸各异。其中,50件刻有"君幸食",其余40件刻有"君幸酒"。这些"君幸酒"杯均为木制,呈椭圆形,杯口稍宽,腹部较浅,双耳略微上翘,底部平整。杯内涂有朱红色漆,外层涂以黑漆,并在内部、口沿和双耳上装饰有细致纹饰。这40件杯子按尺寸分为大、中、小三种类型。中型杯20件,内部

龙纹"君幸酒"漆耳杯(西汉,现藏于湖南博物院)

底部涂红漆,绘有黑色卷纹,中央标记"君幸酒";口沿和双耳装饰有朱色和赭色的几何云纹,耳背则标有"一升"。大杯和小杯各有10件,大杯无装饰,仅有"君幸酒"字样,而小杯的耳部及口沿则绘有朱色几何纹,大杯的耳背标有"四升"。这些漆耳杯的精细工艺和装饰展示了汉代工匠的卓越技艺,以及对酒器功能和礼仪的重视,揭示了当时社会的习俗和工艺水平。

【作品赏析】

龙纹"君幸酒"漆耳杯,高7.3厘米,长24厘米。漆耳杯里红漆为地,杯子表面涂黑漆,绘有四条藤蔓式龙纹,龙的上唇和下颌由两片植物叶子组成,龙舌是细长卷曲的植物丝,头部有眼睛,身体呈现藤蔓状。两侧耳朵绘有几何云纹。杯子内底中心涂黑漆,中间用隶书书写"君幸酒"。

【真伪辨析要点】

依据其纹饰:变形龙纹的设计严谨,通过两条垂直交叉的对称轴将其分为四个部分,整体布局对称且均衡。与中央的"君幸酒"铭文相结合,体现了主人热情而庄重的待客风格。

【相关知识点提示】

耳杯

耳杯是一种古代的酒器,其形状为椭圆,两侧配有突出如耳的把手,因此被称为"耳杯"。它也被称作"羽觞",有说法认为其外观类似于古代的爵(雀),而另一种说法是耳杯顶部可以插入羽毛,象征催促饮酒。耳杯最早出现于战国时期,到了汉代被广泛使用,并一直持续到南北朝时期。其制作材料包括青铜、陶瓷、漆木和玉石,其中以漆器和陶瓷最为常见。耳杯不仅用于日常饮酒,还广泛用于礼仪和宴会场合。王羲之的《兰亭序》中提到的曲水流觞,即是将耳杯随溪水漂流至饮酒者手中,这种方式展示了古人对饮酒文化的独特理解和喜好。耳杯的设计和使用反映了古代酒器的工艺美学以及当时的社会习俗。他们用的酒觞应该就是耳杯,其较扁,形状似舟,便于浮起并保持平衡,且有耳也容易拿取。如果是今天的圆形高酒杯,则会因在水面无法保持平衡而翻倒。

云纹漆钫

【作品背景小提示】

马王堆位于长沙市东郊的浏阳河西岸,靠近长浏公路的北侧,距离市中心约4公里。最初它是一个河湾中的土丘,后经考古发掘确认了其名称为"马王堆"。考古研究显示,这些墓地属于西汉初期长沙国的丞相轪侯利仓及其家族。2号墓中发现了印章"长沙丞相""轪侯之印"和"利仓",而1号和3号墓为利仓的妻子和儿子的墓地,则未出土这些印章。马王堆上的两个土冢形状类似马鞍,顶部平圆而底部相连,因此也常被称为"马鞍堆"。

【作品赏析】

这件云纹漆钫高52厘米,腹部边长23厘米,整体设计为直口平唇,配有一圈领圈和鼓腹,底部有圈足。盖子采用盝顶式,装饰有四个S形钮。外层涂黑漆,内层则是红漆,盖顶装饰有朱色云纹的"米"字形图案。钮的颜色为橙黄。领圈、肩部及腹部的装饰包括多种纹样,底部的圈足上绘有朱色凤鸟。器底部标示"四斗"显示其容量。出土时,器内仍残留有酒或羹类的沉淀物,为研究古代饮食和保存习惯提供了有价值的信息。

云纹漆钫(西汉,现藏于湖南博物院)

【真伪辨析要点】

依据其戳记:漆钫的圈足上有模糊的戳记,难以辨认。在马王堆汉墓中,发现了超过一百件带有烙印的漆器,这些印记是在素胎上烙印后涂漆的,因此字迹不清晰。戳记包括"成市草""成市饱""中御饱"和"南郷国"等字样,常常出现在同一件器物上。这些印记记录了器物的来源地和制作工坊,其中,"草"和"造"在汉代意思相近,古籍中常用"草"代替"造","饱"表示器物已经上漆,"成市"指的是成都,表明马王堆的许多漆器是成都官府作坊制作的。

【相关知识点提示】

钫

钫是指方形的壶。钫是古代用于储酒的器具,自战国到秦汉时期非常盛行。《说文解字》记载,"钫,方钟也",说明钫与钟一样用来储存酒。钫的主要特点是其任何横截面的形状都是方形的。在内蒙古的磴口县和托克托县,发现了大量汉代铜钫,证明了钫在当时作为储酒器具被广泛使用。铜钫上刻有酒量的标记,可以作为研究汉代容积测量的依据。

双层九子漆奁

【作品背景小提示】

1972年,湖南长沙市马王堆一号汉墓中发现了一套梳妆奁,这种容器用于存放梳妆用具。文献中称其为"九子曾检",出土时被"信期绣"绢夹袱包裹。

双层九子漆奁(西汉,现藏于湖南博物院)

【作品赏析】

双层九子漆奁,为辛追夫人所用,高19.2厘米,直径33.2厘米,分为上下两部分,包括盖子和主体,共三部分。盖子和主体采用夹纻胎工艺制作,底部则为斫木胎。整体表面涂有黑褐色漆,并贴有金箔,上面绘有油彩图案。盖子顶部、边缘、器身外壁、口沿内部、盖子内部以及上层中间隔板的中心装饰有金色、白色和红色油彩绘制的云气纹,其余部分涂有红漆。

此梳妆奁上层用于存放三双手套、丝绵巾、组带和一件"长寿绣"镜衣。下层则包含9个小奁,形状各异,其中2个为椭圆形,4个为圆形,1个为马蹄形,2个为长方形。小奁中置有化妆品、假发、胭脂、丝绵粉扑、梳子、篦子、针衣等物品。作为丞相夫人的辛追,她可能使用此梳妆奁来存储自己的化妆品和其他私人物品。其巧妙设计既节省空间,又兼具美观与实用,是一件精致的漆器作品。

【真伪辨析要点】

依据其形制

圆形设计:器型呈现柔和的曲线,简单而醇厚,展现了当时的哲学思想。

双层设计:汉代漆器注重将结构与功能完美结合。尽管这件漆奁外观简单,但其双层设计比单层漆奁提供了更大的空间,并且巧妙地将上下两层分配了不同的功能,显示了设计者的智慧。

汉代漆器的设计已经相当复杂,小奁的构造不仅能够将各种物品进行分类整理,还使得整个器物呈现出多样的变化。

【相关知识点提示】

古代的化妆箱——妆奁

在古代中国,女性不仅重视化妆,还对化妆工具非常讲究。妆奁是最具代表性的化妆盒,它专为古代女性设计。早在先秦时期,就出现了专门用来存放梳妆用具的奁盒,通常为精致的漆器。最早的奁盒主要用于储存铜镜。

铜镜在古代生活中是必不可少的梳妆和照镜工具，尤其是在先秦时期。漆器并非普通人可以使用的物品，漆质奁盒仅限于达官显贵使用，象征着他们的地位和身份。从一些画像石中可以看出，古人在梳妆时常手持镜钮上的绳带，一边照镜一边整理妆容。随着梳妆用品种类的增加，奁盒的功能也不断扩展，除了储存铜镜，还能放置梳子、篦子、胭脂、假发等多种物品。

漆栻盘

【作品背景小提示】

栻是古代用来测定时间和进行占卜的工具。在中国古代，占卜与天文学密不可分，因此栻盘虽然是天文仪器，但主要用途是进行占卜。

漆栻盘［西汉（王莽时期），现藏于甘肃省博物馆］

【作品赏析】

此漆栻盘直径 6 厘米，厚 1 厘米，地盘边长 9 厘米，1959 年于武威市磨嘴子出土。此盘为木胎，髹深褐色漆。由圆形的天盘和方形的地盘组成，天盘、地盘中心以竹轴相连接，可以转动。

天盘中央圆圈嵌有竹制北斗七星，内圈刻有十二辰：大吉、神后、徵明、魁、从魁、传送、小吉、胜先、太一、天刚、太冲、功曹。大吉与功曹间有一个"月"字。外圈刻有二十八宿，其中东方的七宿包括角、亢、氐、房、心、尾、箕，北方的七宿为斗、牛、女、虚、危、室、壁，西方的七宿为奎、娄、胃、昴、毕、觜、参，南方的七宿为井、鬼、柳、星、张、翼、轸。按逆时针方向排列，边缘有圆点刻度 150 个。地盘分为三层排列，最内层没有刻字。中层刻有十天干和十二地支（其中缺少地支中的戌和己），并且"午子卯酉"四字分别分布在其中。外圈则刻有二十八宿，每个边上有七宿，按顺时针排列，地盘中央到四角有双线连接，内嵌一大二小共三颗竹珠。

【真伪辨析要点】

依据其结构：天盘与方形地盘相结合，天盘上刻有二十八宿星，圆形天盘与方形地盘通过轴线相连。天盘上约有 150 个刻度，而地盘上则有 182 个刻度。地盘四角通过双线与天盘相连，中央嵌有一大二小三颗竹珠。这一复杂结构为研究中国古代天文、历法和数学提供了宝贵的实物资料。

彩绘人物故事漆屏风

【作品背景小提示】

在 1965 至 1966 年，山西大同市博物馆对司马金龙的墓地进行了考古发掘，揭示了包括墓道、墓门、前室、后室和右耳室在内的复杂结构。该墓地使用了超过 5 万块刻有"琅琊王司马金龙墓寿砖"的砖块。根据墓志铭，司马金龙逝世于 484 年，而他的妻子钦文姬辰（北魏将领贺豆跋的女儿）去世于 474 年。这次发掘为研究北魏时期的社会、家庭和墓葬习俗提供了宝贵资料。

彩绘人物故事漆屏风（北魏，现藏于山西省大同市博物馆）

【作品赏析】

彩画漆屏风出土时已朽散，只有 5 块残段能反映原貌。这组屏风描绘了人物故事，每块木板的尺寸为高 81.5 厘米和宽 20.5 厘米。它们由木板制成，首先涂上朱漆，再进行彩绘，并装饰有黄色墨书的题字和记文。每块屏风的两面原本都带有绘画，但在入葬时朝下的一面严重腐朽，难以辨识，而朝上的一面保存较为完整。第一和第二块屏风的画面由栏界分为四层，分别描绘了不同的人物故事。

【真伪辨析要点】

依据其装饰风格：漆屏风由木板制作，出土时较为完整的有五块。图中展示的是能够拼合的第一和第二块屏风的向上面。第一和第二块屏风分为四层，描绘了多个历史人物故事。第一层描绘了帝舜孝道的传说；第二层展示了周太王妃太姜、周武王的母亲及周文王的母亲太任的立像；第三层刻画了鲁师春姜及其女儿的形象；第四层展示了班婕辞别成帝同乘辇的故事。这些画面的灵感来源于西汉刘向所著的《列女传》和《史记·五帝本纪》。人物采用铁线描绘技法，用黑色线条勾勒轮廓，面部和手部用铅白涂抹，而服饰和器物则用黄白、青绿、橙红、灰蓝等颜色装饰。这种艺术风格与东晋画家顾恺之的作品相似，体现了南朝"秀骨清相"的风格。与纸或绢上的绘画相比，木板上的漆画技艺更为复杂，展示了高超的漆艺水平。

嵌螺钿经箱

【作品背景小提示】

瑞光寺最早称作普济禅院,创建于241年,主要是为了迎接西域高僧性康而建。为了感恩母亲,吴主孙权在寺内建了一座十三层的舍利塔。根据塔内出土的文物,该塔建设时间为1004至1030年,当时寺院更名为瑞光禅院。瑞光寺经历了多次修缮,清咸丰十年(1860年)曾遭毁坏,之后于同治十一年(1872年)重建,成为一个集历史、文化和宗教于一体的重要遗址。该寺1978年出土的文物,包括嵌螺钿的经箱,为古代佛教建筑和文化研究提供了宝贵的实物资料。

嵌螺钿经箱(晚唐五代,现藏于江苏省苏州市博物馆)

【作品赏析】

嵌螺钿经箱,长35厘米,宽12厘米,高12.5厘米。它是一个木制的长方形箱子,顶部设计为盖式。箱底设有须弥座,面板上有平列的壶门,这只嵌螺钿经箱内饰金平脱花纹如嫩芽初生,箱身镶嵌石榴和牡丹,盖面有三组圆形花纹,盖墙装饰有飞鸟和花叶图案。所有纹饰用厚螺钿镶嵌,雕刻细致。根据经卷题记,箱子可追溯至吴杨溥大和三年(931年),展现了精湛的工艺和文化审美,因此被认定为晚唐至五代时期的工艺品。

【真伪辨析要点】

依据其装饰:盖子上饰有三朵紧密相连的团花,采用了不同大小的贝壳片拼接而成。中央镶嵌孔内填充了朱砂,并覆以泥金,顶端装饰有半球形的水晶珠。箱体侧面则装饰了石榴和花卉图案,寓意富饶与优雅。台座设计仿照了须弥座风格,壶门内贴有金箔覆盖的嫩芽形木片和花瓣状的贝壳片。盖子、箱体及台座边缘均镶嵌了花苞形饰物、四瓣花形和鸡心形的条带,整体装饰工艺精致细腻,风格奢华且优雅。

【相关知识点提示】

螺钿

螺钿是一种将处理过的螺壳、蚌壳或贝壳嵌入漆器表面的工艺。早在商代,能工巧匠为了讨好天子,突发奇想将贝壳磨平镶嵌到漆器上,结果他们发现蚌壳的天然光彩加上漆器原有的光泽会展现出如锦如霞的光泽。当时的天子看后大喜,下令重赏匠人,而这种嵌螺钿漆器也立即成为贵族争相收藏的工艺品。

描金堆漆舍利函

【作品背景小提示】

舍利函是佛教用具,用来存放高僧火化后的遗骨。佛教自东汉时期传入中国,影响力逐渐扩展,到三国、两晋、南北朝时期达到了前所未有的高峰。宋代时,佛教进一步发展,与汉民族文化的融合更加紧密。

描金堆漆舍利函(北宋,现藏于浙江省博物馆)

【作品赏析】

瑞安慧光塔出土的舍利函高 41.2 厘米,底边长 24.5 厘米,材质为檀木,形状为方形,顶部为盝形,设计包括子母口和须弥座。函盖装饰有金描堆漆的缠枝菊花图案和折枝牡丹纹样,并点缀小珍珠。函身四面开光,内部细致描绘了护法神将和舍利金光,同时展示了大梵天和帝释天的礼佛场面。外观装饰有描金堆漆的折枝牡丹纹,须弥座的束腰处堆塑了四只不同姿态的麒麟。函底部围有金丝栏的题记,记载了制作时间为北宋庆历二年(1042 年)。这件舍利函展示了精湛的工艺,是宋代漆器的优秀代表,具备重要的历史和艺术价值。

【真伪辨析要点】

依据其工艺:这件方形顶的舍利函整体覆盖了描金堆漆,装饰有菊花和神兽等图案,并嵌有小珍珠,表面涂有棕色漆。在中部四面绘有四幅工笔风格的人物画。每幅内容各异但主题明确,情节连贯,与舍利函的实际用途紧密相关。这件作品的图案细腻,堆漆工艺精湛,描金技艺成熟,布局合理且有层次。

【相关知识点提示】

堆漆

堆漆是一种装饰技法,通过在器物表面层层堆叠漆或漆灰形成花纹和图案。堆漆起源于汉代,唐宋时期逐渐成熟,明清时期达到顶峰。堆漆常用的方法包括分层涂抹不同颜色的漆料、利用模具转移花纹以及在干漆层上雕刻,这些技法创造了视觉和触感上的华丽效果。明清时期的堆漆作品以云纹、龙凤图案等为主,广泛用于日用品、文房四宝和宗教器物,是珍贵的艺术品。另一种方法是利用漆灰堆出花纹,然后再进行漆面处理,使花纹与背景色一致。在明清时期,堆漆工艺取得了显著进展,演变出了"隐起"或"堆起"的新技术。这一技术在传统堆漆的基础上,通过雕刻和额外涂漆,形成了更加立体的浮雕效果。

这种工艺使得装饰图案更加生动,漆面则显得更加光滑和光亮,标志着堆漆技艺的深化和复杂化。这些精美的作品广泛用于制作高档器物和艺术品,展现了工艺师对细节和艺术完美的极致追求。这种做法增添了更多的艺术感染力,使作品更加精致和富有立体感。

园林仕女图戗金莲瓣形朱漆奁

【作品背景小提示】

宋代漆器从高档奢侈品逐渐普及到日常生活中,反映了漆工业民用化的趋势。主要的产品种类包括各种日常用具,如饮食器具(盘、瓶、罐、勺)、装饰品(奁、梳、镜盒、粉盒)、文具(笔筒、笔床、镇纸、尺子、画轴)以及家具等。这些日常用品在形制上有明显的变化,注重造型优美,样式创新。特别是在造型设计上,具有两个显著特点:一是经济实用,例如出现了分段套式的奁、匣等设计;二是注重美观,胎体轻薄,比例

园林仕女图戗金莲瓣形朱漆奁(南宋,现藏于江苏常州市博物馆)

匀称,这一特点源于唐五代漆器的起棱分瓣风格,在宋代更为流行。例如,盘、碗、盒等器物常见葵瓣式、花瓣式、八瓣式等多样造型,轮廓线条圆润流畅,显示出漆器工艺的精湛和审美追求。

【作品赏析】

此奁通高21.3厘米,直径19.2厘米,是妇女梳妆用具的匣子。这件漆奁的造型呈莲瓣形,共分为四层,木质底胎涂有朱红色漆,边缘镶嵌银饰。盖面上刻有园林仕女图案,背景为朱红漆地,金色纹路刻画出精致的山石、花卉和人物,装饰效果华丽且细腻。图案中展示了两位仕女,穿着花罗直领对襟衫,长裙拖地,发髻高耸,手持团扇和折扇,挽手走在花径上,旁边有一位女童捧瓶站立。园中风景包括山石、柳树和花径,还设有藤墩,环境雅致。奁身的十二棱处精细雕刻了莲花、牡丹等折枝花卉,装饰繁复华美。这件漆奁保存完好,体现了漆器收藏的珍贵价值。

【真伪辨析要点】

依据其气质:奁是一种精致的小盒子,专为女性设计,其独特的装饰风格体现了柔和和细腻的美感。这件奁上饰有精美的花叶和丛草图案,透红色的漆面与十二瓣莲花形状突出了女性的优雅和艳丽。尽管尺寸小巧,但其工艺非常细致,漆面光泽明亮,金属镶边增添了额外的精致感,底部的弧形线条则展示了设计的细致考虑。除了实用功能,这件奁还具备艺术价值,体现了对女性气质的赞美和工艺的高超。

第五章　漆器鉴赏

【相关知识点提示】

戗金

戗金,也称沉金或枪金,是一种传统的漆器装饰工艺,最早记载于陶宗仪的《辍耕录》。最早的戗金漆器可以追溯到1978年江苏南宋古墓中发现的三件木胎漆器。到了明朝,戗金技艺达到了顶峰,并传入元朝时期的日本室町时代,被称为"沉金",该名称源自金色沉入刻纹中的技艺。这种技法在日本非常流行并延续至今。

素漆托盏

【作品背景小提示】

光素漆器以制作实用的生活器皿为主,种类繁多,诸如碗、盆、盘、瓶、杯、盏等,人们日常使用的器形几乎都有。1972年,江苏宜兴县和桥的一处南宋墓葬被挖掘,出土了32件素色漆器,包括各种日常用具和两件厚木胎明器。这些漆器尽管埋藏了六七百年,却保存完好,光洁如新。这一发现不仅展示了古代工艺的精湛,也为南宋时期的生活和工艺研究提供了珍贵资料,是考古史上的重要发现。

素漆托盏(南宋,现藏于南京博物院)

【作品赏析】

这件托盏高6.5厘米,盏口直径6厘米,形状为圆形,盏部和托部分开制作以确保精准。木质胎骨经过镟床处理,表面光滑且轻薄。漆面主要以类似紫色的红黑色调为主,盏口、托口和圈足边缘有黑色装饰,增添了细节。整体设计简洁而光洁,色彩和工艺展现了古代工匠对美感和实用性的关注。

【真伪辨析要点】

依据其外形:这托盏整体涂抹了酱色漆,杯口、盘口和圈足的边缘则用黑漆进行了装饰。它由杯和盏两部分组合而成,杯依托盏,盏承接杯,形成了一体化的设计。其造型精致,整体形状匀称规整,漆面光滑细腻,线条流畅轻盈,色彩浓郁动人,呈现出素雅高贵的风范,令人赞叹不已。其制作工艺精湛,杯口、盘口和足部边缘如同三个同心圆般浑圆,给人一种仿佛在同一轴线上无限旋转的奇妙感受。

漆木双陆棋

【作品背景小提示】

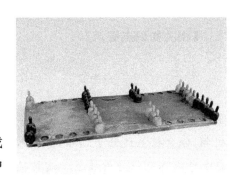

漆木双陆棋（辽代，现藏于辽宁省博物馆）

中国古代的双陆棋是一种类似于赌博的游戏设备。双陆棋在南北朝时期由西亚和印度传入中国。据传说，它起源于印度波罗塞戏，后经曹魏时期的王子曹植将六博的元素融合而成。最初游戏使用两枚骰子，到唐朝末期逐渐增至六枚。游戏棋子称为"马"，分为黑白两色，各有十五枚，形似捣衣杵。游戏规则为两人对弈，掷骰子按点数移动棋子。在唐宋时期，这种游戏非常流行，元明时期仍有人参与，但到清代逐渐减少。双陆博棋局呈长方形，与六博和围棋的方形局面不同，因两侧各有六梁而得名"双陆"。

【作品赏析】

这件漆木双陆棋板长52.8厘米，宽25.1厘米，厚1.6厘米，棋子高4.6厘米，底径2.3厘米。棋盘为长方形，在两个长边处各雕出了一个月牙形纹样和左右各六个圆坑。雕处涂以白色。盘子上堆放着三十粒椎形棋子，黑白各十五粒。旁边还放着二粒骨骰，已腐朽。

【真伪辨析要点】

依据其外观：这套双陆棋由一个木制棋盘和30颗黑白棋子组成。棋盘表面曾涂黑漆，但因长时间使用和磨损，漆层部分脱落，显露出木质。棋盘的两个长边上各有12个白骨圆形标记，排列对称，每边六个，中央刻有月牙形标记。棋子分为黑漆和无漆白木两种，每种各15颗，形状规整。棋盘和棋子在古墓主室被发现，棋盘上还置有一张木椅，而骰子因年代久远已腐烂。这套双陆棋对研究古代游戏和工艺具有重要价值。

"张成造"云纹剔犀盒

【作品背景小提示】

"张成造"云纹剔犀盒（元代，现藏于安徽博物院）

此漆盒是安徽博物院八大国宝中唯一的一件传世文物，其他七件均为出土文物。传世文物定级很高不易，因为它们一般时间不会太久远。而这件漆盒却能脱颖而出定为国宝自有它的非凡之处。

【作者介绍】

张成是元末浙江嘉兴西塘的雕漆工艺大师。清代吴骞在《尖阳丛笔》中提到,元代的漆器工艺中,张成和杨茂二人享有盛名,擅长雕漆技艺,声名显赫。现知,另一件有针划款剔犀是藏在日本德川美术馆的盏托,但刀口较浅,莹滑不如,更缺少厚重古拙之趣。

【作品赏析】

这件剔犀圆漆盒高 9.5 厘米,直径 14.5 厘米,采用三种不同颜色的漆料经过涂刷和雕刻制作而成。盒盖和底部雕有三组流畅的云纹,雕刻深度达 1 厘米,漆面显示出多层朱红漆,雕刻工艺雄浑细致,经过打磨后的漆面光滑且色彩鲜艳。底部边缘刻有"张成造"三字,以行书形式呈现,体现了张成的工艺技艺和个人风格。整体工艺精湛,展示了优雅的装饰效果。

【真伪辨析要点】

依据其工艺:这个剔犀圆漆盒,木胎以黑色漆涂覆,内外都雕刻有精美的云纹,漆层堆积相当厚重,呈现出透明的光泽,刻工细腻而圆润。在深黑色的背景下,刀口断面展现出四条朱红色漆线,这与《髹饰录》中描述的"乌间朱线"制作工艺符合。乌间朱线是漆器术语,指的是由于黑色漆层较厚而红色漆层较薄,使得在刀口断面上呈现出红色漆线夹杂在黑色漆层中的效果。

【相关知识点提示】

剔犀

剔犀是一种细腻的漆器工艺,通常采用两种主要颜色的漆料,主要是红色和黑色。工艺过程中,先以一种颜色的漆在器物的胎骨上涂抹多层,积累出一定的厚度,然后换另一种颜色的漆继续涂抹多层,调整两种漆层的厚度以使其均匀。随后,使用刀具以 45 度角刻出回纹、云钩、剑环和卷草等图案。切割后,漆层的断面呈现出不同颜色的层次,类似于犀牛角的横截面。这种工艺因此得名"剔犀"。剔犀工艺的独特之处在于其效果灿烂生动,图案流转自如,具有比单一色调雕漆更为丰富多变的装饰效果。这种技艺在漆器艺术中独树一帜,为作品增添了高雅气质和艺术性。

"杨茂造"剔红观瀑图八方盘

【作品背景小提示】

"杨茂造"剔红观瀑图八方盘（元代，现藏于北京故宫博物院）

杨茂和张成都是元代著名的漆雕名家,在《日本国志》中有这样的记录:在江户时期,工匠杨成因其精湛的雕漆技艺而受到高度评价。他的技艺受到了中国古代工匠张成和杨茂的影响,他将他们名字中的"成"和"杨"结合,创造了"杨成"这一名字。杨成的"堆朱"技法成了他的代表,并广泛应用于漆器制作。现今,"堆朱杨成"不仅体现了他的工艺风格,还成为这一技艺的专用名称,标志着对传统工艺的传承与创新。

【作者介绍】

杨茂

杨茂是元代雕漆工艺家,擅作髹漆,尤以剔红器最得名,目前国内认证的杨茂作品仅有三件,其中包括故宫博物院收藏的两件,一件是剔红花卉纹尊,另一件是剔红观瀑图八方盘,还有北京艺术博物馆收藏的剔红梅花图案盘。

【作品赏析】

这件"杨茂造"剔红观瀑图八方盘高2.6厘米,直径17.8厘米,呈八边形,展现了精湛的工艺和优雅的设计。盘的内壁雕刻有八个方形开光,每个开光内刻有象征天、地、水的锦纹。中央则刻有古风殿阁和苍松、老者及侍从的场景,体现了古人对自然的崇敬。盘的边缘装饰了花卉图案,底部涂有黑色漆,内部刻有"大明宣德年制"字样以及隐约的"杨茂造"标记,彰显了杨茂的工艺风格和高超技艺。此盘整体工艺精致,具有显著的艺术价值和历史意义。

【真伪辨析要点】

1. 依据其造型

这件盘子的设计特征是浅腹和斜壁,上下边缘呈八角形状,形成了八个相同的倒梯形侧壁,整体呈现出正八边形的外观。八边的线条直且八个角的折度均匀一致。形成了规则的几何形态变化,显示出阳刚之美。

2. 依据其装饰手法

这件盘子采用了精湛的剔红技法装饰,其内外侧壁雕刻有各种缠枝花卉图案,包括牡丹、栀子、茶花、菊花和千日榴,红色层层叠加呈现出立体效果。盘子的核心图案为底部的观瀑图,呈现出如山水画般层次分明的景观。背景中,通过方格纹、波状纹和回旋弦纹来表现地面、水面和天空。近景描绘了一个古典亭阁,而远景则展示了陡峭的崖壁和奔腾的瀑布。盘子底部刻画了三位人物——一位观瀑的老者、一位站在旁边的童子,以及一位从亭中走出的童子,他们一同欣赏瀑布,表现了对自然风光的赞美。此盘整体工艺精美,艺术表现力非常丰富。

【相关知识点提示】

剔红

"剔红"是一种漆器装饰技法,它通过在器物表面涂抹多层朱红漆,然后刻出浮雕纹理来完成。这种工艺又被称为"雕红漆"或"红雕漆",源自中国,在宋元时期逐渐成熟,并在明清时期得到了进一步的精细化。制作过程中,厚重的朱红漆层被细致地雕刻,呈现出下层漆色的纹理。剔红技法因其鲜艳的色彩和华美的装饰效果受到推崇,同时由于其复杂的制作过程,也在漆器工艺中占据了重要地位。在唐宋雕漆技艺的基础上,元代雕漆工艺得到了进一步的发展,取得了令世人瞩目的辉煌成就。这一时期,张成、杨茂、张敏德等高超的制漆艺术家相继涌现,他们的作品使浙江嘉兴等地成为雕漆制作的中心。

龙凤纹银锭形雕填漆盒

【作品背景小提示】

中国历代对银锭的铸造和发行没有统一的严格规定,允许自由制造。为了适应当时的流通环境和地方风俗,银锭的形状没有固定标准,只需保证质量即可。尤其自清代以后,银锭的形式变得更加多样,各地的银锭各具特色,虽形式不同,但在功能上却是一致的。而此龙凤纹银锭形雕填漆盒的银锭形则是应用最为普遍的银锭形状。

龙凤纹银锭形雕填漆盒(明代,现藏于北京故宫博物院)

【作品赏析】

这件龙凤纹银锭形雕填漆盒尺寸为长25.2厘米、宽24.2厘米,高11.7厘米,设计既注重实用功能,又展现艺术美感。其形状类似银锭,适合手握,可能用于婚礼时的新娘首饰或专门器物的储存。盒子呈椭圆形束腰,表面涂有鲜艳的朱红色漆,彰显传统文化的色彩。在装饰方面,盒子采用了精细的彩漆细钩戗金工艺,盖面中央雕刻有龙凤与山海纹样,篆刻的"万"字寓意吉祥如意。盒盖的四周和边缘则装饰有花卉、八宝和水波纹图案,增加了福气和动感。整体工艺精致,蕴含深厚的文化意义,彰显了对传统文化的尊重。盒底内部涂饰黑色光漆,刻有填金"大明嘉靖年制"字样。这件漆盒展示了明代漆器工艺的高超水平和流行风格,具有重要的研究和收藏价值。

【真伪辨析要点】

依据其色泽和工艺:这件器物的装饰细致而充满魅力,色彩丰富但布局却不显得拥挤。所用的朱红色被后世称为"枣皮红",这一色调是识别明代漆器的重要特征之一。此外,雕填彩漆的制作工艺非常耗时费工,因此自清代以后就逐渐减少,到乾隆时期后更是濒临失传,因此显得格外珍贵。

【相关知识点提示】

雕填

雕填工艺是一种精细的漆器装饰技术,它通过在髹漆坯件上刻画图案、填入彩漆并加金粉,来增强装饰效果,使器物展示出立体感和丰富的视觉层次。此术语最早出现在明代文献中,并在20世纪被广泛应用于古玩领域。此工艺制作方法主要有三种:实际雕刻填漆、用彩绘代替雕刻填漆,以及雕刻与彩绘结合的方法。明代工艺大师黄成将雕填工艺划分为"戗金细勾填漆"和"戗金细勾描漆",分别侧重于填漆和彩绘的装饰效果。

黑漆描金龙纹药柜

【作品背景小提示】

这是典型的明代中药柜,柜子总共有100个抽屉,用于分门别类地存放药物。柜的下部特别设计了抽屉,专门用来存放方剂和药具。此柜原藏于明太医院御药库。最初这些柜子是宫廷专用的,现在变得非常流行。有些中药柜的抽屉尺寸均匀,正好适合放置CD盒,受到西方用户的喜爱,仿制品也非常多,国际市场需求旺盛。

黑漆描金龙纹药柜(明代,现藏于北京故宫博物院)

【作品赏析】

这件黑漆描金龙纹药柜,高94.5厘米,长78.8厘米,宽57厘米,使用优质木材制成。漆面采用黑色底漆和精细的金龙纹装饰。药柜呈方形的"一封书式"设计,前面设有双柱三抹头结构,并配有三个实用的攒框抽屉,方便存放中药材。柜门为两扇格门,结构为两柱四抹头,内部和背面设计为三抹头,底部配有牙条,增加稳固性。内部设计有两侧各 10 个长抽屉和中部的 80 个旋转抽屉,总共 100 个药屉,可以储存 140 种药材。柜门外部饰有双龙戏珠图案,内部上下格分别装饰有花卉,背面装饰有松竹梅等图案。拉手部分配有面叶、钮头和吊环,四足则装有铜套脚饰件。柜背面泥金刻印"大明万历年造六字款"字样,体现了药柜的历史价值和艺术美感。

【真伪辨析要点】

依据其装饰:这件药柜展示了精湛的黑漆描金技艺,金色装饰在深黑漆面上形成鲜明对比,突显出奢华感。山石图案运用了皴点技法,增强了其立体效果。药柜采用一封书式造型,呈长方形,双门对开设计,门面和侧面装饰有金色开光纹饰,门上的双龙戏珠图案象征吉祥和好运。内部雕刻有松树、竹子、梅花、蝴蝶和茶花等自然元素,展现了工艺师对自然美的细腻刻画。整体来看,这个药柜不仅功能实用,还因其精美的工艺和装饰而具备很高的收藏价值。

【相关知识点提示】

描金

描金,也称泥金画漆,是一种传统漆器装饰技法,通过在漆器表面添加金色花纹来提升装饰效果。通常以黑漆或朱漆为底色,再涂抹金粉或银粉,以呈现出金银色泽。这种技艺使漆器展现出璀璨的效果。从战国和汉代开始,中国便掌握了金粉装饰技术。宋代时,描金花纹的漆器开始出现,到了明代,工艺师仇英将这一技艺推向巅峰,制作出精美的描金漆器。从此这一技艺不断发展,成为中国漆器装饰的精华之一。

款彩汉宫春晓屏风

【作品背景小提示】

屏风是室内家具的一种,为陈设品,其功能主要是遮挡风寒,起间隔和装饰作用,所以从古到今宫殿和客厅内一般均设有屏风。据文献记载,自周代就已出现屏风。汉代有具体记载,如《礼记·曲礼下》云"天子当扆而立",《释名》曰"扆,猗也,在后所依倚也"。但此时关于屏风只有记载,但没有见到实物。目前见到最早的实物是湖南长沙西汉马王堆一号墓出土的一件小屏风,可能是件冥器。

款彩汉宫春晓屏风(明代,现藏于山西博物院)

【作品赏析】

这件汉宫春晓图彩屏风主要描绘了古代幽致紫宏花园里皇妃、公主、王爷、公子们游乐休闲的情景。屏风以红木为骨,每扇上下为天地,画心10扇,边框2扇,共计12扇,通高146.5厘米、通宽356厘米。整个漆彩屏构图繁复,将中国绘画传统与西方透视法融为一体。主题突出,布局合理,层次分明,对称均匀,虚实相当,动静结合,意境深远。全图80余个人物,造型准确,各具形态,形神兼备,男女有别,身份不同,表情各异,表现出不同的内心世界。其情,其景,胜似仙境,美不胜收。在虚实方面,所有建筑都没有画完整,或画一半、三分之一、四分之一,留有余地,所绘人物也是藏身露面,留给观者去想象。在髹漆方面,手法较高,雕刻技法娴熟。用色丰富,有白、红、绿、黄、紫、赭灰等色,协调、淡雅、浓艳相当、变化多端。屏风框周边绘刻有寓意吉祥如意、富贵平安的瑞兽、杂宝、博古等图案。

【真伪辨析要点】

依据其工艺:这件屏风最大的特点就是其款彩工艺。款彩是一种装饰技法,指在漆器表面刻出凹下的花纹,然后填入漆色、油色或金银等材料,也叫刻灰。像这件体大精致的款彩屏风,在国内也是不多见的。

髹金漆云龙纹宝座

【作品背景小提示】

北京故宫旧称"紫禁城",是中国明清两个王朝的皇宫,也是中国现存规模最大的古代宫殿建筑群。宫殿中,俗称"金銮宝殿"的太和殿,是紫禁城中建筑最宏伟、地位最尊贵的宫殿。金黄色的琉璃瓦重檐屋顶,在蓝天白云的映衬下金碧辉煌,格外雄伟壮丽。

髹金漆云龙纹宝座(清代,现藏于北京故宫博物院)

【作品赏析】

金漆云龙纹宝座由楠木制成,高172.5厘米,座高49厘米,座长79厘米,宽158.5厘米。下层座位长162厘米,宽99.5厘米,高21厘米。宝座整体贴金,装饰有祥龙纹,椅圈上盘绕13条金龙,椅背中央雕刻正龙,后背装饰有金龙。高束腰部分四面开光,雕刻双龙戏珠图案,并用蓝色衬托。上下部分雕刻莲瓣纹,中间装饰珠花。四面牙板与拱肩有卷草纹和兽头浮雕,椅面铺有金色绸缎坐垫。整个宝座显得富丽堂皇、精致华美。

【真伪辨析要点】

依据其制作工艺：这把宝座由三个部分构成，工艺精湛。座面的三面围子运用攒框镶嵌绦环板技术，雕刻云龙图案，展现古典的优雅与力量。座架上的立柱采用圆雕技法，刻画生动的龙纹，增添了装饰华丽感和立体感。座面侧边饰有海水纹浮雕，下方束腰镶嵌彩色玻璃，束腰上下配有托腮和莲瓣花纹。牙板上雕刻威严的兽面图案，四足为龙爪形状，稳固而庄重。整个宝座表面贴有金漆罩漆，提升了艺术价值和视觉冲击力。

【相关知识点提示】

根据故宫专家朱家溍先生的研究，这件宝座很可能源自明代嘉靖时期，是当时皇极殿（即太和殿的前身）重建时的遗物。至清代康熙年间，太和殿经历了修缮，这件宝座也被修复并继续使用，直到清朝末期。1915年，袁世凯登基时，特意制作了一把西洋风格的九龙宝座来替代原有的金龙宝座。但由于制作时间紧迫，新宝座的材料和工艺都较为粗糙。1947年，故宫博物院决定恢复太和殿的原始陈设，将袁世凯的宝座撤除（现存于清东陵），并重新摆放原来的宝座。然而，当时这件髹金漆云龙纹宝座已不见踪影。直到1959年，朱家溍先生在一个堆放旧家具和木料的库房里，才发现了这件严重受损的金龙宝座。为修复此宝座，专家们根据皇帝画像中的宝座形状，并参考宁寿宫内类似的另一件龙椅，由刘炳森先生绘制了图样。自1963年起，故宫博物院集结了13位来自木工、雕刻、铜艺、漆艺等领域的专家，经过934个工日的努力，终于在1964年6月将金龙宝座修复如新，并将其重新安置回太和殿。

第六章

金银器鉴赏

　　黄金和白银，是金属中"天生丽质"的贵族。相较于世界其他地区，中国金银器的发展虽稍显滞后，但其发展历程中，装饰品与器皿始终占据核心地位，超越了宗教与礼仪的界限，专注于人间生活美学。此现象促使中国金银器服务对象明确指向人类生活，孕育出独树一帜的民族风貌。中国本土金银器与域外制品之差异，表象上是造型与技艺的多样化，而实质上则深刻反映了两者在文化底蕴与内涵上的根本性差异。

6.1 金银器的产生和发展

6.1.1 什么是金银器

金银器,系以贵金属黄金与白银为基本材质,经精细工艺加工而成的器具。由于金银之稀有与珍贵,其作为流通硬通货的属性,使得古代中国金银器传世数量有限,多为帝王及贵族阶层专享,普通民众难以企及。此类器物不仅承载了高超的工艺技艺,更蕴含了深厚的历史文化价值。在特殊时期,金银器可再加工为货币流通,其可塑性与流通性进一步凸显其珍贵性。故而,遗存的古代金银器尤为世人所珍视,成为研究古代社会经济、文化及工艺水平的珍贵实物资料。

6.1.2 商周时期的金银器

黄金与白银在我国古代工艺史中占有重要地位。据考古学成果显示,我国先民对黄金的利用可追溯至三千余年前的商代,早于白银的广泛应用。商代遗址中频繁出土的小件金饰品,不仅证明了当时人们已熟练掌握黄金加工技艺,还反映出黄金在当时的广泛流通与重要性。

商代金器的流通区域主要集中在以商文化为核心的中原地区,并辐射至北部、西北部和偏西南的少数民族地区。河南、河北、山东等地均有商代金器出土,这些金器多以小巧的装饰品为主,工艺简洁,纹饰罕见。有趣的是,商王朝统治区与周边地区的金器发展呈现出并行不悖的态势,地区文化差异在金器上得到鲜明体现。如商王朝统治区内,金箔、金叶等主要用于器物装潢,而北部和西北部的金器则更多地作为个人佩饰。特别值得一提的是,四川广汉三星堆遗址出土的金器,其数量和独特性均令人瞩目,如金面罩、金杖等,显示出与商文化及其他地区截然不同的艺术风格。

这种多样性反映了中国早期文明的多元性和发展不平衡性,这与中国广袤的疆域和复杂的自然条件密不可分。同时,商周时期青铜工艺的鼎盛为金银器的发展提供了坚实的物质基础和技术支撑。青铜、玉雕、漆器等工艺的进步也推动了金银工艺的革新,使金银器在更广泛的领域内发挥其独特的审美功能。早期的金银制品,尤其是金箔,常作为其他器物的饰件,通过与其他材质的结合,共同营造出独特的美感。值得注意的是,金银平脱工艺至迟在西周时期就已出现,这一技术的运用进一步丰富了金银器的艺术表现形式。

6.1.3 春秋战国时期的金银器

在春秋战国时期,社会的深刻变革推动了生产与生活的显著变化。此时期,错金银器的广泛流行可视为工艺技术进步的象征。

从考古发现的地域分布来看,金银器的出土范围在这一阶段显著扩展,无论是在南方还是北方,均有其踪迹。同时,金银器的种类也日益丰富,特别是金银器皿和银制品的大量涌现,引起了学术界的广泛关注。在艺术风格和制作工艺方面,南北两地展现出了显著的差异。特别值得一提的是,北方匈奴墓葬中出土的金银器及其精湛的金细工艺,令人叹为观止。

在中原地区,陕西宝鸡益门村的秦国墓葬、河南洛阳金村古墓、河南辉县固围村的魏国墓地以及河北平山县的中山王墓等遗址中出土的金银器,均具有高度的代表性。尽管南方地区出土的金银器数量相对较少,但其重要性不容忽视。其中,湖北随县曾侯乙墓中发现的金器尤为引人瞩目。总体来看,中原和南方地区的金银器在风格和制作上与北方匈奴少数民族地区有着显著的区别。这些金银器多为器皿、带钩等实用器物,或是与铜、铁、漆、玉等材质巧妙结合的复合制品,其制作工艺在很大程度上借鉴了青铜工艺的技术传统。

6.1.4 秦汉时期的金银器

秦汉时期,作为中国历史上首个大一统时期,见证了金属工艺领域的深刻变革。在这一时期,铜器逐渐式微,铁器崛起,而金银器则摆脱了长期依附于铜器的地位,开始独立发展,成为一门独具特色的手工艺体系。

秦代金银器的实物遗存虽不丰富,但山东淄博窝托村西汉齐王刘襄墓中出土的秦始皇三十三年(公元前 214 年)鎏金刻花银盘,却以其精湛的制作工艺和考究的装饰风格,彰显了秦代金银器制作技艺的高超水平。该银盘上的鎏金技艺,预示着唐代金花银盘等特色品种的盛行,体现了金银工艺发展的连续性。

秦代金银器的制作已综合运用了多种先进技术,包括铸造、焊接、掐丝、嵌铸、锉磨、抛光及复杂的机械连接与胶粘工艺,显示出当时金银器制作工艺的成熟与高超。

进入汉代,随着大一统封建帝国的建立与国力的强盛,金银器的发展进入了一个全新的阶段。汉代墓葬中出土的金银器,在数量、种类及工艺水平上均远超先秦,其中以饰品最为常见,而金银器皿相对较少,尤其是金质容器更为罕见,这可能与鎏金技术的普及有关。汉代银制器皿如碗、盘、壶等,虽形制简约,多为素面,但仍不失为金银工艺的重要成就。

汉代金银制品的装饰手法更加多样,不仅继续采用包、镶、镀、错等传统技法装饰铜铁器,还创新性地将金银制成金箔或泥屑,应用于漆器和丝织物上,增强了装饰效果。尤为重要的是,汉代金钿工艺实现了技术上的独立,摆脱了青铜工艺的传统束缚,其金钿工艺的成熟,使得金银制品在形制、纹饰及色彩上更加精巧细腻,为后世金银器的发展繁荣奠定了坚实基础。

汉代金银器的分布范围广泛,覆盖了河北、河南、山东、江苏等多个省区,涵盖了饰品、车马器、带钩、器皿、金印及金银医针等多种类型,显示出金银工艺在社会生活中的广泛应用。此外,在北方鲜卑族、新疆乌孙、车师国及云南滇族等少数民族地区墓葬中发现的金银饰品,更是体现了汉代金银工艺的民族融合与文化交流特色。

6.1.5 魏晋南北朝时期的金银器

魏晋南北朝时期,中原地区虽战乱频仍,社会经济蒙受重创,但此间亦促进了深刻的民族融合与文化交流:北方地区尤为显著,形成民族大融合之势;而南方社会相对稳定,经济蓬勃发展,科学文化在承袭前贤之余,更添新辉,对外交流亦趋频繁,文化艺术实现飞跃。佛教及其艺术的广泛传播,深刻影响了金银器的制作理念与用途。

考古资料揭示,该时期金银器数量可观,以装饰品为主导,同时不乏中亚、西亚输入的金银制品,其形制与工艺均展现出浓厚的异域风情。金银器制作既承继秦汉传统,又广泛吸纳各民族及西方国家的精湛技艺,融合创新,为唐代金银器皿的繁荣鼎盛奠定了坚实的历史与文化基础。

6.1.6 隋唐金银器

隋唐时期是中国封建社会的鼎盛阶段,见证了统一多民族国家的进一步巩固与社会经济的空前繁荣。统治阶级对奢华生活的追求,显著推动了金银饰品的需求与金银器手工业的发展。尽管隋王朝存续时间较短,其金银器遗存有限,如金杯、银器餐具等,尚不足以全面反映隋代金银工艺的全貌,却预示着金银器制作技艺的初步发展。

至唐代,金银器制作艺术达到了前所未有的高度:① 唐代金银器考古发现数量空前,至少有 36 处遗址见诸记录,集中出土于窖藏、地宫及墓葬,尤以西安何家村、江苏丹徒丁卯桥及陕西法门寺地宫为著,共计出土金银器 1347 件,为金银器分期断代提供了关键实物资料。② 其器形多样,造型精巧,常成组出现。③ 纹饰融合传统与外来元素,以几何图案为主,绚丽丰富。④ 制作工艺复杂精湛,广泛运用镀金、浇铸、焊接等多种技术。⑤ 地域分布广泛,边远及南方地区亦见制作精良、时代特征鲜明的金银器皿,展现了唐代金银器制作的辉煌成就。

唐代金银器不仅是贵族奢华生活的象征,更在政治、经济、文化等多个领域发挥了重要作用。它们既是政治斗争中的筹码,也是民间贸易与交流的珍贵媒介,还是皇帝奖赏功臣、官员买官邀宠的重要工具。金银器上的纹饰与器形，不仅反映了唐代社会的审美情趣与工艺水平，更深刻揭示了当时经济文化的繁荣景象与民族融合的深刻历史背景。综上所述，唐代金银器以其卓越的艺术价值与深远的历史意义，成为中国古代金属工艺史上的璀璨明珠。

6.1.7 宋元金银器

宋代，随着封建城市经济的蓬勃发展与商品流通的日益频繁，金银器制作业迎来了前所未有的兴盛时期。这一时期，金银器上铭款的广泛出现，不仅成为宋代金银器的一大鲜明标识，更对后世元、明、清三代金银器的制作风格与工艺发展产生了深远影响。

宋代金银器在继承唐代辉煌成就的基础上，进行了深刻的创新与变革，形成了独具时代特色的艺术风貌。与唐代金银器所展现的丰满华丽相比，宋代金银器更多地展现出一种典雅含蓄、清新秀美的风格，这一风格与宋代整体艺术追求内敛、精致的趋势相契合。宋代金银器在造型设计上追求极致的精巧与多变，既体现了宋代工匠对美的独特理解，也反映了当时社会审美趣味的转变。其造型往往玲珑奇巧，新颖别致，虽不似唐代那般气势磅礴，却以轻薄精巧、别具一格而著称。

在纹饰设计上，宋代金银器亦展现出独特的艺术魅力。总体而言，宋代金银器的纹饰以清素典雅为基调，虽不及唐代纹饰那般细腻繁复，但其简洁、精炼、纯粹的风格，同样令人叹为观止。宋代金银器的纹饰题材广泛取材于社会生活的各个方面，更加贴近民众，具有强烈的写实性和浓郁的生活气息。同时，宋代金银器在纹饰与造型的结合上，也达到了高度的和谐统一，使得每一件作品都如同精心雕琢的艺术品，令人赏心悦目。

从制作工艺来看，宋代金银器在继承前代传统技法的基础上，又有所突破与创新。掐丝镶嵌、焊缀金珠等技法在宋代金银器中已较少见，而锤鍱、錾刻、镂雕、铸造、焊接等技法则得到了更为广泛的应用与发展。特别是夹层技法的出现，更是为宋代金银器制作增添了新的艺术表现力。此外，宋代金银器还采用了立雕装饰和浮雕型凸花工艺，使得作品更加立体生动，具有更强的视觉冲击力。

宋代金银器在制作过程中，还出现了大量的横向结合作品，即将金银与其他材料如漆、木等相结合，或用于服饰、书画等艺术品的装饰之中，展现了宋代工匠的卓越才华与创造力。同时，两宋时期辽、西夏、金、大理等国的金银器也有大量发现，这些作品在受到唐宋金银器制作影响的同时，又融入了各自的地方民族特色，使得这一时期的金银器艺术呈现出异彩纷呈的局面。

元代金银器在宋代的基础上继续发展，形制与品种均有所拓展，形成了独特的时代风格。尽管现存的元代金银器数量相对较少，但从文献记载中可以看出，当时金银器的使用与制作并不罕见。元代金银器在造型与纹饰上仍保持着与宋代的相似性，但更加注重实用性与装饰性的结合。同时,元代金银器上的铭款也为其研究提供了重要的实物资料。总体而言,元代金银器在继承与创新中不断发展,为后世金银器艺术的繁荣奠定了坚实的基础。

6.1.8 明清金银器

在明清时期,中国封建社会文化日趋保守,金银器制作风格也随之转变。与唐宋的富丽生机或典雅恬淡不同,明清金银器愈发显得华丽浓艳,宫廷气息浓重。器形华贵,宝石镶嵌炫彩夺目,龙凤图案盛行,象征着高贵与权势。这种风格与宫廷装饰艺术相吻合,却与贴近生活的宋元金银器风格迥异。明清金银器发展脉络清晰,但两代差异显著。明代作品仍古朴生动,而清代则更显工整华丽,工艺上也更为细腻精工,超越了明代。

明代金银器纹饰中,龙凤形象占据核心地位,此趋势在清代达至巅峰。相较于宋元,明代金银器少见素面,纹饰趋向繁复,常布满全身,含细线錾刻与浮雕装饰,对清代金银器风格产生深远影响。

清代金银器遗存丰富,多为传世珍品。其风格既承袭传统,又融汇多元艺术、宗教及外来文化元素。这种跨文化的融合与创新,推动了清代金银器工艺的空前繁荣,呈现出多姿多彩的艺术风貌。

清代金银器在器型和纹饰方面经历了显著变化,已摒弃古朴风格,转而追求宫廷艺术所特有的富丽与华贵。其造型随功能多样化而愈发绚丽,纹饰则以繁复瑰丽为特色。器物或高雅,或堂皇,辅以精致加工的各色宝石,整体呈现出缤纷色彩与金碧辉煌的视觉效果。清代金银器的工艺特点可概括为"精细",在造型、纹饰与色彩调配方面均达到极高水平。

清代复合工艺承继宋、元、明之发展,亦颇为发达。金银器与珐琅、珠玉、宝石等巧妙融合,相得益彰,更显器物之高贵华美。同时,清代传世品中亦存留众多少数民族金银器,这些作品深刻反映了各民族的传统风俗与独特审美,地方特色与民族风格浓郁。

总而言之,清代金银器呈现出丰富多彩的样式与精湛的技艺。其制作工艺涵盖了范铸、锤鍱、炸珠、焊接、镂镂、掐丝、镶嵌及点翠等多种技术,并综合应用了起突、隐起、阴线、阳线及镂空等手法。可以说,清代金银工艺的繁荣不仅是对中国传统技艺的继承与发展,同时也为现代金银工艺的创新与进步奠定了坚实的基础。

6.2 金银器的一般鉴定方法

金银器制造年代的鉴别具有较大难度。尽管现代科技手段在器物质地鉴别方面已达到较高精确度,但对于器物年代的鉴别仍显得力不从心。目前,主要依靠丰富的经验和基于此形成的一套行之有效的科学方法来进行鉴别。这种方法虽然对研究者的专业素养要求较高,但仍是当前最为可靠的鉴别手段。

6.2.1 根据铭文

铭文是断代最直接、最重要的依据之一。在中国金银器的发展历程中,唐代中期以前金银器上的铭文相对罕见,而在此之后的时期,带有铭文款识的金银器数量明显增加。这一现象不仅为研究者提供了一个关键的时间参照点,同时也揭示了当时社会文化的一些重要变化。

铭文的信息量丰富,除了能直接帮助我们确定器物的生产年代,还能提供关于器物的名称、使用功能以及制作机构等详尽的信息。即使在面对没有铭文的器物时,研究者也能通过与同地出土且形制相似的带有铭文的器物进行比较,或者与已知的同类器物特征进行对照,从而间接推断出其生产年代。这种间接年代推断方法,虽然在操作上有一定难度,但已经成了考古学和历史学研究中不可或缺的重要手段。通过这种方式,我们可以更全面地理解和把握历史文化遗产的内涵和价值。

6.2.2 根据造型

古代金银器皿之造型与种类丰富多元。各时期均有其标志性的流行款式,如唐之前金银器偏重饰物功能,而唐代则见证了以杯、碗、盘、壶为代表的器皿之兴起。其中,盘具贯穿唐、宋、元,而世桃形、双桃形盘仅现于唐,蕉叶碗与鸡冠壶则分别成为宋、辽之特色。杯类器物自魏晋至明清均有发现,然八曲长杯独盛于魏晋至唐,高足杯与带把杯则显露出魏晋至唐中前期的外来文化影响。同时,同形金银器在不同时代亦呈现出迥异风格,如宋代之轻薄纤柔,唐代之厚重丰盈,皆反映了时代审美之变迁。此外,各时期金银器各具时代特征,如商周的简约灵巧,春秋战国的清新活泼,两汉的粗放工整,魏晋南北朝的异域情调,唐代的富丽堂皇,宋元的清秀典雅,明清的华丽浓艳等。

6.2.3 根据纹饰

纹饰作为历史文化的视觉载体,深刻反映了不同时代的思想意识与审美追求,其演变轨迹是断代研究的重要线索。在运用纹饰进行断代时,需精准把握三大关键要素:

其一,识别并铭记各时代或地域独有的纹饰特征,如摩羯纹出现于唐代,匈奴金牌饰之动物纹则限定于战国至两汉时期。

其二,细致分析同一纹饰在不同历史阶段的演变规律,如龙凤纹从唐代的质朴单龙、三爪形象,至明代的繁复成对、五爪神异,以及凤纹从类禽之态到蜷曲凶悍的转变,均体现了时代精神的变迁。

其三,需广泛参考同时期其他材质器物上的纹饰,鉴于同一时代背景下,不同材质的工艺品在装饰题材上常展现出相似的审美倾向与文化符号,如战国金盏上的蟠螭、云雷纹与青铜器纹饰的呼应,唐代金银器上的宝相花、团花、绶带纹在铜镜、丝织品中的广泛再现,均提示我们在断代时应注重跨材质文物的纹饰比对,以构建更为全面、立体的时代纹饰体系。

6.2.4 根据工艺

从商周至明清,金银器制作工艺历经世代沿袭与创新,逐步塑造出各具特色的工艺风貌。两汉之前,受青铜技艺深刻影响,范铸工艺占据主导地位。至两汉,伴随着东西方技术交流,金丝抽拔与炸珠焊接等技艺引入并融入本土工艺体系。魏晋以降,青铜技艺影响渐微,锤揲与錾刻工艺成为器物成型与装饰的主流。宋元时期,则盛行夹层技法,而传统掐丝镶嵌与焊缀金珠技艺几近失传。明清两代,花丝镶嵌工艺蔚然成风,尤其是清代,更独创了点烧透明珐琅技艺。

在金银器考古中,墓葬、遗址及同出器物的年代信息虽具参考价值,但需审慎考量金银器的传承性。同一墓葬或遗址出土之金银器,其制作年代未必与入葬时间吻合,可能历经世代传递。因此,判定金银器制造年代与入葬时间是否一致,需依赖多元证据链的支撑。面对如唐墓中出土而可能源于魏晋南北朝的金银器,掌握各时代器物的典型特征,是准确断代的关键所在。

6.3 金银器的作伪

在当代古玩艺术品市场,仿制古代金银器的现象屡见不鲜,尤其以河南、辽宁、江西等地为集中区域,其中河南洛阳的仿制技艺尤为精湛,产品众多,常以铜质鎏金或包金形式呈现,此类仿品辨识相对直接。然而,存在部分以真金白银为原料的高仿品,其逼真程度几可乱真,需高度警惕。以下是对此类仿品特征的深入剖析:

① 材质辨伪为核心。金银器作为贵金属艺术品,其经济价值显著。伪作常采用铜、稀金、押金等合金材料,通过精密配比以模拟真品色泽,但这些材料在硬度与重量上往往与真金白银存在差异,成为辨伪的关键。

② 器型与纹饰的模仿。仿品多以古代真品为蓝本,以碗、盘、杯、勺等小型器物为主,因其造型相对简单,易于复制。纹饰方面,龙、凤、天鹿等传统图案频繁出现,但细节处理上常显生硬,缺乏真品的灵动与韵味。

③ 工艺水平的考量。尽管仿品亦采用传统铸造、锤鍱、焊接等工艺,但受限于材料与技艺,其成品往往工艺粗糙,纹饰简化。特别是掐丝、炸珠等精细工艺,难以达到真品的艺术效果,成为辨别真伪的重要依据。

④ 大件器物的特殊处理。为弥补合金材料比重小的缺陷,仿制大件器物时常采用灌铅、夹芯等手法增加重量,导致器物重心不稳,底部封口痕迹明显,易于识破。

⑤ 仿制时代的选择偏好。唐代、辽代、明代金银器因造型简洁、纹饰独特而备受青睐,尤其是明代器物,因其制作工艺与现代技术有共通之处,且部分古代工艺复杂,难以复原,成为仿制热点。

⑥ 高仿品的特殊性。极少数高仿品采用真金白银制作,但限于成本,多集中于小型饰品或日常用品,难以见到大型或工艺复杂的仿品。此类高仿品对收藏者构成较大挑战,需结合多方面信息进行综合判断。

6.4 精品鉴赏

匈奴金冠

【作品背景小提示】

内蒙古博物院所珍藏的古匈奴金冠饰,出土于阿鲁柴登遗址,其独特的历史地位使之成为馆内瑰宝,亦是迄今考古发掘中独一无二的"胡冠"实物。此冠饰不仅见证了战国时期赵武灵王推行胡服骑射政策

匈奴金冠(战国,现藏于内蒙古博物院)

后,中原与北方民族文化交融的历史进程,更通过其独特的造型——将胡冠原有的雄鹰元素转变为中原文化中的曷鸟尾(赤雉长尾)形式,暗示了其作为军事贵族象征的深远意义。

【作品赏析】

该金冠饰匠心独运,由冠顶饰与三条条形带饰精妙组合而成。冠顶饰高达7.3厘米,重192克,其上雄鹰傲立,栩栩如生。雄鹰采用金片镂空工艺塑造,羽毛纹理细腻逼真,展翅欲飞之态跃然眼前。绿松石镶嵌的头部与颈部,以及可动式设计的头颈与尾部结构,不仅增添了视觉美感,更展现了古代工匠对机械原理的精妙运用。冠顶浮雕的狼噬羊场景,构图生动,寓意深远,体现了匈奴民族对自然力量的崇拜与对生命力的颂扬。

冠带设计则巧妙运用了半圆形金条拼接技术,形成完整圆环,周长达60厘米,总重1202克,展现出强大的视觉冲击力与厚重感。冠带上精细的绳索纹装饰与浮雕动物图案交相辉映,既体现了北方草原民族的豪放与粗犷,又不失细腻与精致。冠带与冠顶之间原应连接的皮革或丝帛制品虽已不存,但仍可想象其穿戴时的富丽堂皇与威严庄重。

【真伪辨析要点】

依据其工艺:从工艺角度考察,此金冠饰综合运用了铸造、捶打、压印、抽丝及镶嵌等多种金属加工技艺,其工艺水平之高,堪称匈奴金器艺术的巅峰之作。装饰图案中的动物形象,不仅具有鲜明的北方草原民族特色,也反映了当时社会对自然界的敬畏与模仿。结合墓葬年代与出土位置,可以断定此金冠饰为战国晚期匈奴首领之遗物,对于研究先秦两汉时期北方少数民族的服饰文化、艺术风格及社会结构具有重要意义。因此,从考古学与艺术史的角度而言,这件鹰形金冠饰是先秦两汉间北方少数民族冠饰的唯一标本,无疑是不可替代的珍贵文物。

乐伎八棱金杯

【作品背景小提示】

1200多年前,京都长安作为当时世界规模最大的都市及丝绸之路的东方起点,不仅是政治经济的中心,更是东西方文化交汇的熔炉,大量的西域物品和文化都随着丝绸之路来到了长安。史籍详载,唐代皇室与贵族阶层沉浸于对异域风情的狂热追求中,胡风盛行,胡器、胡服、胡乐、胡舞成为时尚标志,银杯金樽

乐伎八棱金杯(唐代,现藏于陕西历史博物馆)

于胡人酒肆间熠熠生辉,映射出时代的奢华与开放。乐伎八棱金杯,即为这一时期贵族宴饮文化中不可或缺的珍品,承载了深厚的历史与文化价值。

【作品赏析】

1970年,陕西省西安市南郊何家村窖藏中发掘出的乐伎八棱金杯,以其独特形制与精湛工艺吸引了学界的广泛关注。该金杯高6.4厘米,口径7.2厘米,设计精巧,八棱杯体束腰而厚重,展现出唐代金器制作的高超技艺。杯身主题纹饰生动描绘了八位手持西域乐器的乐工形象,包括竖箜篌、曲项琵琶等,这些乐器均源自西凉、龟兹、高丽等地,而乐工服饰与发式则鲜明体现了粟特文化特色,整体风格洋溢着浓郁的异域风情,是唐代中外文化交流互鉴的实物例证。

【真伪辨析要点】

依据其纹饰:从纹饰特征出发,乐伎八棱金杯的八棱形制与分区人物布局,不仅体现了唐代金器设计的匠心独运,更通过深目高鼻、身着胡服的乐工形象,以及手持的多样西域乐器,生动再现了"胡乐东渐"的历史场景。特别是乐器种类中,除部分中原传统乐器外,多为西域特色,进一步强化了其作为唐代文化交流产物的身份。此外,金杯造型严谨、工艺精湛,符合唐代官府作坊制品的标准,其富丽堂皇之态,与唐代整体的审美风尚高度契合,是鉴定其真伪的重要依据之一。

鎏金鹦鹉纹提梁银罐

【作品背景小提示】

提梁银罐是一种古代饮食器具,其用途广泛,可盛水、盛酒等。对于其特定功能,虽存在不同看法,但罐内墨书"紫英五十两""白英十二两"表明,它可能用于存放炼丹药物。紫英和白英是炼丹的重要原料,被认为有益气延年的功效。这与唐代统治者对道教长生不老观念的崇尚相吻合,因为许多皇帝都热衷于炼丹术。

【作品赏析】

1970年,陕西省西安市南郊何家村出土的鎏金鹦鹉纹提梁银罐,以其高超的工艺与独特的艺术魅力成为唐代金银器的杰出代表。该罐通高24.2厘米,口径14.4厘米,采用锤击成型,花纹平錾,

鎏金鹦鹉纹提梁银罐(唐代,现藏于陕西历史博物馆)

通体装饰繁复华丽,彰显唐代金银器制作之精湛技艺。图案以鹦鹉、鸳鸯等鸟类为中心,辅以折枝花、团花、葡萄、石榴等元素,构成了一幅幅生动和谐的画面,鎏金工艺更添富丽堂皇之感。盖内墨书再次确认了其作为药物存储器的身份,整体造型雄浑典雅,技艺卓越,堪称唐代金银器艺术的巅峰之作。

【真伪辨析要点】

1. 依据其纹饰

银罐纹饰繁复精细,鹦鹉形象栩栩如生,与团花、折枝花草等元素和谐共生,展现出高超的艺术造诣。其图案布局与唐代审美倾向相吻合,特别是鹦鹉作为"神鸟"的象征,反映了当时社会对吉祥、富贵生活的向往。

2. 依据其工艺

该银罐集合了锤击、浇铸、切削、抛光、錾刻、涂金、焊接等多种复杂工艺于一体,尤其是底部加焊圆箍的设计,体现了工匠对实用性与艺术性并重的追求。这种高度集成的工艺技术,在唐代金银器中极为罕见,是鉴别真伪的重要依据。

【相关知识点提示】

鹦鹉纹饰

从这件提梁银罐的构图看,罐腹两侧均以鹦鹉为中心进行装饰。鹦鹉作为古代文化中的神鸟,因其能言且色彩斑斓而深受喜爱。在唐代,鹦鹉常被作为贡品进献给皇室贵族,成为权力与财富的象征。同时,随着丝绸之路的繁荣,各地的鹦鹉也涌入中原,丰富了唐代社会的文化生态。这一文化现象为研究唐代文化提供了宝贵资料。

金棺银椁

【作品背景小提示】

金棺银椁是佛教文化中独具特色的葬具形式,其起源与发展深刻反映了佛教信仰与传统丧葬文化的交融。依据佛教经典记载,释迦牟尼佛涅槃后,其舍利被尊为圣物,分散至古天竺八国建塔供奉,这一传统不仅促进了舍利信仰的广泛传播,也推动了舍利容器制作艺术的极致追求。当这一风气东渐至中国,与中国深厚的丧葬礼制相结合,金棺银椁作为舍利的高级葬具应运而生,这不仅体现了古人对佛法的崇敬,也展现了中国古代工匠卓越的工艺

金棺银椁(唐代,现藏于陕西省临潼博物馆)

水平与艺术创造力。

【作品赏析】

本件金棺银椁,其尺寸与构造精妙绝伦,金棺长 14 厘米,高 9.5 厘米,宽 7.4 厘米,而银椁则更为宏大,长 21 厘米,高 14.5 厘米,宽 12 厘米。整体由金棺、银椁及鎏金须弥座三部分精心组合而成,每一部分均承载着深厚的文化寓意与高超的工艺技巧。金棺与银椁表面装饰繁复,集锤鍱、掐丝、贴焊、铆合、镂雕、镶嵌等多种技法于一体,呈现出色彩斑斓、形态各异的艺术效果。金棺盖上的缠枝宝相花、珍珠团花与护法狮子,银椁上的鎏金宝石莲花、浮雕菩萨、摩尼宝珠等,无不透露出匠人的匠心独运与对佛教艺术的深刻理解。此外,金棺内装以水晶舍利子,更增添了神圣与庄严。

【真伪辨析要点】

依据其装饰:在鉴别金棺银椁的真伪时,需重点关注其制作工艺、材质选择及装饰风格等方面。本件作品在制作工艺上采用了多种复杂且精细的技法,如锤鍱的细腻、掐丝的精准、镶嵌的巧妙等,均体现了古代工匠的高超技艺。同时,金棺银椁的材质选择也极为考究,金银等贵金属的运用不仅彰显了其尊贵地位,也为其长期保存提供了有利条件。在装饰风格上,作品融合了佛教元素与中国传统文化元素,形成了独具特色的艺术风貌。此外,还应关注作品的历史背景、出土环境及相关文献记载等因素,以综合判断其真伪。

【相关知识点提示】

舍利的埋葬

古印度葬俗兼重火葬与土葬,对舍利等遗物的处理尤为重视。佛教经典中详细记载了舍利安置的多种方式,包括金塔、银塔等容器形式。这些传统在传入中国后,与中国本土文化相结合,形成了独具特色的金棺银椁葬具文化。同时,金棺银椁的制作也体现了中国古代工匠对佛教艺术的深刻理解与精湛技艺的传承。《四分律》中说:"云何安舍利?应安金塔中,若银塔,若宝塔,若杂宝塔……"这里述及的金塔、银塔等并非高大的建筑,而是指安放舍利的小型容器。通过对金棺银椁的深入研究与探讨,我们可以更加全面地了解佛教文化在中国的发展脉络及其对中国传统文化的深远影响。

镂空花鸟纹银香囊

【作品背景小提示】

据文献记载,此类型的焚香用具可能在西汉末年之前就已存在,然而,至今尚未发现唐代以前的实际物件以作证实。在中国古代,由于水质香料并不发达,人们主要依赖固体香料,需通过燃烧来释放香气。因此,香炉等焚香工具在日常生活中占据了重要地位。在这些工具中,香囊以其小巧的造型、精巧的设计以及使用的便捷性而独树一帜。

【作品赏析】

镂空花鸟纹银香囊(唐代,现藏于陕西历史博物馆)

1970年,在陕西省西安市南郊何家村的一处窖藏中,出土了这件镂空花鸟纹银香囊。此香囊外径为4.6厘米,内置的金香盂直径为2.8厘米,配备的链长为7.5厘米。该香囊由钣金工艺打造,外部为一银质球体,表面精致地镂刻了缠枝葡萄与忍冬花纹。此银球由两个半球组成,通过铰链连接,另一侧装备有钩环,用于调控香囊的开合。其顶部装有一银链,便于悬挂。香囊内部结构设计独特,包含一个焚香用的金盂以及两个平衡环。这两个环以及它们与银球、金盂之间的连接均通过活轴实现,且各轴之间均形成直角交叉。这种设计保证了无论香囊如何旋转或滚动,金盂都能因其自身的重力而保持水平,从而防止香火外泄。值得一提的是,其构造原理与现代陀螺仪相契合,被视为最早应用三自由度万向支架的实例。香囊外部的镂空花纹不仅美观,还有助于香气的扩散,充分展现了古代工艺美术的精湛技艺与审美追求。

【真伪辨析要点】

依据其外形:香囊的外壁由银制成,整体呈球形并完全镂空。以中部水平线为界,香囊被均匀地分为两个半球。这两个半球之间,一侧通过钩链连接,另一侧则通过活轴相连。在下部球体内,存在两层由银质打造且通过双轴连接的同心圆机环。外层机环与球壁相连,而内层机环则分别与外层机环和金盂相连。金香盂被安放在内层机环内,且外壁、机环、金盂之间均通过银质铆钉进行连接,确保各部分能够自由转动。这种设计使得无论外壁球体如何旋转,金盂都能因机环和其自身的重力而始终保持稳定,从而防止内部的香料外撒。

【相关知识点提示】

《杨贵妃传》里的香囊

据《旧唐书·杨贵妃传》所载,安史之乱后,唐玄宗在重返京都时,因怀念旧情而秘密派人改葬杨贵妃。"初瘗时以紫褥裹之,肌肤已坏,而香囊仍在。内官以献,上皇视之凄惋……"这里记载的香囊,就是这种金银制作的、不易腐坏的香囊。在挖掘旧墓时发现,虽然贵妃的遗体已经腐烂,但其所佩戴的香囊却完好无损。唐玄宗与杨贵妃的爱情故事,因这件香囊而更加生动,成为一段历史的见证。

狩猎纹高足银杯

【作品背景小提示】

狩猎纹高足银杯(唐代,现藏于中国国家博物馆)

中国古代狩猎活动是社会历史与文化的重要组成部分,其形象在艺术表现中占据显著地位,自战国青铜器至魏晋砖画,狩猎题材频繁出现,不仅映射了帝王贵族的生活风貌,更蕴含了军事训练与权力展示的深刻意涵。尽管狩猎图像在唐代之前已有所见,但其规模、复杂度及艺术表现手法均显局限。唐代银器狩猎纹的突兀涌现,标志着狩猎题材在艺术形式上的革新与突破,其根源可追溯至多元文化的交流与融合,超越了单一的传统狩猎文化范畴。

【作品赏析】

此银杯高7.4厘米,口径6.3厘米,采用精湛的锤揲工艺锻造而成,形制典雅,线条流畅。杯体装饰繁复而有序,鱼子地纹细腻铺陈,錾刻工艺精湛展现。纹饰布局层次分明,上部缠枝花环绕口沿,中部四幅骑马狩猎图栩栩如生,展现了猎者英姿与猎物惊恐交织的生动场景,凸显了构图之巧与情节之紧。狩猎图以动态捕捉瞬间,展现了唐代社会生活的一个侧面,亦反映了当时艺术创作的高超技艺与审美追求。

【真伪辨析要点】

依据其纹饰:银杯纹饰布局严谨,以鱼子纹为基底,上部突棱与下部条带自然划分纹饰区域。上部与下部饰以波浪形缠枝纹,中部以狩猎图为核心,细致描绘了两处狩猎场景,人物动作连贯,动物形态逼真,箭矢穿透的细节处理尤为精妙,彰显了匠人的高超技艺与细腻观察。此外,托盘立面缠枝纹连续有序,底部莲花瓣设计精巧,高足算盘珠节及底座桃形花结等细节均体现出唐代银器的典型特征。器底"马舍"二字铭文,或为工匠标识或为作坊名,为作品的时代归属与真伪辨析提供了重要线索。

如意纹金盘

【作品背景小提示】

元代时期金银器物的广泛出土,反映了当时上层社会对贵金属制品的偏好与追求,揭示了文化交融与社会风貌的独特面貌。尽管银质器皿占据多数,但纯金器皿的稀有性使其更显珍贵。此件金盘,以其卓越的造型艺术、细腻的纹饰设计及纯熟的工艺技法,在元代金银器领域脱颖而出,成为不可多得的艺术瑰宝。元代统治者作为游牧民族入主中原,其生活方式与审美偏好不可避免地融入了北方少数民族的文化特色,对金银等贵重材料的青睐即是这一文化融合现象的生动体现。

如意纹金盘(元代,现藏于南京博物院)

【作品赏析】

此如意纹金盘高1.3厘米,边长16厘米。其设计巧妙地将四个四出如意头以十字形叠加布局,盘心更以微凸的小如意头构成一朵盛开的花朵,整体造型不仅展现出"事事如意"的美好寓意,更在视觉上形成了强烈的曲线美与韵律感。金盘内外,无论是渐变的螺旋线还是柔和的轮廓变化,都共同绘制出一幅繁花似锦、生机勃勃的画卷。通过绘画与錾刻的双重工艺,盘面布满了精细繁复的花卉纹饰,枝叶繁茂,花朵饱满,每一细节都透露出匠人的精湛技艺与对自然之美的深刻领悟。此金盘不仅是元代金器制作的杰出代表,更是中华民族传统工艺与文化内涵的完美融合。

【真伪辨析要点】

1. 依据其纹饰

从纹饰上看,金盘的设计独特,四出如意头与螺旋线的巧妙结合,形成了前所未有的造型美感。盘心的花朵与盘外的轮廓相互呼应,既体现了"事事如意"的吉祥寓意,又展现了极高的艺术造诣。此外,盘面上的花卉纹饰繁丽多姿,承袭了唐宋以来的缠枝花风格,同时又有所创新,体现了元代文化的独特韵味。

2. 依据其工艺

从工艺上看,此金盘采用锤打、模压等传统工艺制作成形,其表面装饰则运用了绘画与錾刻相结合的錾花工艺。錾刻工艺之精细,令人叹为观止,花筋、叶脉等细节均一一呈现,展现了匠人高超的技艺水平。同时,金盘表面的"套色"处理更是增添了其光彩夺目的视觉效果,使其成为一件精美绝伦的艺术珍品。

【相关知识点提示】

"如意纹"

如意作为一种传统器物,其名称源自梵语阿那律,原意为搔痒工具,因其使用时可如人意而得名。如意纹则是根据如意形状演变而来的一种装饰纹样,寓意着"称心如意""吉祥如意"等美好愿景。在此金盘中,如意纹的运用不仅增添了器物的艺术美感,更寄托了人们对美好生活的向往与追求。同时,"瓶""戟""磬""牡"等元素的加入,也进一步丰富了金盘的文化内涵与象征意义,使其成为一件集艺术性与文化性于一身的佳作。

团花纹银奁

【作品背景小提示】

考古研究表明,元末盐民起义领袖张士诚之母曹氏是此套团花纹银奁的主人。张士诚称王后,生活标准宫廷化,此银奁反映了他对母亲的深厚孝心。银妆奁的使用痕迹显示,它为曹氏生前实用物,非专为陪葬而制。

团花纹银奁(元代,现藏于苏州市博物馆)

【作品赏析】

该团花纹银奁,高度达24厘米,底部设计为莲花瓣状托盘,极具艺术性与实用性。其内部结构精巧,分为上、中、下三层,每层均承载着不同的纯银梳妆用具,共计24件,展现了高度的工艺水准。上层置有银刷(含大小两件,柄部雕饰牡丹卷草纹,用于梳具清洁)、银剪(大小各异,专为剪裁"花子"所用,"花子"即元代流行之面部装饰,由金箔或纸剪制而成),以及银刮片。中层则包含四个银圆盒(内置粉与胭脂,盒盖錾刻花卉,施以鎏金工艺),一小银罐,及两银碟。下层收纳有半月形鎏金银梳(用于梳理长发)、细齿银篦(针对细发梳理)、水盂、银针(发型固定之用),以及配套银镜与镜架,镜架雕刻繁复细腻,龙须、凤翼等图案纤毫毕现,工艺之精湛,令人叹为观止。

【真伪辨析要点】

依据其装饰风格:该银奁设计为六瓣花形,结构分为三层,通过子母口巧妙套合,顶部配备盖子,底部则设有托盘。盖子上精心錾刻了团花牡丹图案,而奁身的外壁则装饰着包括迎春、荷花、秋葵、梅花、灵芝、牡丹以及芍药等在内的四季花卉,所有这些纹饰都采用了鎏金工艺进行点缀。錾刻技艺展现出的纹饰既精美又细腻,却无过分夸张之感,与镜架的装饰风格形成鲜明对比,彰显了元代装饰艺术的多元化特色。这种鎏金的装饰手法在唐代极为流行,在宋代较为罕见,而至元代又有所复兴。

朱碧山银槎杯

【作者介绍】

朱碧山

朱碧山银槎杯(元代,现藏于北京故宫博物院)

朱碧山,字华玉,是元代著名的银器制作大师,嘉兴武塘(今属嘉善魏塘镇)人。据史书记载,他最初从事绘画,但由于同乡的画家吴镇、盛懋等人的艺术水平高超,朱碧山在绘画领域难以脱颖而出。因此,他转而投身于银器制作,并迁居苏州木渎,以制作独具匠心的银槎杯而闻名于世。这种"槎"的形象源自古代神话,代表天地间往来的神秘木筏,朱碧山以此为主题设计酒具,展示了元代银器制作的精湛技艺。

【作品背景小提示】

1972年,在苏州藏书乡进行农业改造时,从清代乾隆年间刑部尚书韩对的墓中出土了一件朱碧山制作的银槎杯。这件稀世珍宝在出土后的一段时间里,曾被误认为是普通铜器,甚至被用作烟灰缸。

【作品赏析】

此银槎杯高18厘米,长20厘米,以纯银铸造,细节之处雕刻精细。槎身呈半圆形,模拟枯树形态,内中空可盛酒。槎上塑有一道人形象,其姿态闲适,极富文人雅趣。杯口刻有"贮玉液而自畅,泛银汉而凌虚。杜本题",槎尾刻"龙槎"二字,腹下刻五言绝句"百杯狂李白,一醉老刘伶。知得酒中趣,方留世上名",其后有作者款识及"华玉"印记。此杯制作工艺精湛,道人与部分构件采用分铸后焊接技术,整体和谐统一,是集实用与观赏价值于一体的艺术珍品。

此外,银槎杯的制作工艺和形象设计都体现了朱碧山的匠心独运。道人的形象和诗文题跋的配合,营造出一种超然物外的意境,深刻反映了宋元以来文人士大夫的审美追求与生活情趣。

【真伪辨析要点】

依据其制作工艺：鉴别此银槎杯的真伪时，需关注其制作工艺与铭文信息。作品综合运用了镂刻、焊接等技法，展现出人与舟、舟与云气、人与槎树之间的细腻层次。尤为重要的是，槎杯后背部刻有"元至正乙酉朱碧山造"阴文款识，这是辨别真伪的关键依据。此款识不仅证明了银槎杯作为商品的属性，更赋予了其作为特定品牌标识的历史意义。同时，通过对比研究其他朱碧山作品和相关历史文献，可以进一步确认其真伪。这件银槎杯无疑是朱碧山银器制作技艺的瑰宝，也是研究元代银器制作技艺和历史文化的重要实物资料。

万历皇帝金丝冠

【作品背景小提示】

在古代中国，冠冕制度是典礼仪式中的重要组成部分，反映了严格的等级制度和礼仪规范。男子在成年后，需将长发绾成发髻，并依据其社会地位佩戴相应的冠冕。这一制度不仅彰显了身份与地位，还通过冠型、材质和装饰等，传达出深刻的文化内涵和象征意义。其中，笄、缨和簪等配件的搭配，更是对个人社会地位的细致划分。值得注意的是，只有士大夫及以上阶层才有资格佩戴冠冕，且每种冠型都有其特定的规定和意义。

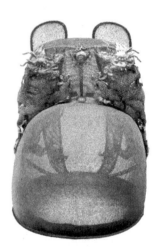

万历皇帝金丝冠（明代，现藏于定陵博物馆）

【作品赏析】

1958年，在北京市昌平县定陵出土的万历皇帝朱翊钧的陪葬金冠，其艺术价值和文化内涵令人瞩目。此冠通高达24厘米，采用极细的金丝精心编织而成，技艺之精湛、造型之华美，均展现了明代皇家金银工艺的巅峰水平。冠顶双龙盘踞，与中央的火焰宝珠共同构成了一幅生动的二龙戏珠图景，不仅彰显了帝王的尊贵与权威，也体现了明代工匠们的匠心独运和无穷创意。此外，金冠的结构巧妙、制作精细，尤其是金丝的纤细均匀和金龙的累丝工艺，都充分展示了明代皇家对金银器制作的精湛技艺和极致追求。

【真伪辨析要点】

依据其工艺：万历皇帝金丝冠以其独特的艺术风格和精湛的工艺水平，成为古代金银首饰中的珍品。在鉴别其真伪时，我们需重点关注金丝编织的精细度、无缝衔接的工艺水平以及金龙与宝珠的累丝制作技艺。同时，金冠的色泽是否纯正、结构是否巧妙、造型是否华美且不失儒雅之气等,都是重要的辨别依据。通过综合考察这些要素,我们可以更准确地判断金冠的真伪及其艺术价值。

长毋相忘银带钩

【作品背景小提示】

带钩是古代服饰文化的重要组件,兼具实用与装饰功能。男性视其为腰带扣饰,女性用于衣物系带,是不可或缺的贴身之物。其起源于春秋,西汉时尤为繁盛。西汉玉带钩在战国器形与技艺基础上,实现了技艺与美学的飞跃,选材严苛,工艺精湛。长毋相忘银带钩,出土于江苏盱眙大云山汉墓,墓主人为汉景帝之子江都王刘非之妃淳于婴儿,此钩可能是刘非赠予爱妃的定情信物,见证了汉代宫廷的深情与工艺之美。

长毋相忘银带钩(西汉,现藏于南京博物院)

【作品赏析】

大云山汉墓出土的"长毋相忘"银带钩,长 37 毫米、高 18 毫米,其钩体设计巧妙,呈简化龙首形态,钩身以错金工艺饰以汉代标志性的圆涡云气纹,虽外观简约,实则工艺精湛,尽显小巧雅致。此带钩创新性地采用兵符式结构,一分为二,两半内壁分别以阴阳篆刻技法镌刻"长毋相忘"四字吉语,阳文凸起,阴文凹陷,寓意深远,体现了主人对情感的珍视与内敛表达。相较于汉代常见的张扬誓盟,此带钩以隐秘含蓄之姿,将深情誓言系于腰间,象征着宫廷深处真挚而深沉的情感寄托。

【相关知识点提示】

江苏盱眙大云山汉墓

江苏盱眙大云山汉墓陵园内共发现 3 座主墓、11 座陪葬墓、2 座车马陪葬坑、2 座兵器陪葬坑,出土漆器、铜器、金银器、玉器等各类精美文物 1 万余件。结合文献和出土资料证实,陵园一号墓墓主人为西汉第一代江都王刘非。刘非是汉景帝的第五个儿子,也是汉武帝同父异母的兄弟,其人骁勇善战,被封王至江都,管理以前的吴国,并因战功获得天子赐予的旌旗。而这枚"长毋相忘"银带钩出土于江都王陵 12 号陪葬墓,墓主人是刘非的一个妃子——淳于婴儿。据墓中出土的铭文器物考证,墓主淳于氏仅为江都王第三等级的妃嫔。

第七章

杂项鉴赏

在艺术品浩瀚的领域中，除却玉器、陶瓷、青铜器、书画及家具等广为人知的主流类别外，尚有一系列丰富多彩的"杂项"存在，它们涵盖了竹木雕刻、牙角制品、琉璃艺术、料质器皿、珐琅彩饰、砚台古墨、篆刻印章、货币钱币、珊瑚宝石、水晶珍玩、珍珠玛瑙、果核微雕等多元化的小众门类。这些杂项不仅数量繁多，犹如繁星点点，其历史跨度亦极为深远，从古代文人士大夫的书斋雅趣，至民间日常生活的琐碎细节，再到各行各业的生产工具，乃至宗教仪式的神圣器具，和茶酒文化中的精美器具，无一不展现着东方文明数千年来深厚的文化底蕴与艺术魅力。

杂项艺术品虽不及主流大类那般统一规整，其边界模糊而多变，却同样承载着璀璨夺目的历史光芒与文化价值。通过鉴赏与收藏这些杂项，人们不仅能够跨越时空的界限，汲取到更为广泛且深刻的历史文化知识，还能在细微之处深刻感受到文化艺术带来的无尽美感与心灵触动。

鉴于杂项领域的广泛性与复杂性，本章仅撷取其中具有代表性的几件经典器物，以飨读者，期待大家能在这些微小而精致的物品中，窥见古代工匠的智慧与匠心，以及中华文化的博大精深。

第七章 杂项鉴赏

嵌绿松石象牙杯

【作品背景小提示】

嵌绿松石象牙杯出土于河南安阳的殷墟,具体为妇好之墓。妇好这位传奇女性,不仅是商朝帝王武丁的挚爱伴侣,更是一位在历史长河中熠熠生辉的军事将领,以其非凡的勇武与智慧,书写了属于自己的辉煌篇章。

妇好墓作为一座极具历史价值与考古意义的墓葬,其独特性在于它是迄今为止发现的唯一一座能够通过甲骨文记载与实物相互印证,从而准确无误地确认墓主人身份及其所属年代的商代王室成员墓葬。更令人惊叹的是,这座墓葬历经千年风雨,竟奇迹般地未遭盗掘,完好地保存了下来,成为珍贵的历史遗迹与文化瑰宝。在妇好墓中,陪葬品之丰富,令人叹为观止,总数逾千件,每一件都是当时社会风貌、工艺水平及文化信仰的生动写照。而镶嵌绿松石的象牙杯,便是这众多珍贵陪葬品中的一颗璀璨明珠,它不仅展示了商代高超的象牙雕刻技艺与绿松石镶嵌艺术,更透露出当时社会对于审美与奢华的追求,以及对于死后世界的美好想象。

嵌绿松石象牙杯(商代,现藏于中国社会科学院考古研究所)

【作品赏析】

这尊高度达30.5厘米的象牙杯,其珍贵之处在于它源自1976年河南省安阳市殷墟区域内发掘的妇好墓。此杯巧妙利用了象牙的根部段雕琢而成,设计上别出心裁,呈现为侈口薄唇的形态,中部略有收束,展现出优雅的身姿。杯体一侧,一条与杯身齐高的夔龙形握柄自然延伸,既实用又添了几分威严之气。

杯身的装饰繁复而精致,整体雕刻工艺精湛,充满强烈的装饰效果。其上下边沿装饰着简洁的宽边素地,形成鲜明对比;中部则被精细雕琢,并通过绿松石条带的巧妙布局,分为四个视觉区域。

第一段,三组威严的饕餮图案交错排布,它们的身躯与尾部栩栩如生,眼、眉、鼻部位精心镶嵌绿松石,更显生动传神。第二段,饕餮图案的上体部分进一步细化,两组清晰的面部结构展现出狰狞之美,下方辅以大三角纹及两侧对称的夔纹,整体构图和谐而富有张力,关键部位同样镶嵌绿松石,增添了几分华贵。第三段,则是三个变形的夔纹图案,简洁而不失力量感,尤其是眼部镶嵌的绿松石,仿佛为这些神兽注入了灵魂。随后,三道绿松石带作为分隔,引领我们进入第四段,这里的饕餮纹与第一段相呼应,但形态上又有所变化,眼鼻镶嵌绿松石,彰显着匠人的独特匠心。

整件象牙杯巧妙融合了浮雕的立体感、线刻的细腻感以及镶嵌工艺的璀璨光彩,多种艺术手法交织,使其成为不可多得的艺术瑰宝,充分展示了商代晚期高超的雕刻技艺与审美情趣。

【真伪辨析要点】

依据其纹饰:这尊象牙杯全身布满了繁复而精美的纹饰,主要以饕餮纹与兽面纹为核心,这一设计特色深刻体现了商代象牙工艺品在装饰艺术上对于青铜器纹饰的广泛借鉴与模仿,是那个时代审美风尚的鲜明印记。杯体上的图案布局既展现出高度的统一性,又在细节处理上巧妙融入变化元素,使得整体视觉效果既和谐又不失生动。

在杯身的上下两端,设计师巧妙地采用了素地宽边的设计,这种简洁的线条与中部繁复的纹饰形成鲜明对比,既突出了中部装饰的华丽,又增添了整体的层次感。中部区域通过精心排列的绿松石条带,将杯身自然划分为四个装饰区间,每个区间内都精心雕琢着饕餮纹与夔纹等经典图案,这些图案结构清晰,线条流畅,展现出古代工匠们高超的雕刻技艺与对美的极致追求。在这些神兽图案的关键部位——如饕餮与夔的眼、眉、鼻等处,均巧妙地镶嵌了绿松石,这一设计不仅使得神兽形象更加栩栩如生,更使其在光线的照射下散发出璀璨的光芒,为整件作品增添了无尽的华贵与神秘感。

【相关知识点提示】

象牙雕

象牙雕刻艺术,乃是以象牙这一自然瑰宝为基石,通过精细雕琢而诞生的工艺杰作及其最终形态,它深深植根于悠久的汉族文化土壤中,是民间工艺美术领域中的一颗璀璨明珠。象牙作为大象躯体中最为坚韧的部分,不仅质地坚硬如石,且表面光洁细腻,宛若温润之玉,其耐用性与珍贵性,足以与世间珍稀的宝玉石相提并论,因此赢得了"自然之宝石"的美誉。

象牙雕刻艺术品,凭借其独特的物理特性——坚实细密的材质、柔和润泽的色泽以及光滑细腻的触感,成为众多收藏家竞相追逐的珍宝,加之匠人们巧夺天工的雕刻技艺,每一件作品都蕴含着深厚的文化底蕴与艺术价值。在古玩收藏界,象牙雕刻艺术品以其独特的魅力与地位自成一派,成为不可多得的独特品种,见证了中华民族传统工艺的辉煌与传承。

阳陵虎符

【作品背景小提示】

在古代,符是一种权威的象征与军事调动的关键信物。据传此符的设计灵感源自周代杰出军事谋略家姜子牙之手。这一独特信物,专为君主或皇帝授权臣子指挥军队而设，其核心材质多为庄重的青铜铸就。其形态上，因模拟威猛之虎，遂得名"虎符"，抑或称为"兵符"，寓意着军事力量的威严与调度的不凡。据历史学者的深入研究，虎符设计精妙，一分为二，左右两侧各执其一，且其上镌刻的铭文分毫不差，互为印证。右半部分作为权力的核心，被妥善保存于朝廷之中，而

阳陵虎符（秦代，现藏于中国国家博物馆）

左半部分则作为授权的标志，赐予前线统军的将领。每当需要调动军队之时，必须由皇帝或君主派遣的特使，携带那藏于深宫的右半部分虎符，与将领手中的左半部分相契合，如此，方能彰显皇恩浩荡，实现军队的合法调动，确保国家军事行动的严谨与秩序。

【作品赏析】

阳陵虎符，其尺寸精巧，长8.9厘米，宽2.1厘米，高3.4厘米，尽显古代工艺之细腻。此符乃秦始皇时期用于调遣军队的重要信物，采用青铜精心铸造，形态栩栩如生，呈现一只静卧之虎，威猛而不失雅致。此虎符匠心独运，一分为二，左右两侧严丝合缝，各自承载着相同的使命。在虎的左右颈背之上，均镌刻有细腻入微的错金篆书铭文，共计十二字，曰："甲兵之符，右在皇帝，左在阳陵。"此铭文深刻揭示了虎符的用途与归属——右半部分象征着皇权的至高无上，被妥善保管于皇帝身边；而左半部分则承载着军事指挥的重任，被赋予驻扎于阳陵（现今陕西省咸阳市之东，历史重地）的军事统帅。每当国家有调兵遣将之需，特使便会携带皇帝手中的右半部分虎符，前往阳陵与将领手中的左半部分虎符合二为一，以此作为调动军队的合法凭证，确保军事行动的准确无误与皇权的绝对权威。

【真伪辨析要点】

依据其外形特征：虎颈延伸至胯部，两侧各以错金篆书巧妙地镌刻着十二字的铭文："甲兵之符，右在皇帝，左在阳陵。"这简短的文字，不仅揭示了虎符作为军事调动信物的身份，更象征着皇权与军权的紧密联结。由于历经沧桑，时光的印记在这枚虎符上留下了深刻的痕迹。原本应可轻松分离的左右两半，如今因岁月侵蚀，对合之处已生满铜锈，紧紧相依，仿佛凝固了历史的瞬间，整体化为了一件独一无二的艺术珍品。虎形伏地，姿态威猛而不失温顺，昂首向前，目光炯炯，透露出一种不怒自威的气势；曲尾轻轻上翘，为这威严的形象增添了几分灵动与生气。

虎符上的篆书字体，每一笔每一画都透露出匠人的精心雕琢与深厚的文化底蕴。字体结构严谨，线条浑厚有力，展现出一种古朴而庄重的美感；风格上则显得端庄大方，透露出一种不凡的气度。笔法婉转流畅，既有刚劲之美，又不失柔和之韵，让人在欣赏之余，不禁对古人的智慧与技艺心生敬畏。

【相关知识点提示】

秦新郭虎符、秦杜虎符和秦阳陵虎符

迄今为止，考古发现的所有虎符均源自秦国，共计三件珍品，分别为秦新郭虎符、秦杜虎符及秦阳陵虎符。其中，秦杜虎符于1973年在西安近郊山门口公社出土，现珍藏于陕西历史博物馆，其形制独特，高度达4.4厘米，长9.5厘米，厚度0.7厘米，背部设计有凹槽，颈部精巧地开设一小孔，虎形栩栩如生，呈行走姿态，尾部优雅卷曲。此虎符表面錾刻金文，共九行四十字，内容记述了兵符的用途与规制："兵甲之符，右在君，左在杜。凡兴士披甲，用兵五十人以上，必会君符，乃敢行之。燔燧之事，虽毋会符，行殹。"文末深意，即在紧急军情之下，可省略符会流程，即刻以烽火为号，迅速行动。

至于新郭虎符，其现为法国巴黎陈氏所藏，彰显其跨国流传之历程。而秦阳陵虎符，则作为国家重器，安居于中国国家博物馆之中。细观此三枚虎符，其铭文内容大致相仿，但细微之处却透露出时代变迁的线索。新郭虎符铭文提及"右在王"，映射出秦国早期国君尚称王的历史阶段，暗示其制作年代或可追溯至秦初；秦杜虎符则以"右在君"称之，考虑到秦国历史上仅惠文君一人使用"君"之尊号，故此符应为惠文君时期之产物；至于秦阳陵虎符，铭文中的"右在皇帝"无疑标志着秦始皇一统六国后始称皇帝的全新时代，因此，阳陵虎符的制作时间自然是在秦始皇登基之后。

错金博山炉

【作品背景小提示】

错金博山炉（西汉，现藏于河北博物院）

在西汉王朝的早期阶段，即汉武帝登基之前，社会上已广泛存在着专为焚香而设计的香炉，这些香炉的兴起直接源于古代人们焚香以避虫驱蚊、净化空气的传统习俗。尤其是在南越之地，即现今的广东、广西一带，熏香的风尚尤为浓厚，几乎成为日常生活的一部分。然而，彼时的香炉设计普遍趋于简约，缺乏繁复的装饰与深刻的寓意。

据史书记载及民间传说，汉武帝不仅是一位热衷于熏香的帝王，还深受道教思想的影响。道教中流传着一个美丽的神话，讲述在遥远的东方海面上，矗立着一座名为"博山"的仙境仙山，云雾缭绕，神秘莫测。汉武帝听闻此传说后，心生向往，便下令工匠依据博山的传说景象，精心打造出一系列造型独特、寓意深远的香炉——博山炉。这些香炉的问世，不仅极大地丰富了香炉的种类与形态,更因其精湛的工艺与深厚的文化内涵,迅速在世间流传开来,成为后世香炉制作的典范。博山炉以其鲜明的特色、广泛的用途以及深远的历史影响,被后人尊为香炉的始祖。这一转变,不仅体现了古代工匠的智慧与创造力,也反映了汉代社会对于精神追求与文化传承的重视。

【作品赏析】

此件装饰华丽的错金博山炉,源自西汉时期中山靖王刘胜之陵墓,于 1968 年在河北省满城县陵山考古发掘中重见天日。其高度达 26 厘米,底部直径为 9.7 厘米,尽显古代工艺之精湛。博山炉,作为古代熏香文化的代表,其独特之处在于那高耸而尖细的炉盖,盖面精雕细琢,模拟出海上仙山"博山"的奇幻景象,寓意深远。使用时,香料被置于炉内缓缓燃烧,袅袅香烟透过炉盖上的精巧镂空轻盈飘散,满室生香,令人心旷神怡。

此炉由炉盘、炉盖与炉座三部分巧妙组合而成,整体以错金工艺装饰,金碧辉煌,尽显尊贵。炉盖之上,重峦叠嶂,云雾缭绕,其间点缀着形态各异的人与动物,虎豹威猛、猴儿嬉戏、野猪奔逐,栩栩如生,仿佛一幅生动的山林画卷。而炉座部分,则采用透雕技法,刻画出蟠龙环绕的图案,龙身蜿蜒,气势磅礴,彰显出皇家的威严与尊贵。炉腹之处,更以错金卷云纹装饰,云纹流畅自然,与整体造型相得益彰,更添一份飘逸与灵动。

【真伪辨析要点】

依据其外形:此香炉造型独特,炉体呈优雅的半圆形轮廓,表面细腻地镶嵌着稀疏而精致的错金云纹图案,展现出一种高雅而不失古朴的美感。炉盖则巧妙地设计为透雕的尖锥形,宛如一座微缩的仙山,其上峰峦层叠,奇峰异石错落有致,构建出一幅引人入胜的山林景致。在这幽深的山林之间,巧妙地镶嵌着以错金线勾勒的猴、虎、野猪等野生动物形象以及栩栩如生的人物造型,它们或嬉戏于林间,或静观山色,为这静谧的山林增添了几分生机与活力。

当炉内熏香被点燃,袅袅香烟便随着炉盖上的空隙蜿蜒而上,穿梭于峰谷之间,仿佛云雾缭绕,使得整个山林景象更添一份朦胧与神秘。这缭绕的香烟与精致的山林雕刻交相辉映,营造出一种山景迷蒙、群兽灵动的奇幻氛围,令人仿佛置身于仙境之中,心旷神怡。而炉座的设计同样别具匠心,以透雕的三条蛟龙盘绕成稳固的圈足,龙身蜿蜒有力,形态生动,既增添了香炉的稳重感,又赋予了其浓厚的神话色彩。整体作品在色彩运用上更是巧妙绝伦,黑色与黄色的搭配既对比鲜明又和谐统一,使得整个香炉在视觉上呈现出一种极其精美华丽的效果。

【相关知识点提示】

"金银镶嵌"

采用"金银镶嵌"技法装饰的器物,其表面金银与青铜材质交织出层次丰富的光泽,相互映衬之下,图案与铭文更显璀璨夺目,色彩对比强烈,纹饰线条清晰流畅,赋予了艺术品更加鲜活生动的视觉表现力。战国时期,"金银镶嵌"工艺已臻化境,其应用范围极为广泛,不仅常见于各类容器、带钩、兵器之上,还深入至车马器具、符节信物、铜镜装饰乃至漆器上的铜质镶嵌部分,无不展现出精细绝伦的"金银镶嵌"纹饰艺术。由于此工艺制作流程繁复,所需材料价值不菲,故而在当时社会,唯有贵族阶层方能享用此等奢华之美。遗憾的是,随着东汉末年的动荡不安与战乱频发,曾经风靡一时的"金银镶嵌"工艺逐渐淡出了历史舞台,其辉煌成就也随之被岁月的尘埃所覆盖。

素纱襌衣

【作品背景小提示】

1972年,在中国湖南省长沙市马王堆古墓葬的发掘中,一具历经两千余年时光洗礼的女尸奇迹般地展现在世人面前,其完整程度之高,令人叹为观止。这具女尸不仅外形保存完好,就连发丝都似乎保留着生前的光泽与色泽,仿佛时间在这具遗体上悄然停滞。随着这具被誉为"千年女尸"的奇迹发现,同时出土的各类文物也仿佛被赋予了生命,它们在尘封千年的岁月后再次绽放出璀璨的光芒,每一件都承载着丰富的历史信息与深厚的文化底蕴,向世人展示着古代社会的风貌与技艺的精湛。

素纱襌衣(西汉,现藏于湖南博物院)

【作品赏析】

两件襌衣尺寸异常宽大,直裾襌衣自衣领垂至下摆,衣长延展至128厘米,其袖子展开时,两袖通长190厘米;曲裾襌衣衣长160厘米,袖口宽27厘米,两袖通长195厘米,以白绢装饰领、袖缘,整体呈现出来的颜色更浅淡。实乃名副其实的宽衣博袖,尤为独特的是,领缘、袖边及底摆巧妙镶嵌了厚重的绒圈锦边饰,增添了几分华贵之感。令人称奇的是,尽管外观给人以厚重之感,但这两件宽衣博袖的实际重量却轻盈至极,一称重,发现其中一件仅重49克,另一件更是微妙至48克,以传统度量衡计,未及一两之重。

在中国古代文学的长河中,文人雅士常以精妙绝伦的辞藻颂扬丝绸之轻盈,如唐代杰出诗人白居易在《缭绫》一诗中,以"应似天台山上明月前,四十五尺瀑布泉"之句,生动描绘出缭绫之轻薄如烟、清澈似水的非凡质感。长久以来,世人多以为此类描绘乃是诗人艺术化的夸张手法,难以相信其真实性。然而,马王堆汉墓中出土的两件素纱襌衣,以其超乎想象的轻盈,直接印证了古人诗中的描绘非但非虚,反而是对实物精准而生动的刻画。此素纱襌衣,以极细纱线织就,因未经染色且无内衬,故而得名"素纱襌衣",其存在不仅是对古代纺织技艺高超水平的见证,也是对文学作品中那些关于丝绸轻盈之美赞誉的最佳注解。

【真伪辨析要点】

依据其轻薄:在古代中国的纺织艺术中,纱作为丝绸家族中的先驱,以其独特的编织工艺和轻盈质感脱颖而出。它是由单一的经丝与纬丝巧妙交织,构筑出规则的方孔平纹结构,其经向密度细致入微,介于每厘米58至64根之间,而纬向密度则稍显疏朗,每厘米约40至50根。这种精妙的织造使得纱的质地异常轻薄,孔隙遍布织物表面,赋予了它"薄如蝉翼,轻若无物"的绝妙体验,古人所云"轻纱飘逸似虚空,举起仿佛无重量",正是对其的最佳写照。素纱襌衣之所以能达到令人惊叹的轻盈境界,并非仅仅因为织物的孔眼较大、空隙较多,更深层次的原因在于其采用了极为纤细的蚕丝原料。在丝织学的专业术语中,蚕丝的纤度以"旦"为单位进行衡量,旦数值越小,则意味着丝线的直径越细,质地越轻盈。经过测定,素纱襌衣所采用的蚕丝纤度竟低至10.2至11.3旦,相较于现代技术下生产的高级丝织物而言,其技术之高超,工艺之精湛,无疑是对汉代缫丝与纺织技术卓越成就的有力见证。这一发现不仅彰显了古代中国工匠的智慧与匠心,也为我们揭示了那段辉煌历史中丝绸文化的璀璨光芒。

【相关知识点提示】

素纱襌衣的复制

湖南省博物馆曾携手南京云锦研究所,致力于复原那件仅重49克的珍贵素纱襌衣。然而,初次尝试却遭遇了挑战,复制出的成品重量竟超过了80克,远未达到原作的轻盈标准。深入探究后,科研人员发现,现代蚕种相较于数千年前的祖先,体型更为丰腴,所吐之丝自然也更加粗壮,导致织造的衣物重量显著增加。面对这一难题,专家团队并未气馁,而是转而专注于研发一种特殊饲料,旨在精准调控蚕宝宝的体型,使其吐出的丝更为纤细,以贴近古代素纱襌衣所需的原料特性。经过不懈努力与反复试验,他们成功培育出了一批体型小巧、体态匀称的蚕宝宝,并利用这些蚕所吐的细丝,再次启动了复制工作。这一过程充满了挑战与艰辛,但专家团队凭借坚定的信念与深厚的专业功底,历时整整13年,终于织就了一件重约49.5克的仿真素纱襌衣,其重量与原作极为接近,堪称对古代纺织技艺的一次成功致敬与再现。

鸭形玻璃注

【作品背景小提示】

1965年,考古学界在辽宁朝阳北票西官营子村取得了重大突破,成功发掘了北燕时期冯素弗夫妇的墓葬,这一发现被誉为十六国时期考古领域的璀璨明珠。此次发掘中,共出土了超过五百件珍贵文物,其中尤为引人注目的是五件带有鲜明异域风情的东罗马式玻璃器皿,它们分别是形态生动的鸭形玻璃注、典雅的碗、精致的杯、独特的钵以及一件残损但仍显不凡的器座。通过对这些玻璃器皿中玻璃钵残片的深入化学分析,科学家们揭示了其材质的秘密——钠钙玻璃,这种玻璃在当时的中国尚属罕见,国内并无生产记录。这一发现犹如一把钥匙,解锁了鸭形玻璃注等器物的真正来源之谜,它们是通过古老的丝绸之路,远渡重洋,从遥远的东罗马帝国传入中国的。

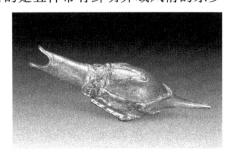

鸭形玻璃注(北燕,现藏于辽宁省博物馆)

【作品赏析】

此玻璃注全长约20.5厘米,腹部直径约为5.2厘米,重量精准至70克,展现出淡绿色的玻璃质感,表面光滑如镜,略带半透明效果,细微之处可见银绿色斑驳,仿佛是岁月留下的痕迹。其独特之处在于采用了极为罕见的动物形态设计——一只横向延展的鸭子形象,栩栩如生。鸭首昂扬于前,尾部优雅地延伸至后,中部则是饱满圆润的腹部与修长的颈部相连,形成和谐的整体。鸭嘴大张,展现出一种生动的姿态,而尾部则细长灵动,尾尖虽略有残缺,却更添几分古朴之美。鸭的双翅并未直接雕刻而成,而是以线条流畅的玻璃条巧妙粘合成三角形状,轻轻依附于背部,既保持了鸭子的灵动之感,又增添了装饰的趣味。至于鸭足,则巧妙地以腹部下方的波状折线纹来表现,既简洁又富有想象力。尤为巧妙的是,鸭腹底部还精心粘贴了一块圆形饼状玻璃,平整而稳固,为整件器物增添了平衡之美。

【真伪辨析要点】

依据其外形特征:材质轻薄,透明度极高,表面轻轻覆盖着一层银绿色的岁月痕迹,透露出古老而神秘的气息。采用古老的吹管法制成,这一传统技艺使得玻璃在高温下如魔法般成型。

整体造型横长而优雅，完美捕捉了鸭子的灵动姿态。流部设计成张开的鸭嘴形状，既实用又富有想象力，长颈与鼓腹的结合，既展现了鸭子的丰满体态，又赋予了作品稳重而不失活泼的韵律感。尾部细长且微残，不仅未损其美，反而增添了几分古朴与真实感，让人仿佛能看到它轻轻摇曳于水面的情景。

在细节处理上，艺术家巧妙地运用了粘贴法，以精细的玻璃条构建出细腻的图案，颈部的一周锯齿纹带，宛如鸭颈上自然生长的花羽，既装饰了作品，又强化了主题。背部的三角形翅膀，以玻璃液引长的细条精心粘制而成，形态宛如雏鸭振翅欲飞，充满了生命的活力。腹下的波状折线纹，则巧妙地模拟了鸭子的双足，使得整个作品更加生动逼真。腹底那块平正的饼状圆玻璃，不仅为作品提供了稳定的支撑，还从视觉上平衡了整体造型，展现出一种和谐之美。这样的设计，不仅体现了匠人的匠心独运，更彰显了古代玻璃艺术的高超水平。

蹴鞠纹铜镜

【作品背景小提示】

蹴鞠这一古老运动，其核心在于以足击球，与当今风靡全球的足球运动有异曲同工之妙。其中，"蹴"字寓意为"踢"，而"鞠"则指代"球"，简而言之，即是以脚来踢动球体。

据传，此运动之起源可追溯至中华始祖黄帝时期，初衷为锤炼士兵体魄与技能。其历史脉络，据文字记载可溯至战国风云，而多数学者倾向于认为，蹴鞠真正发端于战国时的齐国疆土（现今山东省临淄一带），起初作为军事训练的一环，后逐渐演化成广受欢

蹴鞠纹铜镜（宋代，现藏于中国国家博物馆）

迎的休闲娱乐活动。在汉代，蹴鞠不仅限于娱乐，更被融入武术训练中，成为强身健体、锤炼技艺的重要方式。至唐代，这一运动被赋予了新的名称——"蹴球"，并在《文献通考》等典籍中留下了其蓬勃发展的印记。彼时，蹴球不仅增设了球门，还形成了分队竞技的规则，使得比赛更加激烈且富有趣味性。及至宋代，蹴鞠之风更是席卷全国，不分贵贱，上至九五之尊的帝王，下至市井巷陌的百姓，皆沉醉于这一脚下生风、乐趣无穷的运动之中，蹴鞠成为当时社会文化生活不可或缺的一部分。

【作品赏析】

这面蹴鞠纹铜镜尺寸精巧，直径为10.6厘米，而厚度则仅为0.6厘米。该铜镜以青铜为材，质地坚固，历久弥新。其背面设计尤为引人入胜，中心镶嵌一圆形钮，钮上精

心铸造有假山与青草,细节之处尽显匠心独运,仿佛将自然之趣巧妙融入方寸之间。而镜背的主体纹饰,则是一幅生动再现古代蹴鞠盛景的画面:四位人物身姿矫健,或奔跑,或传球,或射门,正沉浸在蹴鞠游戏带来的欢乐之中。人物形象栩栩如生,不仅展现了蹴鞠运动的激烈与趣味,更通过他们灵动的姿态,传递出古代人民对于体育竞技的热爱与追求。整面铜镜以庭院为背景,将蹴鞠游戏置于一个充满生活气息的场景之中,使得观者能够感受到一股浓郁的历史文化氛围。这样的设计,不仅提升了铜镜的艺术价值,也为我们后人了解古代社会生活、文化娱乐提供了宝贵的实物资料。

【真伪辨析要点】

依据其纹饰:此铜镜背面采用浮雕艺术,细腻地描绘了宋代蹴鞠活动的生动场景。画面中,四位人物分布有致,前方两位主角,一男一女,正进行激烈的蹴鞠对决。男子头戴幞头,身着长袍,身体微蹲前倾,蓄势待发,其神情专注,显然已做好防守准备,随时准备拦截飞来的鞠球。而女子则梳着高髻,身着飘逸长衫,动作优雅,正全神贯注地操控着鞠球,球在她脚尖轻盈跳跃,展现出非凡的技艺与从容不迫的气度。在这一对精彩对决的后方,一位人物手持铃铛状物,其身份似为比赛的公正裁判,静静地站立,维持着场上的秩序与公正。更远一些有一位双髻女子静静站立,她的身份不明,引人遐想,既可能是侍奉于旁的仆人,又仿佛是沉浸在这场精彩比赛中的观众之一,为整个场景增添了一抹观者的视角与氛围。背景部分则以假山奇石、流云飘缈、绿茵草坪等元素巧妙布局,营造出典型的宋代大户人家后花园景致,既展现了宋代园林艺术的精致与雅致,又巧妙地衬托出了蹴鞠活动所蕴含的闲适与乐趣。整幅画面构图巧妙,人物栩栩如生,细节之处尽显匠人之心,让人仿佛穿越时空,亲眼见证了宋代社会的繁荣与文化的多元。

石雕力士支座

【作品背景小提示】

该支座是在陵墓的碑亭遗址中被发掘的,其主要功能是作为石碑的稳固支撑。此支座以白沙石精心雕凿而成,其形态趋近于正方体,形态设计或许寓意着西夏文化中崇尚的大力士形象。进一步追溯,党项族在迁徙至宁夏地区之前,其生活领域广泛分布于现今青海东部与四川西北部,这一地理位置使得党项族与西南地区的少数民族产生了紧密的联系与交流。这种长

石雕力士支座(西夏,现藏于宁夏回族自治区博物馆)

期的互动不仅促进了文化的交融,也使得党项族在风俗习惯上受到了深刻的影响。例如,支座上手腕与足胫部位的环饰装饰,便是这种文化交流与影响的直接体现,它源自我国古代西南少数民族中早已盛行的一种装饰风格,如今却巧妙地融入了西夏的石雕艺术之中,成为连接两个时代、两种文化的独特纽带。这样的支座,不仅是一件实用的石雕艺术品,更是西夏历史与文化的重要见证。它以其独特的造型向我们展示了西夏时期的社会风貌、宗教信仰以及与其他民族的文化交流,具有极高的历史价值和艺术价值。

【作品赏析】

这尊砂岩材质的石雕力士支座,尺寸精准,长 68 厘米,宽 65 厘米,高 62 厘米,整体造型方正稳重。其正面雕琢了一位裸体跪坐的人物形象,面部表情生动,竖眉紧锁,咬牙切齿,双眼圆睁,透露出坚毅不屈的气质。面部特征鲜明,高颧骨与短鼻相映成趣,头部与四肢比例被艺术性地夸张处理,尤其是双乳肥硕自然下垂,展现出一种原始而强大的力量美。人物的双臂装饰着圆环,既体现了装饰性,也暗含了某种身份或文化的象征。双臂肌肉虬结,雕刻得如束状肌腱般强健有力,展现出力士非凡的体力与耐力。其姿势独特,额部与肩部(或手部)几乎平齐,肘部向后弯曲,双拳半握,稳稳地支撑在膝盖上,仿佛正承受着千钧之重,却依然屹立不倒。石座的上表面微微凸出,其直径巧妙地占据了人像高度的一半左右,这样的设计不仅增强了整体的稳定性,更将观众的视线引导至人物面部表情与双臂的动态之上。雕刻师通过细腻的笔触,深刻刻画了力士因负重而展现出的强烈力度感,每一根线条、每一块肌肉都仿佛在诉说着不屈与坚韧。

【真伪辨析要点】

依据其外形特征:

该支座在外形上首先展现的是一股不容小觑的威严气势。力士志文支座的设计中,匠人们巧妙地将眼球塑造得外凸,双目圆睁如炬,獠牙隐约可见,加之脸部雕刻的深刻凹凸感,无一不强化了这种威严之感。西夏时期的艺术家们运用高超的艺术夸张技巧,将力士形象刻画得栩栩如生,令人观之即生敬畏之心,仿佛能感受到一股来自远古的威严力量。

其次则是力士所散发出的强大力量感。此力士志文支座,双手坚实地托于地面,那粗犷的手指与健硕的双臂,无不彰显着一种稳固而强大的支撑力,仿佛真的能够支撑起一片天地。而力士通身裸体的设计,更是将力量感推向了极致。这种裸体表现方式,与佛教中金刚力士像的传统造型相呼应,上身裸露,肌肉线条流畅而饱满,躯干雄伟,呈现出一种愤怒而充满力量的姿态。

玻璃莲花托盏

【作品背景小提示】

自古以来，中国人便对品茗之道情有独钟，对于承载这份雅趣的茶具亦是精挑细选，极为讲究。随着陶瓷艺术的不断进步，特别是自魏晋时期以降，一种专为品茶设计的茶具——托盏，将盛茶的盏与支撑盏的托盘巧妙结合，形成了一体化的饮茶器具。及至唐代，饮茶蔚然成风，瓷质托盏的制作工艺更是达到了炉火纯青的地步，尽管陶质与银质托盏亦有所流行，但瓷质托盏始终占据着主导地位。

玻璃莲花托盏（元代，现藏于甘肃省博物馆）

回溯我国玻璃器皿的制作历史，其根源可追溯至西汉中期，由于长久以来制瓷业的繁荣昌盛，玻璃制造业的发展在一定程度上受到了限制，这种趋势一直延续至近代。即便到了清朝初期，玻璃材质的茶具仍属稀有之物，难以普及。当这套珍贵的玻璃托盏重见天日时，其独特性与历史价值立即吸引了众多目光，成为人们热议的焦点。

【作品赏析】

托盏整体由深邃的普蓝色玻璃精心打造，呈现出半透明的质感，内部细微的气泡仿佛凝固了时光，诉说着古老的工艺故事。托盏的盏部设计尤为精巧，高度达 4.9 厘米，口径 8.9 厘米，底部直径则为 3.4 厘米，整体呈七瓣莲花盛开之姿，饼形足稳固而雅致。而与之相配的盏托，高仅 1.2 厘米，口径却拓宽至 15.2 厘米，为盏部提供了宽敞的支撑平台。盏托的口沿被雕琢成八瓣莲花形状，与盏部的七瓣莲花相呼应，却又在细节上有所变化，展现出匠人无尽的创意与匠心。托身腹壁则采用了正八角形的设计，线条流畅而富有张力，与平底相结合，使得整个托盏在视觉上更加稳重而不失灵动。作为迄今为止出土的最完整的一套元代玻璃托盏，它不仅具有极高的艺术价值，更是研究元代社会生活、文化习俗以及玻璃工艺发展的重要实物资料。

【真伪辨析要点】

依据其外形

此套玻璃莲花托盏包含一盏一托，均通过精湛的模铸技艺精心打造。盏体以普蓝色玻璃为材，展现出半透明的雅致质感，其口沿与腹部精妙地塑造成七瓣莲花的形态，底部则设计为假圆足样式，中心微微内凹，边缘由尖锐的莲瓣自然围合，整体形态犹如一朵盛开的莲花，栩栩如生，韵味悠长。

托盘的设计同样别出心裁,内圈采用八边形结构,壁面斜向内凹,而口沿部分则优雅地向外微扬,形成八瓣莲花的轮廓,瓣尖同样锋利挺括,底部平坦。托盘的颜色相较于盏体略显淡雅,其尖锐的瓣尖设计,成为其独特的标识,与后世同类器物显著区分开来。此套托盏不仅体量较大,且制作极为精细,盏与托完美匹配,形成一套完整的茶具。其造型之华美,色彩之艳丽,均彰显出非凡的艺术价值与工艺水平,普蓝色调更添一份高贵气质,实为古代玻璃工艺中的璀璨明珠,异常珍贵。

金星玻璃天鸡式水盂

【作品背景小提示】

在明朝末年,随着全球化趋势的初露端倪,英国、法国以及荷兰等率先步入资本主义发展轨道的国家,其商船频繁地穿梭于中国的广州、宁波、漳州、泉州等重要海港之间。这一商业交流的盛况,不仅促进了商品的互通有无,也悄然间开启了东西方文化的深度交融。在这一背景下,源自西方的玻璃器皿,作为时尚与技艺的结晶,逐渐走进了中国的视野,为这片古老的土地带来了全新的视觉体验与审美风尚。

金星玻璃天鸡式水盂(清代,现藏于北京故宫博物院)

与此同时,一群肩负传播福音与文化交流使命的西方传教士,也踏上了这片充满神秘色彩的土地。他们不仅带来了各自领域的科学知识,更在不经意间,将西方的玻璃制造技术这一珍贵的技术遗产引入了中国。有的传教士更是获得了明政府的青睐,被委以重任,直接参与到了钦天监这一国家天文机构的工作中。时间流转至清朝乾隆年间,这位盛世之君对西方科技知识展现出了前所未有的兴趣与重视,将一批身怀绝技、精通西学的传教士招揽至清廷之中,为他们提供了施展才华的广阔舞台。这些传教士不仅传授了先进的科学知识,更将他们在玻璃制造领域的深厚造诣无私地贡献给了中国。在他们的助力下,清朝的玻璃业迎来了前所未有的发展机遇,西方玻璃技术的引入与本土化创新相互交融,共同推动了中国玻璃工艺水平的显著提升。

【作品赏析】

此水盂长 21.5 厘米,高 15 厘米,乃昔日皇家御用之物,尽显尊贵典雅。此水盂造型独特,造型灵感来源于神话传说中的天鸡之姿,鸭喙轻启,羊须飘逸,凤尾高扬,姿态悠然,卧于其间,回首顾盼间流露出不凡气韵。其羽毛细节雕饰繁复而精致,色彩斑斓,华美绝伦,乃是采用失蜡法这一古老而精湛的工艺精心铸造而成。天鸡作为古籍《古小说钩沉》中描绘的神异之鸟,相传栖息于遥远的桃都山之巅,其鸣则天下鸡鸣,寓意着祥瑞与守护。设计师将这一神话元素融入水盂之中,不仅赋予了器物以超凡脱俗的艺术美感,更寄托了对国泰民安、生活安宁的美好愿景。

【真伪辨析要点】

依据金星玻璃天鸡式水盂造型特点及金星玻璃的特性:此水盂形态奇绝,天鸡之姿,集鸭嘴、羊须、凤尾于一身,卧姿回首,悠然卧于云端之上,姿态万千,仿佛自远古神话中跃然而出。其金星玻璃材质,内藏繁星点点,金光熠熠,这种独特的光泽与质感,无疑是对古代玻璃制作工艺的一次极致展现。然而,真伪辨析的关键在于细节。真正的金星玻璃,其内部的金星分布自然,通过添加金属微粒使玻璃内部呈现出金光闪闪的结晶颗粒,大小不均,闪烁着真实而深邃的光芒,而非人工刻意镶嵌所能及。

再者,从工艺角度来看,失蜡法的运用使得天鸡造型栩栩如生,线条流畅,细节处理丝丝入扣,这无疑对匠人的技艺提出了极高要求。真伪之间,往往在于这些细节的精妙与否。真正的古代工艺品,其每一处雕刻、每一笔勾勒,都蕴含着匠人的心血与情感,这是现代仿制品难以复制的精髓。

【相关知识点提示】

金星玻璃

乾隆盛世之际,成功研制出了一种璀璨夺目的金星玻璃制品,该材质亦称温都里那石,是一种内含微小结晶颗粒、能折射出金属光泽的独特玻璃。其独特之处在于,通过精确控制金属(如铜等)在玻璃中有限的溶解度,并在特定温度条件下使这些金属物质析出,从而在玻璃表面形成宛如星辰般闪烁的金色或红褐色斑点,赋予器物非凡的视觉效果。这一创新技艺的诞生,直接受益于乾隆帝推行的开放引进政策。据史料《清内务府养心殿造办处各作成做活计清档》的详尽记载,乾隆五年(1740年),两位技艺高超的西方传教士汪执中与纪文远渡重洋,抵达京城并入驻宫廷,次年便成功烧制出金星玻璃。随后,他们更在乾隆七年(1742年)正月,随皇帝前往圆明园内的玻璃工坊,继续贡献其专业力量。可以断言,若非这些外籍匠人的精湛技艺与不懈努力,金星玻璃这一新兴玻璃品类或许将无从问世。而在清代,金星玻璃中最为常见的金属元素为铜,它赋予了玻璃制品金黄色的璀璨之美,使得每一件作品都成为艺术与技术的完美结晶。

参考文献

[1] 宁波博物馆,中国国家博物馆.国家宝藏[M].北京:科学出版社,2010.
[2] 喻燕姣.玉器鉴赏与投资[M].长沙:湖南美术出版社,2007.
[3] 朱和平.中国工艺美术史[M].长沙:湖南大学出版社,2004.
[4] 首都博物馆.中国记忆:五千年文明瑰宝[M].北京:文物出版社,2008.
[5] 纪江红.中国传世书法(上中下)[M].北京:北京出版社,2004.
[6] 黄迪杞,戴光品.中国漆器精华[M].福州:福建美术出版社,2003.
[7] 中央美术学院美术史系中国美术史教研室.中国美术简史(新修订本)[M].北京:中国青年出版社,2010.
[8] 刘道荣,王玉民,崔文志.赏玉与琢玉[M].天津:百花文艺出版社,2003.
[9] 赵汝珍.赵汝珍讲古玩[M].北京:东方出版社,2008.
[10] 梁白泉.国宝大观[M].上海:上海文化出版社,1997.
[11] 李泽奉,刘如仲.古董鉴藏丛书[M].长春:吉林科学技术出版社,2004.
[12] 王世襄.明式家具珍赏[M].2版.北京:文物出版社,2003.
[13] 叔向.中国明式家具通览[M].济南:山东美术出版社,2010.
[14] 叔向.中国清式家具通览[M].济南:山东美术出版社,2010.
[15] 张世科.明清家具诱惑世界[M].郑州:大象出版社,2009.
[16] 邹婧.艺术品鉴赏(上)[M].北京:清华大学出版社,2018.
[17] 邹婧.艺术品鉴赏(下)[M].北京:清华大学出版社,2018.

后 记

当笔触停驻于书稿的最后一页,窗外的暮色已悄然洒落在办公桌前的长沙窑烛台上,在斜阳余晖中折射出温润的光泽,仿佛某种跨越时空的默契,将当代凝视与远古智慧悄然联结。这种静默的对话,恰是撰写本书过程中最深刻的体悟——中国古代造物艺术绝非尘封的历史标本,而是流动于文明血脉中的永恒基因,其蕴含的造物哲学与文化密码,始终以鲜活的姿态参与着人类文明的演进。

一、器以载道:造物中的哲学觉醒

回望青铜时代的饕餮纹鼎,其狞厉之美中包裹着先民对天地秩序的敬畏。那些盘旋交错的纹饰,绝非简单的装饰语言,而是巫觋文明时期"绝地天通"的具象表达。工匠在铸造过程中对合金比例的精准把控,暗合《考工记》中"金锡半,谓之鉴燧之齐"的物性认知,折射出早期中国"格物致知"的实践智慧。及至汉代长信宫灯的精妙设计,不仅实现了烟气循环的环保理念,更通过跪坐宫女的谦卑姿态,将"天人合一"的宇宙观凝结为可触可感的物质形态。

这种道器相生的造物传统,在宋明时期臻于化境。汝窑天青釉的"雨过天青云破处",实则是窑工对火候与釉料关系的哲学参悟,将道家"自然无为"的审美理想熔铸于窑变之中。明式家具的简约线条,既是对《园冶》中"虽由人作,宛自天开"设计理念的践行,也是程朱理学"存天理,灭人欲"思想在物质领域的投影。器物之形制,由此升华为文化精神的物质载体,形成独特的东方造物美学体系。

二、技近乎艺:工艺演进中的文化融合

丝绸之路上的驼铃声中,西域金银器的锤揲技艺与中原錾刻工艺碰撞出盛唐金银器的璀璨光华。法门寺地宫出土的秘色瓷,其"千峰翠色"的釉面中沉淀着佛教东传带来的色彩审美革命。元青花钴料中的苏麻离青,既是海上丝绸之路的物证,更彰显了跨文化审美融合的创造力。这些技术突破背后,是能工巧匠们"巧夺天工"的智慧结晶,更是中华文明"和而不同"的文化包容力在造物领域的生动体现。

匠籍制度的演变轨迹,则揭示了技术传承的社会维度。从战国《考工记》的"百工"记载,到唐代少府监的工匠管理体系,再到明代轮班匠的制度改革,技术传承始终与时代脉搏共振。苏州香山帮匠人的口诀秘传、景德镇民窑的"利坯刀法",这些口传心授的技艺传承方式,构建起独具东方特色的技术伦理体系,使精微技艺得以在时代更迭中保持鲜活生命力。

三、古器新诠：传统智慧的现代启示

在当代设计领域，古代造物智慧正焕发新的生机。榫卯结构的抗震原理启发了现代木构建筑创新，汉代铜雁鱼灯的环保设计理念与绿色科技不谋而合。更为深刻的是，传统造物中"物尽其用"的节俭智慧，恰与当代可持续发展理念形成跨越时空的呼应。故宫文创对文物纹样的现代转译，证明传统文化基因完全可以在数字时代获得新的表达形式。

这种古今对话的深层意义，在于重构技术与人性的关系。当智能科技日益挤压人文空间时，古代工匠"心手相应"的创作状态，为抵抗技术异化提供了文化解药。龙泉青瓷匠人在拉坯过程中对泥性的尊重，紫砂艺人在拍打泥片时对材料语言的倾听，这些传统技艺中蕴含的"物我合一"创作理念，正是治愈现代技术焦虑的文化良方。

四、余论：在时光长河中打捞文明基因

编撰过程中，每件器物的微观细节都成为解读文明的密码。战国铜剑的菱形暗格纹，不仅是增强强度的实用设计，更暗含"藏锋"的处世哲学；唐代金银器上的徽章式纹样，记录着中亚粟特工匠在长安的创作足迹；《天工开物》中的水碓图说，则定格了传统农业社会最后的技术荣光。这些文明的碎片，经学术显微镜的检视，逐渐拼接出完整的技术文明图谱。

然学海无涯，本书所及不过沧海一粟。马王堆汉墓素纱襌衣的薄如蝉翼、三星堆青铜神树的铸造工艺、蛋壳黑陶杯的制作黑科技……诸多技术之谜仍有待深入探究。这提醒我们，对传统造物的研究不应止步于审美鉴赏，更需以跨学科视野进行技术解码与文化阐释。

搁笔之际，博物馆展柜中的文物仍在静默诉说，工匠作坊里的敲打声依旧此起彼伏。从良渚玉琮的神权象征到当代卫星的科技图腾，中华民族的造物智慧始终在传承中创新，在回归中超越。这种生生不息的文化创造力，或许正是华夏文明历经千年而永葆青春的终极密码。愿此本拙作能成为读者探访古代造物世界的一盏明灯，在照亮过往辉煌的同时，也能为未来的创造之路提供些许启示。

最后值得说明的是，本书精选了我国各大博物馆馆藏的中国古代艺术品各类别里最经典的代表性作品，试图从多角度、多层次来鉴赏这些精美的艺术品，同时也将具体作品的鉴赏与此类艺术品的整体发展规律和鉴赏要点相结合，过程中参考使用了部分出版物及网站的图文资料，在此谨向相关资料的提供者致以衷心的感谢！由于时间原因及编者水平所限，还有诸多不足之处，恳请各位专家、同行及读者们批评指正。

时值癸卯初春于湖南博物院办公室本书作者（邹婧）谨识